ANAYA

ESPAÑOL LENGUA EXTRANJERA

 gramática

Concha Moreno
Carmen Hernández
Clara Miki Kondo

Usa este código para acceder al
BANCO DE RECURSOS
disponible en

www.anayaeledigital.es

Diseño del proyecto: Milagros Bodas, Sonia de Pedro

© Del texto: Concha Moreno, Carmen Hernández, Clara Miki Kondo
© De esta edición: Grupo Anaya, S. A., 2023

3.ª edición: 2023

Depósito legal: M-15927-2023
ISBN: 978-84-678-6870-8
Printed in Spain

Coordinación editorial: Mila Bodas
Edición: Milagros Bodas, Sonia de Pedro
Diseño de interiores y maquetación: Ángel Guerrero
Ilustración: José Luis García Morán
Diseño de cubierta: Carolina García
Corrección: Consuelo Delgado y Carolina Galera
Estudio de grabación: Anaya Educación

Las normas ortográficas seguidas en este libro son las establecidas por la Real Academia Española en su última edición de la *Ortografía*.

Reservados todos los derechos. El contenido de esta obra está protegido por la Ley, que establece penas de prisión y/o multas, además de las correspondientes indemnizaciones por daños y perjuicios, para quienes reprodujeren, plagiaren, distribuyeren o comunicaren públicamente, en todo o en parte, una obra literaria, artística o científica, o su transformación, interpretación o ejecución artística fijada en cualquier tipo de soporte o comunicada a través de cualquier medio, sin la preceptiva autorización.

PRESENTACIÓN

Anaya ELE en es una colección temática diseñada para aunar teoría y práctica en distintos ámbitos de la enseñanza de español como lengua extranjera. Su objetivo es ofrecer un material útil donde la teoría se combine de forma coherente con la práctica y permita al alumno una ejercitación formal y contextualizada a través de actividades amenas y variadas, teniendo en cuenta siempre el **uso** de los contenidos que se practiquen.

Esta colección se inició con un libro dedicado a los **verbos,** un **referente** destinado a estudiantes de todos los niveles.

Anaya ELE en es una serie dedicada a la **gramática,** a la **pragmática,** al **vocabulario,** a la **ortografía,** a la **escritura** y a la **fonética,** estructurada en varios niveles y basada en el *Plan curricular del Instituto Cervantes*.

Esta gramática **teórico-práctica** parte del uso, y estructura de forma coherente los contenidos gramaticales y su funcionamiento.

ESTRUCTURA DE LA UNIDAD

Cada unidad consta de:

- **¡Fíjese!** Viñeta con muestras de lengua donde se contextualizan algunos de los puntos que se desarrollarán en la unidad.

- **Ya sabe.** Ficha con los contenidos fundamentales estudiados en los niveles anteriores a modo de recordatorio. También se incluye la referencia a las unidades en que esos contenidos se trabajan en los niveles A1-A2 y B1.

- **Además.** Ficha donde se amplían los contenidos asignados a cada unidad.

- **Así es.** Apartado con información tanto estructural como de uso sobre el tema de la unidad. Este apartado aparece cuando se introduce un tema nuevo; por tanto, no hay **Ya sabe** ni **Además.**

- **Ejercicios.** En el nivel B2 ya no hay división entre práctica formal y de uso.

- **Mis conclusiones.** Esta sección no tiene por objetivo una reflexión profunda sobre los contenidos vistos. Lo que pretendemos es que quienes hayan leído la teoría y realizado los ejercicios se detengan un momento para asegurarse por sí mismos —y antes de consultar las soluciones— de que han entendido y asimilado los contenidos de la unidad. Creemos que no basta con «acertar» las respuestas. Para interiorizar lo estudiado hay que reflexionar sobre ello.

En todos los manuales se incluyen las **soluciones** de los ejercicios; de esta forma se constituye en una herramienta eficaz para ser utilizada en el aula o como **autoaprendizaje.**

Anaya ELE en pone al alcance del estudiante de español como lengua extranjera un material de trabajo que le sirve de complemento a cualquier método.

ÍNDICE

1	El sustantivo	12
2	El adjetivo	20
3	Los artículos	28
4	Los demostrativos	36
5	Los posesivos	44
6	Los indefinidos y otros cuantificadores	52
7	El pronombre SE	62
8	Los adverbios	70
9	Pretérito imperfecto de indicativo	78
10	Futuro simple y compuesto	86
11	Condicional simple y compuesto	94
12	Pretérito perfecto de subjuntivo	102
13	Pretérito imperfecto de subjuntivo	108
14	Pretérito pluscuamperfecto de subjuntivo	116
15	Formas no personales y perífrasis verbales	122
16	Ser, estar y parecer	130
17	Verbos de cambio	138
18	La voz pasiva y la voz media	146
19	Construcciones comparativas	154
20	Oraciones causales	160
21	Oraciones consecutivas	168
22	Oraciones temporales	176

23	Relativos en oraciones explicativas y especificativas	184
24	Oraciones condicionales con si	192
25	Otros nexos condicionales	198
26	Oraciones concesivas	206
27	Verbos de entendimiento y percepción con indicativo y subjuntivo	214
28	Estilo indirecto	220
29	Las preposiciones	230
	Test de Autoevaluación	239
	Soluciones	243

NTRODUCCIÓN

«Es el punto de partida el que crea el objeto». Corder (1973)

Siguiendo a Corder, esta gramática en tres niveles no podría entenderse sin ese punto de partida o posicionamiento metodológico por parte de las autoras.

Creemos, con el *Marco común europeo de referencia para las lenguas,* que:

«Formalmente, la gramática de una lengua se puede considerar como un conjunto de principios que rige el ensamblaje de elementos en compendios (oraciones) con significado, clasificados y relacionados entre sí. La competencia gramatical es la capacidad de comprender y expresar significados expresando y reconociendo frases y oraciones bien formadas de acuerdo con estos principios (como opuesto a su memorización y reproducción en fórmulas fijas)».

Es decir, que los usuarios deben tener modelos para construir oraciones bien formadas y poder reconocer las que se encuentren tanto en forma oral como escrita. Por otra parte, esos modelos deben extraerse del funcionamiento en uso del sistema, cuya observación nos permitirá extraer reglas que servirán para elaborar mensajes que expresen significados. Pero la nuestra no es una gramática que se detenga en las estructuras oracionales, sino que **tiene en cuenta el nivel supraoracional,** los contextos en los que se producen los diversos usos, el discurso completo (lo dicho anteriormente, lo compartido o conocido...), la significación y la intencionalidad del interlocutor. Por lo tanto, no es un mero compendio de modelos entendidos como construcciones, dado que en nuestra concepción de gramática son muchos los componentes que se interrelacionan.

Introducción

LOS DESTINATARIOS

Si para crear el objeto necesitamos un punto de partida, también debemos tener en mente unos interlocutores o destinatarios cuando escribimos. Para nosotras estos son los estudiantes de español interesados en iniciar, profundizar o ampliar sus conocimientos lingüísticos. Con esta gramática pueden hacerlo **con la ayuda de sus profesores** o **como autodidactas,** ya que al final de cada libro se incluyen las soluciones de todos los ejercicios. Incluso, cuando las respuestas son más abiertas, se hacen comentarios o se dan ejemplos.

También se ofrece un **test de autoevaluación,** para que el estudiante pueda asegurarse de que ha asimilado los contenidos principales de cada nivel. Los profesores también encontrarán explicaciones coherentes, amplias y niveladas que podrán llevar a clase completándolas —qué duda cabe— con su aportación personal.

LOS NIVELES

Abordar el estudio de la gramática de una lengua no es una tarea inasequible si los contenidos están repartidos en niveles. Para establecer esos contenidos nos hemos apoyado en las directrices marcadas por el *Plan curricular del Instituto Cervantes* (2007). Esta secuenciación debe ser lo suficientemente sólida para que sirva de base a la construcción del conocimiento lingüístico posterior.

De acuerdo con los diferentes niveles de referencia, el grado de dificultad y de profundización va aumentando progresiva y paulatinamente. Por ello, muchos contenidos se repiten en los cuatro niveles y esta es una de las mejores bazas de esta gramática: los contenidos no se asocian con un nivel sino que se van adquiriendo en función de las necesidades de cada uno, la dificultad o el grado de reflexión requerido.

TIPO DE EXPLICACIONES

Teniendo en cuenta el grado de conocimiento lingüístico previo que presuponemos en los estudiantes de los niveles Elemental y Medio (A1-A2 y B1), hemos procurado que las explicaciones correspondientes sean sencillas, sin demasiados conceptos abstractos al principio. No obstante, en nombre del **rigor y la coherencia,** hemos preferido mantener a lo largo de la obra un metalenguaje que oriente a los lectores. Asimismo, este rigor se aprecia en las **explicaciones** y en la **reflexión previa** que las sustenta. A diferencia de otras gramáticas, se ofrecen criterios de análisis innovadores que hasta ahora apenas se habían considerado:

INTRODUCCIÓN

- qué tipo de complementos selecciona un determinado contenido gramatical,
- qué restricciones impone y
- qué matices intencionales se derivan de todo ello.

Aspectos como la posición, la distribución, el foco, la cuantificación, la estructura argumental de los predicados... están sobreentendidos en las explicaciones, eso sí, expuestos de **manera pedagógica y clara,** porque el rigor no debe estar reñido con la claridad.

Las frases agramaticales van precedidas de un asterisco (*).

ESTRUCTURA DE LA UNIDAD

La lengua es forma y significado y en nuestra visión de la gramática es prácticamente imposible separarlos. Creemos que el conocimiento de la primera ayudará a entender el significado cuando está en contexto. No obstante, en los primeros niveles el destinatario se enfrenta a la necesidad de afianzar los aspectos más paradigmáticos o estructurales; no así en el nivel Avanzado (B2), en que, por su grado de conocimiento, el estudiante ya no requiere esta separación entre forma y significado pues, aunque todavía ha de seguir aprendiendo, ya cuenta con unas bases sólidas.

Por otra parte, dependiendo del **estilo de aprendizaje personal o cultural,** la importancia de dominar las formas lingüísticas es determinante para poder construir mensajes con sentido. Muchos estudiantes de español se encuentran en este caso, de ahí que hayamos decidido trabajarlas por separado en dos apartados y con fines pedagógicos en los dos primeros niveles.

Hemos mencionado ya que nuestro propósito ha sido construir el conocimiento gramatical de manera gradual. Esto se consigue partiendo de los conocimientos previos que se han adquirido en los niveles anteriores, es decir, que no solo nos planteamos lo que queda por decir, sino que, a modo de una bola de nieve o un castillo de naipes, construimos desde lo que el destinatario ya sabe. Por ello, las explicaciones son más minuciosas atendiendo a la mayor complejidad de las estructuras. En este nivel encontramos dos tipos de unidades: aquellas que presentan nuevos puntos gramaticales, como el imperfecto de subjuntivo o las oraciones concesivas, por ejemplo, y las que retoman temas presentados esquemáticamente en el nivel A1-A2 y desarrollados en el B1. Aquí los recordamos en la ficha *Ya sabe* y los analizamos y ampliamos en la ficha *Además.* En estos casos, el apartado de *Ejercicios* empieza con una o dos actividades de repaso.

La diferencia fundamental entre este nivel y los anteriores, además de la estructura de cada unidad, es el grado de profundización en las explicaciones. Matizamos,

Introducción

contrastamos, recurrimos a una mayor «complicidad» con el destinatario como conocedor de la lengua y con su capacidad de reflexión gramatical, de manera que se hacen explícitos matices que en los niveles anteriores se presentaban solo en muestras de lengua, pero no se trabajaban.

Quienes trabajen en clase o como autodidactas con nuestra gramática tendrán la oportunidad de activar los conocimientos previos y de adquirir otros nuevos de forma organizada, amena y progresiva.

En el banco de recursos se incluyen las audiciones con el fin de que el estudiante pueda escuchar los contextos en los inicios de unidad y paradigmas verbales, además de comprobar en muchas ocasiones a través del audio si ha realizado bien un ejercicio. Así, con la ayuda de la imagen fónica, se fijan mejor las estructuras y los usos lingüísticos y, por otra parte, el estudiante tendrá modelos de entonación que, si lo desea, podrá imitar cuando hable.

CONCLUSIÓN

Hemos construido un conjunto de redes que, por un lado, vincula entre sí las formas y los usos y, por otro, a los usuarios con las explicaciones de esta lengua, que además les sirve para relacionarse y comunicarse con el mundo. Esperamos que la comunicación corra fluida por todas ellas y que el final de los tres niveles no sea un punto de llegada, sino un punto y seguido para continuar aprendiendo desde otra perspectiva.

Agradecemos la colaboración de nuestras editoras, la experiencia proporcionada por nuestros alumnos y alumnas y, muy especialmente, agradecemos la paciencia de nuestras familias y amigos por nuestras ausencias de los últimos tiempos.

Las autoras

Gramática

teoría y práctica

1. Nos atacan los virus y las crisis
EL SUSTANTIVO

¡FÍJESE!

(01)

Ya sabe

(→ Unidad 1, nivel Elemental y nivel Medio)

GÉNERO DEL SUSTANTIVO

- Sustantivos invariables: siempre son masculinos o femeninos. Muchos son nombres de animales. Concuerdan en masculino o en femenino con sus determinantes y con el adjetivo.

    El leopard**o** african**o** macho.   **La** tortuga.   **La** jirafa.

- Sustantivos referidos a seres humanos donde el género solo se distingue por el artículo:

    El / la pianista.   **El / la** testigo.   **El / la** cantante.

- Sustantivos que cambian de significado por el género:

    Árbol o fruta: **El** manzano / **la** manzana.

    Tamaño o forma: **El** cesto / **la** cesta, el jarro / **la** jarra.

    Cambio completo de significado: **El** cometa / **la** cometa.

UNIDAD 1

NÚMERO DEL SUSTANTIVO

- Sustantivos que van siempre en plural:

    Las nupcias, los víveres → *la nupcia, el víver.*

- Los sustantivos que designan un objeto único dividido en dos partes iguales o simétricas van en plural: ***Las** gafas oscuras, **las** tijeras pequeñas*. Es menos frecuente su uso en singular.

- Sustantivos que van siempre en singular:

    La sed, el pánico → *las sedes, los pánicos.*

    – Los puntos cardinales siempre van en singular.

- Sustantivos terminados en **-y:** añaden **-es** y la **y** suena como una consonante.

    Rey > reyes, ley > leyes.

Además

GÉNERO

- Algunos nombres invariables referidos a personas:
    ***La** víctima, **la** persona, **el** personaje, **el** miembro, **la** criatura.*

- Terminaciones de nombres femeninos:

    -triz: *la directriz, la institutriz, la emperatriz…*

    -ez: *la sensatez, la inmediatez, la idiotez…*

    -dad: *la realidad, la verdad, la seguridad…*

    -ción: *la constitución, la sensación, la relación…*

    -sión: *la decisión, la obsesión, la ilusión…*

    -tud: *la actitud, la aptitud, la magnitud…* y también el sustantivo *salud*.

    -umbre: *la costumbre, la muchedumbre, la podredumbre…*

NÚMERO

- Sustantivos terminados en **-us, -sis, -tis** (invariables en singular y en plural). El singular y el plural se distinguen por los determinantes (artículo, demostrativos, indefinidos) y adjetivos.

    ***El** virus / **los** virus.*   ***La** crisis económica / **varias** crisis de ansiedad.*

    ***Una** faringitis aguda / **dos** faringitis graves.*

- Sustantivos terminados en **-a** o en **-o** tónicas: forman el plural en **-s**.

    *El papá: los papá**s**. / El sofá: los sofá**s**. / El dominó: los dominó**s**.*

- Sustantivos terminados en **-i** o en **-u** tónicas: admiten en general el plural en **-s** y en **-es**.

    *El maniquí: los maniquí**s** / los maniquí**es**.*   *El tabú: los tabú**s** / los tabú**es**.*

    *El hindú: los hindú**s** / los hindú**es**.*

    Excepciones: hay palabras, habitualmente procedentes de otras lenguas o de registro coloquial, que solo admiten el plural en **-s**.

    *El pirulí: los pirulí**s**. / El champú: los champú**s**. / El menú: los menú**s**.*

UNIDAD 1

- Plural de los monosílabos terminados en vocal:

    *El yo: los yos / los yo**es**.*   *El ñu: los ñus / los ñú**es**.*

    *El no: los no**es**.*   *El sí: los sí**es**.*

- Los nombres de las letras: si son vocales hacen el plural en **-es;** si son consonantes lo hacen en **-s:**

    Las aes, es, íes, oes, úes.   *Las kas, las ces, las bes...*

- Pueden ir en singular o en plural algunos sustantivos que, por su significado, pueden verse como una pluralidad o referirse a un sustantivo compuesto por varias partes iguales: *las murallas, los intestinos, los sesos, las tripas, las escaleras...*

    - **Intestino / Intestinos.** El singular indica una parte específica del cuerpo (intestino delgado o grueso). El plural se usa de forma enfática o metafórica.

        *Juan tiene una hemorragia en **el intestino** delgado.*

        *El hombre tenía fuera **los intestinos**.*

        *Se me revuelven **los intestinos** (= las tripas), fue una visión horrible.*

    - **Tripa / Tripas.** El singular se refiere a una parte específica del cuerpo; es de registro coloquial y es sinónimo de *vientre*.

        *Me duele **la tripa**, creo que he comido demasiado.*

    En el lenguaje coloquial, el plural se usa de forma enfática o metafórica, como sinónimo de *vísceras, partes internas.*

        *El hombre tenía **las tripas** fuera.*

        *No hagas esa guarrería, que se me revuelven **las tripas**.*

        Las haggis escocesas se elaboran con tripas de cordero u oveja.

    - **Seso / Sesos.** De uso coloquial, el singular es sinónimo de inteligencia o sensatez, sentido común.

        *Este chico no tiene **seso**, es tonto, tontísimo.*

        *¿Es que no tienes **seso**?*

    En cambio, *sesos*, también en la lengua coloquial, es sinónimo de cerebro, no de inteligencia. Además, aparece en expresiones tales como *devanarse* o *estrujarse los sesos* = pensar mucho en algo.

        *Ella se voló la tapa de **los sesos** con un disparo.*

        *Hoy voy a guisar **sesos** de ternera.*

        *No te devanes **los sesos**, ya encontrarás una solución.*

    - **Escalera / Escaleras.** Siempre es singular si se refiere a una escalera de mano.

        *Pon aquí **la escalera** y alcánzame esas cajas, por favor.*

    Si se trata de las escaleras de un edificio, del metro, etc., puede ir en singular o en plural.

        Sube por la/s escalera/s. Está/n estropeada/s la/s escalera/s mecánica/s.

Concordancia con el verbo

- Una enumeración de sustantivos puede concordar con el verbo en singular o en plural. El verbo suele ir en singular si el sujeto va pospuesto.

    Me **asusta(n)** la oscuridad, la soledad, los sitios cerrados, las alturas…

- Con las conjunciones **ni** y **o** pasa lo mismo.

    No **vendrá(n)** ni mi hermano ni mi madre a mi graduación.

    Me **llamará(n)** mi secretaria o mi compañero para avisarme.

Posición de los complementos del sustantivo

- Cuando hay más de un nombre, el complemento de cada uno va directamente detrás de él, especialmente si puede haber ambigüedad.

    Libros nuevos para niños. / **Libros para niños nuevos.*

    Mesas elegantes de maderas exóticas. / **Mesas de maderas exóticas elegantes.* / **Mesas de maderas elegantes exóticas.*

- Los complementos que especifican el tipo de sustantivo van inmediatamente detrás de él introducidos por la preposición **de** o **con**.

    *Chaquetas **de** cuadros.*

    *Abrigo **con** capucha.*

- Los complementos que indican el destinatario del sustantivo o el tema van detrás del complemento que lo especifica.

    *Camisas **de** rayas **para** hombres.* / **Camisas para hombres de rayas.*

    *Fotos **con** flash **sobre** coches.* / **Fotos sobre coches con flash.*

Vocativo

- Es el sustantivo usado directamente para llamar al interlocutor o interlocutores. Puede ser un nombre propio o un nombre común.

    Cristina, ¿dónde has puesto mis calcetines?

    Niños, silencio.

— Siempre va separado por coma y normalmente aparece delante o al final de la frase.

    Antonio, no vuelvas tarde a casa. / No vuelvas tarde a casa, **Antonio.**

    Chicos, traigo buenas noticias. / Traigo buenas noticias, **chicos.**

— Puede ir intercalado, generalmente con valor enfático.

    Te repito, **Miguel,** que te estás equivocando conmigo.

— Para acentuar el énfasis podemos emplear detrás del vocativo el posesivo tónico.

    Ya te lo he explicado mil veces, **querida mía.**

    ¡Ay, **amigo mío,** cuánto te vas a arrepentir de esto!

Unidad 1

EJERCICIOS

1 Complete el texto con los siguientes sustantivos. Fíjese en el género y el número.

Repaso

[sed, saco de dormir, lince (2 veces), *excursionista*, pánico, víveres, hiena, Rey, ley, castaño, hambre, guarda forestal, castaña, pantalones]

Guillermo era un (1) ...*excursionista*... acostumbrado a la aventura y ya había escalado muchas montañas. Sin embargo, aquella salida fue una pesadilla. Su intención era subir al Pico de los Tres (2) .... Todo iba bien hasta que oyó un ruido: era un (3) .... Guillermo se metió en su (4) ....: «Por la mañana ya no estará allí ese animal», pensó, pero se equivocaba: el (5) .... era hembra y estaba protegiendo a dos crías escondidas. Guillermo decidió esperar, pero tanto esperó que se quedó sin (6) .... Miró en los bolsillos de sus (7) ....: nada. Pronto se quedó también sin agua, y tenía mucha (8) .... y mucha (9) .... Por primera vez sintió (10) ....: el animal continuaba allí, no tenía nada para comer ni nada para beber y unas (11) .... ya esperaban su festín. Guillermo intentó despistar a la fiera pero sin éxito y rápidamente se subió a un (12) .... que había cerca. Durante horas estuvo allí, al menos podía comer (13) .... Finalmente, llegaron dos hombres, eran dos (14) .... y lo ayudaron. Guillermo tuvo que explicar que no estaba violando las (15) .... de protección de animales en peligro de extinción, que no era un cazador, solo quería llegar a la cima de un monte. Todavía no lo ha conseguido.

2 Subraye en los siguientes enunciados los sustantivos femeninos.

1. Yo no imaginaba que tendríamos problemas de tal <u>magnitud</u>.

2. ¿Realidad? ¿Y qué significa «realidad»? Cualquier afirmación contundente es débil.

3. ¿Avergonzado por qué? ¿Por tu llanto y tu desesperación de ayer? ¡Qué estupidez! Todos tenemos sentimientos y nadie puede hacerte reproches por ser sencillamente humano.

4. Estoy harto de que me des directrices sobre mi trabajo, no soy siervo de nadie y tú no eres mi jefe: ¿es que esperabas de mí más mansedumbre? Pues te equivocas.

5. Pues, a decir verdad, esperaba más de su propuesta, en el contenido se percibe solidez pero, no sé, le falta... pasión, espíritu, decisión.

6. Perdona, pero no tengo por costumbre hablar fuera del trabajo de rivalidades entre compañeros, prefiero la discreción.

UNIDAD 1

 3 Complete los siguientes diálogos con el sustantivo en singular o plural. Escuche y compruebe.

1. > ¿Tú sabes qué le pasa a Sandra? Lleva una semana sin venir a trabajar.
   < Pues creo que tiene un (virus) ....*virus*.... que afecta al estómago y produce (gastritis) .... muy fuertes, pero está mucho mejor.

2. > ¡Vaya resfriado tienes!
   < Sí, estoy hecha polvo, tengo una (sinusitis) .... que no me deja respirar.

3. > ¿Cómo es posible? Me salen más votos que personas.
   < Que no, has contado mal, a mí me salen 15 (no) .... y 10 (sí) ....; en total 25, ya está.

4. > Mira esos (maniquí) ...., parecen personas de verdad, ¿no?
   < ¡Ay!, es verdad... Uno pasa por aquí y se lleva un susto.

5. > Qué guapo es tu hijo. ¡Huy!, se esconde, ¿tiene miedo?
   < Lo que tiene es (mamitis) ...., solo quiere estar con mamá. No se separa de mí ni un segundo.

6. > ¿No sabes ponerte los (esquí) ....?
   < No te rías, es la primera vez que esquío. ¿Has visto alguna vez correr a los (emú) ...., esas aves australianas que parecen avestruces y tienen unas patas enormes? Pues eso es lo que parezco yo.

7. > ¡Pobrecillos! Tienen demasiados problemas.
   < ¡Qué dices! Pero si viven como dos (marajá) .... Lo que pasa es que siempre se están quejando.

8. > ¿Salimos a cenar fuera?
   < Genial, a mí me encantan los restaurantes (marroquí) ....
   > A mí también, pero el que está cerca de casa está cerrado a estas horas.
   < Es verdad... ¿Y los (bengalí) .... te gustan? Conozco uno que está abierto hasta la una los sábados y está muy cerca.
   > Estupendo, no conozco la comida (bengalí) .... Así que me apetece probarla.

 4 Complete las oraciones con estas palabras en singular o en plural. Tenga en cuenta el artículo. Escuche y compruebe.

| muralla | intestino | seso | escalera | tripa |

1. –¿A ti qué te ha impresionado más de España?
   –A mí *las murallas* de Ávila. Es alucinante ver cómo perduran las construcciones medievales.

-17-

UNIDAD 1

2. Mi novio se ha ido a ver una película de terror. A mí no me gustan esas películas, me da mucho asco ver a gente con el vientre abierto y .... fuera.

3. ¿Me acercas ....? Es que necesito esos libros de ahí arriba.

4. Me han salido unos granitos por ...., ¿de qué pueden ser?

5. ¿Te has dejado las llaves del coche dentro? Chico, ¿es que no tienes ....?

5 Ordene los elementos para formar enunciados con sentido.

1. Las / para hombres / de rayas / camisas / no van bien con corbatas tan coloreadas.
.... *Las camisas de rayas para hombres no van bien con corbatas tan coloreadas.* ....

2. Los / de tacón / de las mujeres / zapatos / me parecen sugerentes pero tienen que ser muy incómodos.
....

3. Yo te puedo alquilar / con buenas vistas / un estudio / al mar.
....

4. Para mí, / con mermelada / una tarta / de queso / de fresa.
....

5. Detesto / los collares / para perros / de metal.
....

6 Utilice un vocativo en el lugar adecuado de acuerdo con el contexto.

1. Contexto: quiere llamar la atención de su amiga Laura.

«Mira qué precio tiene este ordenador».
Laura, mira qué precio tiene este ordenador.

2. Contexto: usted va a presentar un trabajo en la universidad ante el Sr. Rector y unos señores del tribunal de evaluación.

«Les agradezco su asistencia a esta presentación y su colaboración».
....

3. Contexto: en una mesa de debate, usted defiende su posición ante unos caballeros que participan también en el debate.

«No puedo aceptar que la causa de este desastre sea un simple error de comunicación».
....

7 **Lea el siguiente texto y ponga el contenido indicado entre paréntesis en el género y el número adecuados.**

Más que un fragmento de *(artículo determinado)* ....*la* ciudad, lo que está contemplando Ida Sierra es un conjunto de mentiras movidas. Un mundo inmenso de pequeños «yoes» solitarios impulsados por la prisa o por *(artículo determinado)* .... indolencia hacia unas metas que no existen. Un escalofrío. El espejo la asusta. Se vuelve hacia la calle y todo recobra *(artículo determinado)* .... normalidad.

Un continuo aflorar de turistas que encaminan sus pasos calle arriba o calle abajo capta su atención. Recuerda, repentinamente, la frase que un día muy lejano le dijo Juan: «Todos somos tránsfugos ignorantes, Ida; vamos por el mundo padeciendo engaños y desengaños, odios y egoísmos, vanidades y torpezas, y lo que es peor: no sabemos por qué. Es como *(artículo indeterminado)* .... virus que nos contaminara los unos a los otros».

El volumen de la ausencia. Mercedes Salisachs (texto adaptado)

■ **Responda a las preguntas.**

1. Busque en el texto nombres terminados en **-ción** y en **-dad** e indique su género.
....

2. ¿Cuál es el singular de *yoes?*, ¿y de *virus?* ....

3. Señale un ejemplo de vocativo en el texto. ....

MIS CONCLUSIONES

8 **Complete la regla.**

Las terminaciones *-ción,* .... nos indican que el sustantivo es de género ....

9 **Responda a las preguntas o marque la opción correcta.**

a. ¿Por qué la palabra *safari* solo puede formar su plural añadiendo -s y no -es si acaba en -i?

b. ¿Qué quiere decir «vendemos faldas para mujeres de cuero»?

  1. Que venden faldas de cuero.

  2. Que las mujeres son de cuero.

c. ¿Cómo hay que decir la oración anterior para referirnos realmente a las faldas?

d. ¿Por qué se dice «Ana es miembro de honor de esta comisión» si Ana es femenino?

2. Somos viejos amigos
EL ADJETIVO

¡FÍJESE!

- Irene es lista, lista, ¿no te parece?
- Superlista, inteligente de verdad. Llegará lejos.
- Encantado, Bernardo, he oído hablar mucho de ti.
- Marc, te presento a Bernardo, un viejo amigo.
- Encantado.

Ya sabe

(→ Unidad 3, nivel Elemental y Unidad 6, nivel Medio)

- **Sustantivación del adjetivo**
  - Adquiere la categoría de un sustantivo cuando aparece acompañado de un determinante:
    El nuevo, este rojo…
    - Se convierte en un sustantivo concreto cuando sabemos a qué objeto nos referimos:
      Este (jersey) azul me gusta más.
    - O en un sustantivo sin referencia específica, con valor de generalización, cuando nos referimos a algo en general: *Los tontos siempre tienen suerte.*
  - Con el artículo neutro **lo** el adjetivo se convierte en un sustantivo abstracto:
    Lo prudente es no hablar.
    - O nos referimos a una parte de un todo: *Lee solo lo subrayado* (la parte subrayada).

- **Apócope del adjetivo (delante del nombre)**
  – Pierden la vocal final *bueno* y *malo* si el nombre es masculino singular:

  *Es un **buen** amigo. / No es **mal** chico.*

  – El adjetivo *grande* pierde la sílaba final tanto si el nombre es masculino como si es femenino singular: *Me diste un **gran** susto. / Se han comprado una **gran** casa.*

  – Los adjetivos *bueno, malo, grande* pueden ir delante del sustantivo para dar énfasis:

  *Es una **gran** trabajadora. / Es un **buen** amigo. / Es un **mal** compañero.*

- **Género del adjetivo**
  – Son invariables los adjetivos terminados en **-e, -í, -a, -l, -n** y **-z:** *amable, marroquí, belga, joven...*

Además

- **Clases de adjetivos**

  – Valorativos. Expresan una valoración de una cualidad y dependen de la apreciación subjetiva del hablante; *bonito, feo, interesante.*

  – Dimensionales. Expresan cualidades referidas a las dimensiones del sustantivo: *grande, pequeño, alto, bajo, ancho, largo, estrecho...*

    ○ Gradativos. Adjetivos dimensionales que expresan una escala (*pequeño, grande, enorme, terrible, ligero...*).

    *Tengo un **ligero** dolor de cabeza. / Siempre le acompaña un perro **enorme.***

  – Relacionales. Expresan la relación entre el sustantivo y un grupo específico.

    *Un producto **lácteo** (de leche), una industria **metalúrgica** (de metales), una enfermedad **ocular** (de los ojos)...*

  – Procedentes de participios: *interesado, concienciado, decidido.*

  – Aproximativos. Se forman con sufijos y son frecuentes con los nombres de color: *rojizo* (no exactamente rojo, tirando a rojo), *amarillento, rosáceo, grisáceo, azulado, negruzco, verdoso...*

- **Gradación del adjetivo mediante un prefijo.** Expresamos grado superlativo añadiendo al adjetivo los siguientes prefijos:

  – *Super-*: es el más frecuente y productivo en el lenguaje coloquial. Se puede adjuntar a todos los adjetivos: *supermoreno, superalto...*

  – *Hiper-, extra-, archi-, ultra-*: ponen más énfasis en la cualidad que *super-*.

    ○ *Hiper-* tiende a darse más con los adjetivos valorativos o dimensionales: *hipernervioso, hipergrande, ~~hiperrubio, hiperoscuro~~.*

    ○ *Archi-* y *extra-* son los menos frecuentes y menos productivos. Las preferencias responden a contextos de uso: *archimillonario, archifamoso, extrafino, extradelicado... ~~archibueno, archiinteresante, archisimpático, extrafamoso, extraconocido, extrasimpático~~.*

- *Ultra-*: la lengua coloquial actual tiende a aceptarlo con casi todos los adjetivos para expresar énfasis de una cualidad en grado superlativo: *ultrainteresante, ultrabueno, ultrafascinante*. Muchas veces acompaña a adjetivos que expresan ideología: *ultraconservador, ultraextremista, ultracatólico…*

– *Re-* y *requete-*: se unen a adjetivos valorativos y dimensionales. El primero se encuentra más frecuentemente en el español de América. El segundo se prefiere en el español de España. Ambos casos se dan en la lengua coloquial hablada.

> *Este bife está **rebueno**. / Su fiesta estuvo **redivertida**. / ¡Qué **rechula** estás!*
>
> *Este ejercicio me parece **requetedifícil**. / Este guiso te ha quedado **requetebueno**.*

Ambos se unen también a *bien* y *mal*.

Algunos adjetivos tienden a llevar más un prefijo que otro y llegan a formar con él una unidad: **ultra**conservador, **hiper**activo, **archi**millonario, **extra**fino, **extra**ordinario…

- **Intensificación del adjetivo mediante la repetición.** En el lenguaje coloquial la repetición del adjetivo hace énfasis en la cualidad que expresa: *Es listo, listo.*

– El último adjetivo puede estar también intensificado: *Es listo, **listísimo**.*

– Podemos usar *pero* entre los adjetivos repetidos y añadir la expresión *de verdad* al final: *Es listo **pero** listo. Es tonto **pero** tonto **de verdad**.*

¡Atención!

Los adjetivos relacionales no admiten gradación ni intensificación de ningún tipo: *un problema aritmético / *muy aritmético / *superaritmético / *pero aritmético (de verdad).*

- **Anteposición del adverbio en -mente.** Los adjetivos pueden estar modificados por un adverbio en *-mente* que va delante de ellos:

> *Lo que dices es **indudablemente** cierto.*
>
> *El resultado fue **absolutamente** inesperado.*
>
> *Estás **increíblemente** guapo.*

- **Anteposición y posposición del adjetivo**

– La anteposición del adjetivo puede tener un valor enfático, con adjetivos valorativos o subjetivos y dimensionales o gradativos:

> *Es una **terrible** noticia.*
>
> *Sentí un **enorme** dolor en el pecho.*
>
> *Es solo una **pequeña** herida.*

– Pero no es posible con los relacionales.

> **El yogur es un lácteo producto.*
>
> **Es una alemana muchacha.*

¡Atención!

– En un lenguaje escrito, literario, también pueden anteponerse adjetivos de otro tipo, pero no es frecuente en la lengua oral: *La **rubia** azafata me sonrió enigmáticamente.*

- **Cambios de significado.** Con algunos adjetivos la posición cambia el significado.

  – *Grande*. Delante del sustantivo expresa importancia, de gran valor:

  *Era una **gran** casa* (puede ser una casa de grandes dimensiones o una casa estupenda).

  – *Bueno*. Delante puede significar 'grande':

  *Tengo un **buen** resfriado.*

  – *Malo*. Antepuesto al sustantivo y con negación expresa ausencia de algo.

  *No tengo un **mal** euro en el bolsillo.*

  *Llevo dos meses sin una **mala** llamada suya.*

  – *Pobre*. Delante del sustantivo expresa compasión; significa 'infeliz, desgraciado'.

  *Nada le sale bien al **pobre** hombre.*

  – *Único*. Delante indica cantidad; significa 'solo uno'.

  *Una **única** persona vino a preguntarme.*

  Y detrás puede significar 'de gran valor y autenticidad'.

  *Es una joya **única** en su género.*

  – *Viejo*. Delante significa 'antiguo, de hace tiempo', pero no se refiere a la edad.

  *Somos **viejos** amigos.*

  – *Cierto*. Antepuesto funciona como un indefinido o un gradativo *(un poco de)*. A veces se utiliza para no concretar un nombre, aunque sepamos a qué o quién nos referimos (→ Unidad 6).

  *Tengo **ciertas** dudas sobre cómo hacer esta presentación* (algunas dudas).

  *Me produce **cierto** miedo no avisar de lo que vamos a hacer* (un poco de miedo).

  *Mejor no contar con **ciertas** personas para esto* (algunas personas, aunque puedo referirme a alguien en concreto haciendo énfasis en la entonación).

  Y detrás significa 'verdadero'.

  *Lo que te ha contado es una historia **cierta**.*

- **Complementos de los adjetivos**

  – Preposición + infinitivo (la persona o el objeto al que se refieren el adjetivo y el verbo es el mismo).

    ○ Frecuentemente con los adjetivos *fácil, sencillo, difícil…*

    *Esta historia es **difícil de creer**. / Es un problema **sencillo de resolver**.*

Unidad 2

> ○ Con adjetivos que proceden de verbos o participios:
>
> *No soy **partidario de repetir** la votación. / Estoy **harto de repetir** las mismas cosas.*
>
> *No está **preparado para responder** a sus preguntas.*
>
> – Preposición + *que* + verbo conjugado (la persona a la que se refiere el adjetivo y a la que se refiere el verbo son distintas):
>
> *Interesarse en → Estoy **interesado en comprar** (yo) ese piso. / Estoy **interesado en que compres** (tú) ese piso.*
>
> El adjetivo conserva la misma preposición del verbo.

EJERCICIOS

 Convierta el adjetivo en un sustantivo añadiendo un artículo.

1. Yo no veo nada raro en esta página.

    < Sí, fíjate en ..*lo*.. subrayado en rojo.

2. > ¿De verdad te apuntó con el dedo en público?

    < Sí, y ………… peor de todo es que parecía que quería amenazarme, fue muy desagradable.

3. > Anda, dime qué estabas haciendo el otro día en aquel lugar.

    < No me gustan ………… cotillas. ¿Por qué no se mete la gente en sus asuntos?

    > Hijo, ¡cómo te pones por una pregunta de nada!

4. > ………… larga me gusta más.

    < ¿Esa? Pues a mí las minifaldas me suelen quedar bien.

5. > ¿Qué tal son tus alumnos este año?

    < ………… nuevos me caen muy bien y ………… repetidores también son muy majos.

 Subraye los adjetivos de género invariable.

1. Los personajes <u>cenobitas</u> de Hellraiser son *horrorosos*.
2. Los lugares tan *cosmopolitas* me agobian, no me siento *cómoda*.
3. ¿Que te han llamado *hipócrita*? ¿Y te parece menos *terrible* que *falso*? Claro, todo depende de la sensibilidad de cada uno.
4. ¿Por qué no se lo dices tú que tienes fama de *diplomático*?
5. Mi abuelo era un *socialista* convencido, lo fue de *joven* y lo siguió siendo de *mayor*.
6. No es lo mismo llamarle a uno *lunático* que *selenita*. Esto suena a novela de Julio Verne. No es para enfadarse.
7. No me engancha la pintura *impresionista*, prefiero el arte *renacentista*; es más *impactante*.
8. ¿Has visto esa escultura *clásica*? Es una imagen *hermafrodita* que representa el día y la noche.

UNIDAD 2

3 Escuche estas oraciones y escriba el adjetivo en la casilla adecuada.

Valorativo	Dimensional	Gradativo
egoísta		

1. ¡Quietos! El más *ligero* movimiento y disparo.
2. ¡Qué persona tan *egoísta*!
3. Me he llevado un *gran* susto por tu culpa.
4. Les digo que el frigorífico es demasiado *alto* y no cabe en el ascensor.
5. No seas *malpensado*, todo tiene una explicación lógica.
6. Corta un trozo de papel más *grande* para envolver el regalo.

4 Lea el siguiente texto y clasifique en la tabla inferior los adjetivos subrayados.

Estaba sentado en la sala de traumatología esperando mi turno. Aún me sentía débil y <u>cansado</u> y me dolía la pierna pero, como me encontraba mejor, lo que me interesaba sobre todo era que el doctor me diera mi certificado <u>médico</u> y marcharme de allí lo antes posible: no me gusta el olor a producto <u>químico</u> que hay en los hospitales. Entonces, llegó una mujer muy <u>arreglada</u> y se sentó a mi lado. Tenía el pelo <u>rojizo</u>, seguro que se lo teñía. Pasaba las hojas <u>amarillentas</u> de un ensayo <u>filosófico</u> de Schopenhauer de forma casi <u>desesperada</u>. Me miró y yo sonreí: «Me pongo muy nerviosa en los hospitales, tengo la muñeca <u>rota</u>, no es nada grave, pero las batas blancas y <u>verdosas</u> me asustan», me dijo. Yo volví a sonreír, y respondí <u>convencido</u>: «No se preocupe, a todos nos imponen un poco estos lugares, no es como estar en un concierto de música <u>clásica</u>».

Relacional	Procedente de verbo	Aproximativo
	cansado	

UNIDAD 2

5 Forme adjetivos o adverbios con prefijos de manera que no se repita ninguno.

1. Es una historia ...*re*.. / ...*requete*interesante.
2. Políticamente hablando, es ....radical.
3. Se portaron ....bien conmigo.
4. Prefiero el chocolate ....fino con leche al chocolate puro.
5. ¡Caramba! Estás ....elegante con ese traje.
6. En el colegio eran ....populares mis fechorías.

6 Cambie estos enunciados por otros con el mismo significado que intensifiquen el adjetivo. Escuche y compruebe.

1. Yo no sé qué le pasa al chico este, pero te digo que es muy tonto. →
   Es tonto, tonto
2. ¡Madre mía! ¡Esta vez sí que está enfadado! →
   ....
3. Se tiró tres horas al teléfono hablando él solo, desde luego. ¡Es pesado de verdad! →
   ....
4. No me digas que no es más que alucinante que precisamente él viniera disfrazado de vampiro. →
   ....
5. Lo que me estás contando es tristísimo. →
   ....

7 Escriba el adjetivo correspondiente en la posición adecuada (antepuesto o pospuesto).

| viejo | único | pobre | grande | malo | bueno |

1. Te presento a un ......*viejo*........ amigo ....; nos conocemos desde la infancia.
2. Es una .... oportunidad .... Yo diría una .... oportunidad .... para progresar.
3. Mi abuela era una .... mujer ...., así que trabajaba de sol a sol. Además, era una .... mujer .... y generosa.
4. ¿Que yo no te escribo? ¿Y te quejas precisamente tú? Llevo más de un mes sin un .... mensaje .... tuyo.
5. ¿De qué te da miedo? Pero si es un .... perro .... inofensivo que lo único que busca es cariño.
6. Esta es la .... respuesta .... que te puedo dar.

Unidad 2

8 Complete el enunciado con una preposición y el verbo en la forma adecuada.

1. Es difícil (tolerar) ....*de tolerar*........ una actitud tan ofensiva.
2. No estás concentrado (hacer) .... bien el trabajo.
3. Pues yo no estoy convencido (tener, ellos) .... razón ellos.
4. ¿Estáis interesados (comprar) .... lotería de Navidad?
5. Sí, estamos preocupados (hacer) .... lo que se espera de nosotros.
6. Lo conozco bien, es incapaz (hacer) .... daño a una mosca.
7. Todavía no estamos preparados (realizar) .... una investigación así.
8. Estás muy seguro (devolver, ellos) .... el dinero más adelante.

MIS CONCLUSIONES

9 ¿En qué se diferencian los adjetivos relacionales de los demás?

a. En la posición.

b. Pueden ir acompañados de gradativos o intensificadores.

c. Pueden llevar prefijos gradativos.

d. Pueden ir intensificados.

10 ¿Cuándo anteponemos el adjetivo al sustantivo? Elija las opciones adecuadas.

a. Cuando tiene valor enfático.

b. En algunos casos, porque su significado cambia si va delante del sustantivo.

c. Cuando aparece intensificado con un prefijo.

d. Cuando el adjetivo va acompañado de un adverbio en *-mente*.

3 ¡Hace un frío...!
LOS ARTÍCULOS

¡FÍJESE!

(07)

— ¿Queréis café?
— No, no, a mí **el** café me quita **el** sueño.
— Yo tampoco, lo que yo tengo es **un** hambre tremenda.
— ¡Cierra **el** grifo! Eres **un** malgastador. ¿Es que no sabes que **el** agua es **un** bien escaso?

Ya sabe

(→ Unidad 2, nivel Medio)

- Los artículos indeterminados y determinados van delante del sustantivo. Los sustantivos femeninos que empiezan por *a-* o *ha-* tónica en singular llevan el artículo **el / un**.

- **El artículo indeterminado**
  – No puede ir con otros determinantes: demostrativos, posesivos, indefinidos…, excepto *todo, toda* (singular) y *cierto*.
  – A diferencia del artículo determinado, acompaña a los gradativos y al complemento directo del verbo *tener* cuando se especifica alguna característica del nombre con la estructura *que* + infinitivo.
  – Se usa para referirse por primera vez a algo, identificar a una persona dentro de un grupo, expresar algo con valor aproximado, dar énfasis a muchas cualidades negativas (referidas a personas) y algunas positivas en casos muy determinados.
  – La estructura artículo indeterminado + nombre de parentesco o relación + posesivo tónico se usa para hablar de familiares o amigos cuando queremos decir que hay más de uno.

UNIDAD 3

- **El artículo determinado**
    - Puede ir delante de un adjetivo, y entonces lo convierte en un sustantivo.
    - Acompaña siempre a algunos nombres de accidentes geográficos, a nombres de familias, al sustantivo cuando el verbo de la frase es *gustar, encantar, parecer, doler,* entre otros, y también se usa con algunos nombres de países.
    - Se emplea para mencionar o hablar de algo de lo que ya se ha hablado o que es conocido por los interlocutores, para hablar de algo específico o único, para aludir a una idea o concepto en abstracto.

- El artículo neutro *lo* + adjetivo tiene valor abstracto, no se refiere a un objeto concreto.

- **Posibilidades combinatorias de los artículos.** Los artículos no se combinan con:
    - Los posesivos átonos.
    - Los demostrativos.
    - Los indefinidos.

    PERO el artículo determinado sí puede llevar detrás un numeral o algunos indefinidos: *otros, demás,* y también puede ir precedido de *todo, toda, todos, todas.*

Además

EL ARTÍCULO INDETERMINADO

- Se usa en singular, con nombres contables, para dar al sustantivo el sentido de 'auténtico', 'verdadero' o para darle un valor generalizado.

    Un poeta tiene que sufrir para escribir bien, ¿no crees?

    Una papaya es jugosa, dulce… un verdadero placer.

    Quiero encontrar una mesa que sirva para todo.

    En estos casos también tiene un valor genérico.

- También se emplea con valor enfático o ponderativo. En la lengua hablada se refuerza con la entonación.

    Parece mentira, pero este chico es un donjuán.

    Son unos buitres.

    Es una señora.

- Solamente puede usarse con nombres no contables si van acompañados de modificadores.

    *Brilla un sol. → *Brilla un sol espléndido.*

    *Tengo una sed. → *Tengo una sed terrible.*

    *Compra un aceite. → *Compra un aceite de calidad.*

¡ATENCIÓN!

Podemos encontrar el artículo indeterminado + nombre no contable en frases exclamativas en las que se ha suprimido el modificador y esto se hace notar en la entonación.

¡Brilla un sol…! / ¡Tengo una sed…! / ¡Hace un frío…!

Unidad 3

El artículo determinado

- El artículo determinado puede ir delante de nexos o adverbios para sustantivarlos. También se antepone al pronombre relativo *que* para formar otro relativo: *el / la / los / las / lo que* (→ Unidad 23).

    *No nos explicó **el porqué** de su actitud.*

    *Improvisaremos porque no sabemos ni **el cómo** ni **el cuándo** ni **el para qué**.*

    *Hay que ver **lo bien** que canta.*

    *Son pocos **los que** han venido.*

- Acompañan a los infinitivos recalcando así su valor de sustantivos.

    *¿No te alivia **el saber** que hay más gente en la misma situación?*

    ***El comer** y **el rascar** todo es empezar (refrán popular).*

- Con **nombres contables,** tanto en singular como en plural, puede referirse a toda una categoría; puede dar valor genérico al sustantivo.

    ***El ordenador** empezó / **los ordenadores** empezaron a usarse en el siglo XX.*

    ***El poeta** debe asumir / **los poetas** deben asumir un compromiso con la sociedad.*

    *Dicen que **la papaya** es buena / **las papayas** son buenas para combatir el párkinson.*

- Con nombres **no contables** se usa en singular con el mismo valor genérico.

    ***La vida** siempre te da sorpresas.*

    ***El agua** es un bien escaso.*

    ***El té** también me quita el sueño.*

    *Nunca se debe recurrir a **la violencia**.*

Ausencia de los artículos. No se usan los artículos:

- En los saludos y en los vocativos.

    *¿Cómo está, **señor**?*

    *Buenos días, **doctora**.*

    *¿Qué buscas aquí, **pesado**?*

Unidad 3

- En las construcciones con *ser* + sustantivo / adjetivo que sirven para categorizar al sujeto (→ Unidad 16).

    *No quiero **ser maestra**, no me gustan los niños.*

    *Tienes que ver esta película, **es estupenda**.*

- Para decir qué día de la semana es.

    *Hoy es **sábado**. / Estamos a **sábado**.*

¡Atención!

El + día de la semana = el día que acaba de pasar o el siguiente.

***El sábado** fuimos a una exposición muy buena de fotografía.*

***El sábado** os espero en casa para cenar.*

- Cuando nos referimos en singular al concepto o a la categoría y no a un objeto, persona o cualidad concretos.

    *Todavía hay lugares donde no hay **agua corriente**.*

    *¿Que no tienes **móvil / celular**? No me lo puedo creer.*

    *Soy autodidacta. No **tengo** profesor de guitarra.*

    ***Poco sueño** y **mucho trabajo** hacen estragos en la salud.*

    ***Inteligencia** y **clase social** no van unidas.*

    – En este sentido tampoco se usa con palabras como *pan, vino, agua, café* cuando no concretamos.

    *¿Bebes **agua** o **vino** con la comida?*

    *Casi no como **pan**.*

- Cuando nos referimos en plural a un conjunto indeterminado de elementos en los que no queremos destacar su individualidad.

    *Desde que estudio español, solo me han dado clase **profesoras**.*

    *Nos esperan **grandes aventuras** (no una en concreto).*

    *Tenemos **nuevos proyectos** para este año.*

    \> *¿Qué les has pedido a los Reyes Magos?*

    < ***Sorpresas agradables**.*

UNIDAD 3

EJERCICIOS

1 Complete estos refranes usando *lo, un / una, el / la / los*.

Repaso

1. ..*Lo*.. difícil no es vivir sino saber vivir.
2. …… manzana podrida daña …… cesto entero.
3. …… alegría rejuvenece, …… tristeza envejece.
4. …… olvidado ni agradecido ni pagado.
5. …… buen libro es …… tesoro.
6. …… que en …… libros no está, …… vida te lo enseñará.

2 Complete usando un artículo determinado o indeterminado.

Repaso

A. Quedarse en casa o salir

> ¿Por qué no vamos ..*al*.. cine?
< Bueno, si quieres…, pero a ver (1) …… buena peli, ¿vale? (2) …… última a la que me llevaste fue (3) …… auténtico rollo.
> ¡Anda, este! Elígela tú entonces. Y si no te apetece salir, pues te quedas en casa viendo (4) …… tele y ya está. Seguro que hay (5) …… partido «apasionante».
< Mujer, no te pongas así. Es que entre (6) …… buen partido y (7) …… mala película, prefiero (8) …… buen partido.
> Muy bien, pues yo llamo a (9) …… buena amiga, elegimos (10) …… buen restaurante y luego nos vamos a ver (11) …… película que nos guste a (12) …… dos.

B. Correo electrónico

Gracias, de verdad.
Me ha gustado mucho tu correo, sobre todo porque te ha salido ..*del*.. alma. Nos vemos (1) …… lunes, perfecto. Cuando vaya a verte, me llevo (2) …… bolsa de deportes y a la vuelta me voy a (3) …… gimnasio. Y hablando de gimnasio, me he apuntado a (4) …… método que es genial para descargar (5) …… energía que sobra. A ver si dentro de (6) …… días estoy tan cansada como para dormir bien.
Nos vamos a ir este fin de semana a (7) …… pueblo para limpiar (8) …… piscina y prepararla para (9) …… veranito. (10) …… jueves vienen (11) …… técnicos a cambiarnos (12) …… lavadora, que la que tenemos dice que no quiere trabajar más (es que tiene (13) …… 15 años (14) …… pobre).
Bueno, (15) …… vez más gracias por estar ahí, por (16) …… apoyo que me has brindado, que es (17) …… mejor medicina para salir de esto en lo que me he metido sin saber cómo y de lo que voy saliendo poco a poco.
(18) …… besazo.
Sandra

3 Señale si los sustantivos subrayados se refieren a algo concreto, generalizan o se refieren a categorías.

1. > He encontrado <u>un diccionario</u> completísimo en dos tomos. Me ha sacado de muchas dudas. Sin lugar a dudas creo que es <u>el diccionario</u>.
   < Si tú lo dices..., pero tendría que verlo y analizarlo: <u>un diccionario</u> es algo más que una lista de palabras explicadas.
   Se refiere a un diccionario concreto –...

2. > ¡Huy!, <u>el hotel</u> en el que estuvieron de vacaciones, ¿es tan bárbaro como se ve en Internet?
   < Sí, bárbaro, fantástico y... no demasiado caro.
   > Tenés que explicar eso, <u>un hotel barato</u> no puede ser todo eso.
   ....

3. > ¿Tienes <u>un móvil</u> nuevo? ¿Dónde está el que te regalé en navidades?
   < Sí, este es nuevo. El otro lo perdí. Es que yo no puedo vivir sin <u>un móvil</u> cerca.
   ....

4. > <u>La piña</u> es un depurativo excelente.
   < Lo sé. Y a mí, además, me encanta; por eso compro <u>las piñas</u> a pares.
   ....

5. > ¡Cómo tienes <u>la mesa</u> de trabajo! Parece un rastro.
   < ¡Normal! Es que <u>una mesa</u> de trabajo debe ser así.
   ....

(08)

 4 Corrija las oraciones que considere incorrectas. Escuche y compruebe.

1. Gracias por prestarme el dinero, eres ~~la amiga~~, te lo digo en serio. *Eres una amiga.*
2. No los soporto, ¡son los tacaños...! ....
3. Ahora ya sé cómo lo hicieron, también me gustaría saber el porqué. ....
4. Me encantan películas de acción y de misterio. ....
5. Son muchos que vinieron, pero pocos los que se quedaron hasta el final.
   ....
6. ¡No sé qué me pasa! Tengo un calor que parece fiebre. ....
7. Esta es una profesora y lo demás son imitaciones. ....
8. En casa no tenemos la tele, así leemos y charlamos más. ....
9. El importante es ser fiel a uno mismo en cualquier circunstancia. ....
10. Me sorprendió el tipo de gente que fue a la manifestación. ....

UNIDAD 3

5 Fíjese en el sentido y complete con el artículo adecuado donde sea conveniente. Escuche y compruebe.

1. Yo no quiero tomar ..Ø... café porque ...... café me quita ...... sueño, solo quiero tomar ...... té, porque tomando ...... té me duermo. ...... otra noche ...... té tomé y sentí tal sensación que pasaría todo ...... día tomando ...... té (Canción popular que juega con las palabras *té* y *tomar*).

2. Me encanta ...... té, sea cual sea. Y especialmente me gusta ...... té con ...... hojitas de hierbabuena. Para mí es ...... bebida deliciosa.

3. Si tiene ...... dolor de ...... cabeza, debería cerrar ...... ojos y descansar, o bien mirar hacia ...... horizonte durante ...... buen rato.

4. Para quitarme ...... dolor de ...... cabeza, suelo darme ...... masaje suave en ...... sienes.

5. Hablar de ...... problemas que nos preocupan es ...... forma de alejarlos. Eso sí, conviene elegir bien a ...... persona a la que vamos a contar ...... problemas.

6. ...... preocupaciones y ...... estrés tenemos todos, pero no hay por qué usar a ...... amigos como ...... psicólogos, porque ellos también tienen ...... suyos.

6 Lea el texto y conteste a las preguntas.

Traté de imaginarme la infancia que tuvo, por ser pobre en ese infierno que es el Perú para los pobres, y su adolescencia, acaso todavía peor, las mil pellejerías, entregas, sacrificios, concesiones, que habría debido de hacer, en el Perú, en Cuba, para salir adelante y llegar donde había llegado. Y lo dura y fría que la había vuelto el tener que defenderse con uñas y dientes contra el infortunio. (...) Sentía una inmensa ternura por ella.

–Qué ingenuo y qué iluso eres –silabeó, desafiándome con sus ojos–. No me conoces. Yo solo me quedaría con un hombre que fuera muy rico y poderoso. Tú nunca lo serás, por desgracia.

–¿Y si el dinero no fuera la felicidad, niña mala?

–Felicidad, no sé si me importa lo que es, Ricardito. (...) El dinero da seguridad, te defiende, te permite gozar a fondo de la vida sin preocuparte por el mañana. La única felicidad que se puede tocar.

Travesuras de la niña mala. Mario Vargas Llosa

1. El artículo determinado puede acompañar a diferentes tipos de palabras. ¿A cuáles acompaña en el texto? Escriba las palabras del texto en su lugar correspondiente.

   a. Sustantivos: *la infancia* ....
   b. Adverbios: ....
   c. Adjetivos: ....
   d. Infinitivos: ....

2. Escriba las palabras que se refieren a elementos únicos.

....

3. En *Sentía una inmensa ternura por ella* se usa el artículo indeterminado porque:
   a. El autor se refiere a un nombre no contable acompañado de adjetivo.
   b. El autor se refiere a un nombre no contable con valor genérico.

4. El texto dice: *Yo solo me quedaría con un hombre que fuera muy rico y poderoso.* Aparece el artículo indeterminado porque:
   a. Se refiere a un único hombre, a uno, no a varios.
   b. Se habla de un hombre cualquiera, no de uno específico, ni del ser humano en general.

5. *Niña mala* no lleva ningún artículo porque:
   a. Es un vocativo.
   b. El sustantivo va acompañado de un adjetivo.

MIS CONCLUSIONES

7 **Elija la respuesta adecuada.**

1. En la frase *Un político es alguien comprometido que defiende los intereses del pueblo,* la presencia del artículo indeterminado:
   a. Convierte al sustantivo en una representación de su categoría.
   b. Convierte al sustantivo en una persona concreta.

2. Para que la frase **Tengo un hambre* sea correcta:
   a. Se debe añadir un modificador.
   b. Se debe cambiar el artículo indeterminado por el determinado.

3. Los nombres contables llevan artículo determinado:
   a. Para darle al sustantivo un sentido real.
   b. Para darle al sustantivo un valor genérico.

4. Si nos referimos a nombres no contables se usa el artículo determinado:
   a. En singular.
   b. En plural con valor genérico.

5. No usamos ningún artículo cuando:
   a. Nos referimos en plural a un conjunto de elementos.
   b. El verbo de la frase es *doler, encantar* o *gustar.*

4. ¡Qué tiempos aquellos!
LOS DEMOSTRATIVOS

(10)

- Mañana nos levantaremos temprano para llegar hasta **aquel** pico.
- **Eso** está hecho. Solo son 15 km de subida.

Ya sabe

(→ Unidad 14, nivel Elemental)

LOS DEMOSTRATIVOS

Señalan la distancia en relación con los miembros del discurso.

	Masculino			Femenino		
Singular	este	ese	aquel	esta	esa	aquella
Plural	estos	esos	aquellos	estas	esas	aquellas

Pueden ser **adjetivos** y **pronombres** y concuerdan con el sustantivo al que acompañan o al que se refieren en género y número.

Solo pronombres

Neutro		
esto	eso	aquello

– *Esto*, *eso* y *aquello* aparecen solos y se refieren a algo que no se conoce, a una idea o a un conjunto de cosas indeterminadas. Son invariables.

Además

- **Tres demostrativos y tres adverbios para localizar**

  – **En el espacio**

  - El uso de un demostrativo u otro está relacionado con las dos personas del discurso *(yo, tú / vos / usted)* y con lo que queda fuera del ámbito de la conversación *(él / ella)*, pero también está relacionado con los adverbios de lugar *aquí, ahí* y *allí*.

    Este, esta, esto → *aquí.*

    Ese, esa, eso → *ahí.*

    Aquel, aquella, aquello → *allí.*

  - Cuando el hablante señala un objeto próximo a él (al ámbito del *yo*), utiliza *este* y *aquí*. Si el hablante se refiere a lo que considera próximo al ámbito de su interlocutor *(tú / usted)*, utiliza *ese* y *ahí*. Cuando los interlocutores se refieren a algo que está fuera de su ámbito referencial *(él / ella)* usan *aquel* y *allí*.

    > **Esos** pendientes que llevas son muy originales.

    < ¿Te gustan? Me los compré **aquí**, en El Rastro.

  - Los participantes en una conversación pueden convertir *aquel* y *allí* en *ese* y *ahí* al incluir en su campo referencial lo que antes estaba fuera; es decir, para acercar lo que se percibía como lejano.

    > ¿Has visto **aquella** moto? (Allí lejos).

    < ¿Cuál? ¿**Esa** negra y blanca? (La moto se ha acercado).

    > Sí, **esa** misma.

  – **En el tiempo.** Los demostrativos también sirven para referirse al presente, al pasado y al futuro.

  - *Este / esta / estos / estas:* se refieren al presente, al pasado relacionado con el presente o al futuro.

    Esta semana no ha parado / parará de llover.

  - *Ese / esa / esos / esas:* aluden al pasado y al futuro.

    Ese día estaba enferma y no vine a trabajar. / ¿Estarás mejor para **ese día**?

  - *Aquel / aquella / aquellos / aquellas:* se refieren al pasado que no establece relaciones con el presente con la intención de presentarlo como algo muy alejado.

    ¡Qué **tiempos aquellos** en que no había tele y se conversaba más!

UNIDAD 4

- **En el discurso**
  - *Este / esta / estos / estas*: aluden a lo último que se ha dicho o escrito. Además se utilizan para introducir lo que se va a decir.

    *Existen serios problemas sin resolver y <u>reuniones pendientes</u> con los sindicatos; **estas** serán convocadas con urgencia.*

    *> ¿Chistes buenos? A ver qué te parece **este**: ¿A qué árbol pertenece el fruto del trabajo?*

    < ¡Ah, muy bueno, sí señor!

  - *Ese / esa / esos / esas*: aluden a lo que ha dicho nuestro interlocutor. A veces no se refiere a algo ya mencionado, sino a todo lo que le concierne.

    > Préstame el dinero y yo te lo devolveré con intereses.

    *< ¡Ni hablar! **Esa bromita** ya la conozco y no me fío.*

    (Dos amigos hablan del examen que uno de ellos tiene al final del verano).

    *> ¿Cómo llevas **ese** examen?*

    < Así, así, es muy duro prepararlo en pleno verano.

  - *Aquel / aquella / aquellos / aquellas*: en la lengua culta, si hay una enumeración, se refieren a lo dicho o escrito en primer lugar.

    *En esta empresa nos hemos quedado sin <u>iniciativa</u>, sin financiación; **aquella** depende de las personas, esta, del banco, ¿cuál es más difícil de conseguir?*

- **Las formas neutras esto / eso / aquello**
  - Con ellas nos referimos a un objeto que no identificamos o cuyo nombre no conocemos:

    ***Eso** de ahí, ¿es un avión o un pájaro?*

    ***Esto** no lo tenemos en mi país, ¿cómo se llama?*

  - A un conjunto de palabras o ideas aparecidas en el contexto:

    *Mira, ahora todo el mundo habla de **aquello** que tú defendiste cuando no estaba de moda.*

¡ATENCIÓN!

A veces podemos usar tanto este como ese y sus variantes. Si usamos el segundo demostrativo, establecemos una distancia mayor con respecto a lo que nos referimos.

*Me ha escrito un alumno reclamándome un examen de hace un año, pero no recuerdo quién es **este** alumno (aludo a lo que acabo de decir) / **ese** alumno (me distancio del alumno, manifiesto cierto disgusto).*

- Forman parte de locuciones fijas:
  - *Por eso*: para indicar una consecuencia aludiendo a la causa dicha anteriormente.

    *Ah, ¿que ahora no vienes? **Por eso** no cuento contigo.*

  - *Esto y lo otro*: para no precisar.

    *Siempre estás igual: limpia, ordena... **esto y lo otro**... Ya no puedo más.*

○ *Eso sí:* para restringir el alcance de una información previa.
   Corre lo que quieras; eso sí, deja luego todo recogido.

○ *Eso sí que no:* para aludir a algo que se ha dicho con anterioridad y negándolo categóricamente.
   *Elige: o tu madre o yo; me niego a que venga en vacaciones..., **eso sí que no** lo consiento.*

○ *¿Y eso?:* para preguntar con extrañeza.
   *Pero, bueno, ¡aún estás en la cama! **¿Y eso?** ¿Qué te pasa?*

○ *A eso de...:* para indicar una hora imprecisa.
   *Vale, quedamos en la puerta del cine. Llegaré **a eso de** las 7.*

○ *Eso de + infinitivo / determinante + sustantivo...:* se refiere a algo compartido por los interlocutores mencionado anteriormente.
   ***Eso de tener** que quedarnos una hora más a mí no me convence.*
   *¿Cómo ves tú **eso de las horas** extra?*

○ *Un día de estos / una mañana de estas...:* para aludir sin precisar a un periodo de tiempo.
   *Te lo advierto, un **día de estos** cojo mis cosas y me largo.*

• **Colocación de los demostrativos**

  – Normalmente **se anteponen** al sustantivo.
     *En **aquella** época yo no vivía aquí todavía.*

  – **Se posponen** con valor enfático o despectivo. En ambos casos el sustantivo debe ir precedido de artículo o de un exclamativo (*qué* o *vaya*):
     *¿Otra vez está dando problemas **la cerradura esa**? / ¡Qué **chica esta** tan simpática!*

EJERCICIOS

Complete con un demostrativo teniendo en cuenta la situación que se presenta.

1. Viendo unas fotos.
   \> ¡Te he encontrado! ..*Este*... eres tú, ¿verdad?
   \< No, no soy ...., es que yo estaba haciendo la foto precisamente.

2. Dos personas delante de un escaparate.
   \> Mira, vuelve a llevarse la minifalda.
   \< Sí, me encanta ...., la que lleva el último maniquí.

3. En la presentación de un libro. El periodista tiene el libro en la mano.
   \> ¿Es cierto que .... libro es el más personal de los que ha escrito?
   \< Sí, es cierto, muchas de mis vivencias están recogidas en él.

UNIDAD 4

4. Dos personas con paquetes. Una tiene que abrir la puerta.

> ¡Sujétame ...., que se me cae!

< Deja, ya abro yo.

5. El abuelo y el nieto en un parque.

> ¿Ves .... árbol?

< Sí, abuelo.

> Pues allí me declaré a tu abuela hace... ¡demasiado tiempo!

2 Complete los siguientes diálogos con el demostrativo adecuado.

1.

> ¡Oye! Acércame ..*esas*.. cigalas, que tienen una pinta...!

< Sí, te las acerco, pero primero cojo .... que tiene mi nombre, je, je.

¡Eh! Dejad alguna para nosotros también.

El camarero: ¿Cómo están .... cigalitas?

> Muy buenas, me recuerdan a .... que comíamos en verano al lado del puerto.

¿Son de .... zona o de importación?

El camarero: No, no, son de aquí.

2.

> Ya sé que he pasado por .... mismo hace tiempo, pero en .... ocasión no sabía lo que sé ahora. Por .... no voy a aceptar en absoluto un contrato en .... condiciones.

< Pues .... es nuestra última oferta, ¿por qué no se lo piensa?

> Mire, ustedes me ofrecen un contrato como .... no por lo que valgo, sino porque saben que necesito trabajar.

< Tiene usted razón, pero .... es lo que hay: o lo toma o lo deja.

3.

> Ya está otra vez Ramón presumiendo de su dinero, de su éxito... ¡Qué pesado es!

< .... que tú dices es verdad, y también que no escucha a nadie.

> Es que el tío .... se cree que no hay nadie como él.

4.

> ¡Me encanta .... cabecita tuya sin pelo, tan bien afeitada!

< Pues antes no decías .... y bien que te reías de mí.

> Es que en .... época me gustaban los peludos.

5.

> Nunca había estado en un sitio como ...., ¿te gusta?

< No lo sé muy bien, me recuerda a .... casas de las películas en las que siempre se comete un crimen.

> ¡Es verdad! Fíjate en ....: parece que de ahí va a salir un asesino.

6.

> Oye, ¿es verdad .... de que te ha tocado la lotería?

< Sí, varias veces; .... año, por ejemplo, llevo ganados más de 1000 euros.

> A .... lo llamo yo tener suerte.

< ¡Hombre! Tú también podrías haber ganado. Te ofrecí una participación en .... número, pero a ti no te gustó porque terminaba en 13.

> Es que el número .... me da mal fario.

3 Observe los demostrativos subrayados y diga a qué cree que se refieren.

1. (En un correo electrónico) Espero que disfrutéis de <u>esas</u> fiestas, nosotras nos tomamos los días del congreso como un respiro y lo pasamos muy bien ;-) →
   Se refiere a las fiestas que ha mencionado en su correo la otra persona.
   ....

2. Yo les propongo <u>esto</u>: dar modelos de actuación para que la gente sepa a qué atenerse.
   ....

3. ¿Quieres que pasemos <u>este</u> fin de semana juntos? Piénsatelo y me contestas. <u>Esta</u> noche le echaré un vistazo al correo y mañana me voy directa desde el trabajo a Mérida. Pero volveré el viernes. Dime algo antes, ¿vale? Un beso.
   ....

4. ¡Qué chico <u>este</u>! Siempre bromeando. ¿Es que no puedes hablar en serio al menos por <u>esta</u> vez?
   ....

5. No, no y no. No estoy dispuesta a repetir los mismos errores. <u>Aquello</u> salió mal y he aprendido la lección.
   ....

6. Lo siento, no puedo ayudarle; <u>aquel</u> fin de semana yo no estaba en España y, por lo tanto, tampoco pude estar en <u>esa</u> fiesta de la que habla.
   ....

7. ¿Un trabajo extra y voluntario? Profe, <u>eso</u> ya nos lo ha dicho antes, ¿no? Y si hacemos el trabajito <u>ese</u>, ¿nos subirá la nota?
   ....

Unidad 4

4 Ordene estas oraciones. Escuche y compruebe.

1. te vas / es / Qué / esa / tontería / de que → *¿Qué tontería es esa de que te vas?*
2. lo / artículo / este / El / no hay quien / lea → ....
3. la vida / cosas / hacían / Aquellas / más agradable → ....
4. el fin de semana! / ¡Qué / esa / de venir / bobada / a trabajar → ....
5. no tiene / con / nada que ver / Esto / las lenguas → ....
6. sin / La / habla / esa / a todos / noticia / nos dejó → ....
7. de verdad! / no / eso / ¡Yo / he dicho / , / → ....

5 En algunos de estos enunciados hay incoherencias. ¿Puede corregirlas?

1. Que te quede claro aquello: yo no soy tu criado. → *Que te quede claro esto...*
2. Me voy de aquella casa. Aquí no aguanto más. → ....
3. Hasta ahora me he mantenido al margen de esta discusión. → ....
4. En este tiempo no había luz eléctrica, ni baños en las casas. → ....
5. Tira de una vez todos esos papeles, a ver si despejamos esto un poco. → ....
6. ¿Te acuerdas de aquellas fotos en blanco y negro de la abuela? → ....
7. Hablé con Isabel y con Enrique, aquel me dio la razón, esta no dijo nada. → ....

6 Complete con el demostrativo adecuado. Tenga en cuenta el tono molesto de quien escribe.

Después de varias opiniones emitidas en **este** foro sobre la situación de nuestras aulas, realizadas con lealtad y honestidad, estamos asistiendo a una intervención cada vez más agresiva y con intenciones poco claras. (1) .... intervención –firmada por alguien que nadie conoce– nos recuerda (2) .... otras de tiempos pasados en las que la verdadera libertad de expresión brillaba por su ausencia. ¿Quién es (3) .... persona y cuáles son sus verdaderas intenciones? No encontramos su nombre por ninguna parte y es precisamente (4) .... lo que nos preocupa. (5) .... y que se atreve a pedirnos que «tengamos una visión rentable de nuestro trabajo» cuando, como ya he dicho, no conseguimos identificar el suyo.

7 Complete usando *¿y eso?, eso sí que no, eso de..., esto y lo otro, un día de estos, a eso de, por eso*. Escuche y compruebe.

1.
> Él nunca tiene la culpa de nada. Si algo sale mal es por ....*esto y lo otro,*........, pero .... admitir que se ha equivocado no va con él.

< Eso nos pasa a todos, ¿no?

> Puede ser, pero yo ya estoy harta, así que .... me voy.

2.

> ¿A qué hora han dicho que llegarán?

< .... las 9.

> ¡Pero si a esa hora ya no habrá nadie aquí!

< ¡Ah! A mí no me lo digas. Yo los llamo, los informo de la hora, pero ganarme las broncas que les tocan a ellos…, ...

3.

> Me voy a casa.

< ....

> Es que me duele mucho la cabeza.

< ¿Otra vez? Deberías ir al médico.

> Sí, hombre, para que me diga que tengo que dejar de fumar y cuidarme y ....

< Sí, señor, precisamente ....

> Está bien, iré pero, ..., no pienso dejar de fumar, que conste.

MIS CONCLUSIONES

8 **Lea estos textos y conteste a las preguntas.**

1.

A estas alturas creo que los cambios de humor de Grose eran un síntoma de su desequilibrio. Aquella tarde, de regreso a Tour Roses, parecía contenta y estaba de lo más jovial y encantadora.

El verano del inglés. Carme Riera

a. Los demostrativos que aparecen en el texto, ¿localizan en el tiempo o en el espacio?
....
b. ¿A qué se refieren exactamente? ....

2.

Se ha abusado de la palabra y por eso ha caído en desprestigio. Desde hace casi dos siglos se ha creído que hablar era hacerlo a todo el mundo y a nadie. Yo detesto esta manera de hablar y sufro cuando no sé muy concretamente a quién hablo.

La rebelión de las masas. J. Ortega y Gasset

a. ¿A qué se refiere la expresión *por eso*? ....
b. ¿A qué manera de hablar se alude con *esta*? ....

5. Prefiero sus primeros discos
LOS POSESIVOS

¡FÍJESE!

Ya sabe

(→ Unidad 5, nivel Medio)

- **Posición del posesivo**
  - Con sustantivos referidos a personas: determinante + sust. + posesivo tónico.

    *Un amigo **mío**. / El amigo **mío**.*

    Esta estructura puede ir acompañada de adjetivos o complementos especificativos PERO si es un adjetivo de valoración subjetiva debe llevar un gradativo:

    *Un amigo **mío** francés. / El profesor **mío** de italiano.*
    *Una vecina **mía** muy cotilla. / *Una vecina **mía** cotilla.*

  - Con sustantivos **no** referidos a personas: puede ir delante o detrás del adjetivo.

- **Uso de los posesivos antepuestos.** Si hay un objeto indirecto que ya indica el poseedor, el posesivo no aparece en los siguientes casos:
  - Para referirnos a partes del cuerpo con verbos como *doler, romperse, cortarse, depilarse*…

- Para referirnos a prendas de vestir y a objetos que llevamos con verbos como *mojar, romper, mancharse, quitarse, ponerse*… Solo puede aparecer el posesivo con valor enfático.

- Con expresiones como *hacer la cama, hacer la comida, limpiar los zapatos, arreglar la ropa,* etc. Con expresiones del tipo *cortarse el pelo* o *hacerse un traje* el pronombre no siempre indica quién realiza la acción en realidad, sino quién experimenta el resultado.

- **Uso de los posesivos pospuestos.** Van detrás del nombre cuando **no** queremos especificar a qué nombre nos referimos. Expresamos solamente pertenencia a una clase.

    Contraste entre el posesivo antepuesto y el pospuesto

    - El antepuesto indica un nombre concreto, conocido y específico.

    - El pospuesto no presupone que el interlocutor conozca de qué o quién estamos hablando.

    - Puede mencionar algo por primera vez o usarse para no especificar o concretar a qué objeto o persona nos referimos.

Además

- **La combinación de los posesivos antepuestos**

    - Con cuantificadores numerales

        ○ Posesivo + numeral (ordinal / cardinal) + nombre:

        Me gustan mucho más **sus primeros discos.**

        Yo conozco bien a **sus dos hermanos.**

        ○ Posesivo + cardinal + *primero /-a /-os /-as* + nombre:

        Solo tengo **sus dos primeros** *discos.*

        ○ Los posesivos se combinan con los adjetivos *último* y *único* (en el caso de *único* con el sentido de exclusividad) igual que con *primero /-a /-os /-as*:

        Me encantan **sus dos últimas canciones.** / **Sus dos únicas obras** *son inolvidables.*

    - Con cuantificadores indefinidos

        ○ Posesivo + cuantificador indefinido *(mucho, poco, otro)* + nombre:

        Mis otros *compañeros.*

        Su poca *experiencia.*

        Nuestras muchas *preocupaciones* (registro más formal).

        ○ Posesivo + *otro /-a /-os /-as* también puede ir delante de un numeral cardinal:

        Mis <u>otros</u> dos *compañeros.*

        La información que queremos subrayar o enfatizar está en el elemento intercalado entre el posesivo y el nombre (el cuantificador indefinido).

Unidad 5

> **¡Atención!**
>
> No pueden intercalarse *todo, bastante, algún, cierto*.
>
> **Nuestro todo conocimiento. / *Su bastante experiencia. / *Su algún temor.*

- **La combinación de los posesivos pospuestos (tónicos)**

  – Determinante + nombre + posesivo tónico *(mío / tuya / suyos,* etc.). Si los nombres son sujetos tienen que llevar un determinante (artículo, demostrativo, indefinido, numeral).

  > **Los / esos / algunos / dos amigos suyos** *son impresentables.*

  ◦ Puede aparecer esta estructura como sujeto y sin determinante en titulares de prensa:

  > **Soldados nuestros** *ayudarán en las tareas de rescate.*

  ◦ Si no es el sujeto, el nombre puede ir sin determinante si no especificamos y nos referimos al concepto, no a la cantidad.

  > *Tengo* **unas cartas tuyas** *en mi despacho (no especifico cuántas, pero me refiero a una «cantidad indefinida»).*
  >
  > *Tengo* **cartas tuyas** *en mi despacho (no especifico cuántas, me refiero al concepto «carta». ¿Qué tengo en mi despacho? Cartas tuyas y no libros).*
  >
  > *Es* **un amigo mío** *(especifico la cantidad: uno entre los que tengo).*
  >
  > *Es* **amigo mío** *(no especifico la cantidad y me refiero al concepto de «amigo»).*

  – El adjetivo y el complemento introducido por una preposición pueden ir delante o detrás del posesivo.

  > *La colección* **tuya nueva / nueva tuya** *es muy innovadora.*
  >
  > *La novela* **suya para niños / para niños suya,** *¿es esta?*

> **¡Atención!**
>
> Las oraciones de relativo siempre van detrás del posesivo:
>
> *Ese amigo* **tuyo que me presentaste ayer** *es un conocido de mi jefe.*
>
> **Ese amigo que me presentaste ayer tuyo…*

  – Con el verbo *ser. Ser* + *cosa, problema* o *asunto* + posesivo tónico: es una expresión fija que indica quién debe implicarse y quién no.

  > *No te metas, esto* **es asunto mío.**
  >
  > *Ah, lo siento,* **es problema vuestro** *si no os habéis enterado a tiempo.*
  >
  > *No quiero saber nada, no* **es cosa mía.**

UNIDAD 5

- **El posesivo pospuesto (tónico) en expresiones fijas**
  - En exclamaciones como *¡Madre mía!, ¡Dios mío!* el nombre ha perdido su significado original, toda la expresión sirve para mostrar asombro o preocupación con intensidad o vehemencia:

    ¡Madre mía! ¿Pero cómo se te ha ocurrido decir eso?

    ¡Ay, Dios mío! ¿Y ahora qué hacemos?

  - En cartas formales: *Muy señor mío, muy señora mía.*

    Muy señor mío:

    Me dirijo a usted para solicitar su colaboración en un proyecto…

  - En expresiones como *Hijo mío / Querido mío / Amiga mía…* se usan a veces de forma cariñosa y otras veces de forma irónica, con sentido negativo:

    Hijo mío, ¿pero qué te han hecho?

    Amigo mío, no sabes cuánto te echo de menos.

    De eso nada, querido mío, me engañaste una vez pero dos no.

EJERCICIOS

1 Marque (✓) la opción u opciones correctas.

Repaso

1.
   a. Un compañero mío italiano. ✓
   b. Un compañero italiano mío.
   c. Un italiano compañero mío.

2.
   a. Un compañero mío alegre.
   b. Un compañero alegre mío.
   c. Un compañero mío muy alegre.

3.
   a. La peluca azul tuya está escondida.
   b. La peluca tuya azul está escondida.
   c. Tu peluca azul está escondida.

4.
   a. Unos vecinos nuevos vuestros son demasiado ruidosos.
   b. Unos vecinos vuestros nuevos son demasiado ruidosos.
   c. Vuestros nuevos vecinos son demasiado ruidosos.

UNIDAD 5

2 Tache el posesivo que no sea adecuado y escriba la oración correcta.

1. Me he roto ~~mi~~ brazo derecho haciendo alpinismo. → *Me he roto el brazo derecho haciendo alpinismo.*

2. ¿Has hecho ya tu cama?
   ....

3. Espera un momento, hombre, todavía no me he puesto mi abrigo y tú ya estás en la calle.
   ....

4. Ricardo no puede jugar la final porque se ha lesionado su rodilla izquierda.
   ....

5. ¿No me reconoces? Claro, es que me he cortado mi pelo de otra manera.
   ....

6. He limpiado tus zapatos y los míos, que estaban llenos de barro.
   ....

7. El sábado me depilo mis piernas y me arreglo mi vestido para la boda.
   ....

3 Señale en cuál o cuáles de las oraciones anteriores el pronombre no tiene por qué indicar quién realiza la acción, sino quién la experimenta.

....

4 Complete con posesivos pospuestos o antepuestos.

1. > ¿Quién te ha dicho eso?

   < (Un conocido) *Un conocido mío*, tú no sabes quién es.

2. > ¿No va a venir ese amigo tuyo tan simpático?

   < No, ... no está aquí, se ha ido ya a Ginebra. Pero sí vendrá .... que es igual de simpática y que tiene ganas de conocerte.

3. > ¿Cómo has encontrado las cartas que te escribí?

   < De casualidad, estaban entre (papeles) .... desordenados que había en mi cajón.

4. > Toma, aquí tienes tu paraguas.

   < ¿Nos vamos ya? Espera, ... no es ese, el mío es azul con lunares.

5. > ¿Sabes algo de Miguel Ángel?

   < Sí, que está de viaje. Me ha pedido que cuide .... su gato.

UNIDAD 5

5 Ordene bien las palabras.

1. Dos / mis / primeros / hijos / tardaron mucho en nacer. → *Mis dos primeros hijos tardaron mucho en nacer.*

2. Después de / encuentros / nuestros / cinco / en aquella vieja cafetería, decidimos compartir nuestras vidas.
   ....

3. Tras / tres / primeros / intentos / sus / sin éxito, / lograron que la máquina funcionara.
   ....

4. Nuestras / únicas / ilusiones / dos / son ver a nuestra familia feliz y vivir lo que nos queda de vida en paz.
   ....

5. Palabras / cinco / sus / últimas / fueron: «No sufráis más por mí».
   ....

6. Primeras / tus / dos / exposiciones serán el año que viene, ¿no?
   ....

7. Tres / vuestras / objeciones / primeras / son interesantes, pero el resto son críticas destructivas.
   ....

6 Complete los diálogos con el posesivo átono y el cuantificador adecuado siguiendo las pistas que le damos. Añada *último* y *único* donde corresponda. Escuche y compruebe.

(14)

1. \> ¿Has leído la última novela de Ricardo Delafont?

   \< (Ricardo Delafont ha escrito tres novelas). No, he leído ......*sus otras dos*........ novelas, pero la última aún no la he comprado.

2. \> ¿No te preocupa lo que está ocurriendo con nosotros en el trabajo?

   \< (A usted solo le preocupan sus dos hijos). Mira, ... preocupaciones son mis dos hijos, que aún son pequeños y me necesitan.

3. \> ¿Por qué no le pedimos a Harry Front que haga el diseño de la campaña?

   \< (Usted ha visto las dos campañas que ha hecho Harry Front en los últimos años). No sé, ... campañas no han tenido muy buena acogida.

4. \> Está bien..., si te apetece a ti..., vamos a hacer ese crucero.

   \< (Su interlocutor no muestra mucho entusiasmo). No, déjalo, ya no quiero ir, ... entusiasmo me ha desanimado también a mí.

5. \> ¿Qué te parece la biografía de Miguel de Unamuno que estás leyendo?

   \< (Unamuno tenía constantemente crisis existenciales). Interesantísima. Dice: «............................... crisis existenciales hicieron de él un personaje de carácter difícil».

UNIDAD 5

7 Escriba el posesivo tónico (pospuesto) y el artículo donde sea necesario.

1. Cuando le ofrecí ayuda la rechazó, así que ahora, si ella tiene dificultades, (problema) ¡es *problema suyo!*

2. ¿Quién es ese famoso? He visto (fotografías) ...., pero no sé quién es.

3. Tengo en mi casa (álbumes) .... que me prestaste con fotos de tu boda, pasa a buscarlos cuando quieras.

4. (Madre) ¡........................! Pero ¿se puede saber qué habéis estado haciendo para estar tan sucios?

5. Hemos recibido (quejas) .... en el Rectorado, ¿podéis explicarnos realmente qué os disgusta tanto?

6. Me he quedado con (guantes) ...., espero que no te importe; como te los dejaste en mi casa y me dijiste que a ti no te gustaban...

7. Yo no me meto en la vida de nadie, eso que me estáis contando es (asunto) ...., no quiero saber nada.

8 Conteste especificando un posesivo tónico (pospuesto) y un complemento restrictivo (adjetivo, complemento con preposición, oración de relativo). Escuche y compruebe.

1. > ¿Quieres que te enseñe alguno de los cuadros que han llegado a la galería?
   < (Otros cuadros, los que va a exponer su interlocutor en París). No estaría mal, pero yo quiero ver *los cuadros tuyos que vas a exponer en París*; tiempo tendré de ver los otros.

2. > Es un cómico decadente, ya no le hace gracia a nadie.
   < (Las actuaciones de él, en el teatro Apolo). Pues .... han tenido muy buenas críticas.

3. > Últimamente estás un poco distante con nosotros.
   < (Los comentarios, de vosotros, hace unos días). Puede ser, es que .... en casa de Julia me hicieron mucho daño.

4. > Desde luego, es una gran bióloga.
   < (Las teorías de ella, recientes). Sí, pero las .... sobre las aves migratorias son poco creíbles, ¿no?

5. > ¿Por qué tiene ese color tu jersey nuevo? Algo te ha desteñido la ropa.
   < (Los calcetines, del interlocutor, estaban tendidos al lado). Sí, sí, ... y que son negros me han destrozado este y otro jersey.

UNIDAD 5

9 Lea el texto y responda a las preguntas.

John Le Carré jubiló a los espías de sus primeras obras cuando la Guerra Fría estaba ya en el desván de la historia. Sus dos últimas novelas, *El Jardinero fiel* y *La canción de los misioneros*, cambian de escenario (…). Sus 76 años no parece que le pesen físicamente ni tampoco en el plano moral: sigue combativo, denunciando tejemanejes[1]. (…) Un paisaje humano «con almas tan cansadas de dolor que ya no creen en la curación» mientras seguimos lanzándoles discursos nuestros, dirigidos una y otra vez al hombre equivocado en la lengua equivocada. De eso trata *La canción de los misioneros*, la última novela de John Le Carré, pero también trata de sus otras obsesiones: la búsqueda de un padre, la frustración sentimental… Y, como no podía ser menos[2] en una obra suya, del engaño y de la decencia.

Texto adaptado de la revista *Magazines*

[1] *Tejemanejes*: término coloquial. Intrigas, manipulaciones poco claras.
[2] *No podía ser menos*: frase hecha que significa 'como era de esperar'.

1. Busque casos en los que se dé la estructura *posesivo átono + numeral + nombre*.
2. ¿Hay algún caso en el que aparezca entre el posesivo átono y el nombre un indefinido y no un numeral?
3. En *sus dos últimas novelas*, ¿podemos cambiar el orden: *sus últimas dos novelas*?
4. Hay dos casos de posesivo tónico detrás del nombre, relacione cada caso con su significado:

   a. *Mientras seguimos lanzándoles <u>discursos nuestros</u>.* | Se refiere a *todo /-a(s)*, a *cualquiera*, no importa cuál.

   b. *No podía ser menos en <u>una obra suya</u>.* | Se refiere al concepto en general.

MIS CONCLUSIONES

10 ¿Qué diría en estos casos haciendo uso de un posesivo tónico (pospuesto)?

1. En una carta formal, en lugar de «Estimado señor»: ……………………
2. Al entrar en su casa, por ejemplo, y ver que todo está roto y desordenado, para expresar sorpresa con mucho énfasis: ……………………
3. En una situación en la que alguien se entromete en sus asuntos: ……………………

6. Cualquier día se cumplirá alguno de tus sueños
LOS INDEFINIDOS Y OTROS CUANTIFICADORES

¡FÍJESE!

Cifras de natalidad entre los humanos: un hijo **y medio** por habitante.

¿Un hijo **y medio**? ¿En la Tierra pueden tener **la mitad de** un hijo?

Ya sabe

(→ Unidad 24, nivel Elemental y Unidad 4, nivel Medio)

Los indefinidos se usan para hablar de personas y cosas sin especificar identidades, cantidades concretas, de quién hablamos o de qué hablamos.

Indefinidos invariables (pronombres)	Indefinidos invariables (adjetivos)			
alguien / nadie / algo / nada	cada			
Indefinidos variables (pronombres)	**Indefinidos variables (adjetivos)**			
	Masculino		Femenino	
	Singular	Plural	Singular	Plural
alguno / alguna / algunos / algunas	algún	algunos	alguna	algunas
ninguno / ninguna	ningún		ninguna	
todo / toda / todos / todas	todo	todos	toda	todas
varios / varias		varios		varias
otro / otra / otros / otras	otro	otros	otra	otras
	poco	pocos	poca	pocas
	mucho	muchos	mucha	muchas
	demasiado	demasiados	demasiada	demasiadas
	bastante	bastantes	bastante	bastantes

UNIDAD 6

- Los indefinidos *poco, mucho, demasiado* y *bastante* funcionan como adverbios (invariables) cuando van delante de adjetivos y cuando acompañan al verbo.

¡Atención!

Sí se puede decir *todo / toda* + nombre cuando se quiere dar al sustantivo un valor de plural.

Todo ciudadano = todos los ciudadanos

- La negación y la doble negación

Indefinido negativo + verbo = **No** + verbo + indefinido negativo

Ningún alumno ha hecho puente. = **No** ha hecho puente **ningún** alumno.

Además

CUANTIFICADORES QUE EXPRESAN UNA CANTIDAD O UN OBJETO INDEFINIDO

- UN / UNA
  - Como numerales, expresan cantidad y pueden llevar intensificadores.

    Tengo una casa en Madrid y un apartamento en la playa.
    > ¿Me prestas siquiera un euro?
    < Lo siento, no tengo ni un solo céntimo.

- UN / ALGÚN
  - Preceden al sustantivo. Este puede llevar detrás un modificador que lo especifique: un adjetivo, un complemento con preposición o una oración de relativo.

    Necesito un / algún libro bueno con ejercicios.
    Necesito un / algún libro de gramática / sobre aves.
    Necesito un / algún libro que tenga ejercicios gramaticales.

  - Cuantifican expresando la existencia de algo pero sin determinar de forma específica el objeto al que nos referimos. En el caso de *algún*, tampoco se precisa la cantidad.

    ¿Tienes algún rotulador de sobra para prestarme? (No define la cantidad ni el tipo de rotulador al que se refiere).
    ¿Tienes un rotulador de sobra para prestarme? (Define la cantidad: uno, pero no el tipo de rotulador al que se refiere; puede ser uno cualquiera).

Contraste *un / algún*

- *Un / una*
  - No transmite idea de indiferencia y alude solo a un elemento no especificado.

    Necesito un libro que trate de los indefinidos. (Con uno me basta).
    Pasados los años, empiezas a poner en duda una faceta de tu vida. (Sé de qué faceta hablo).

  - Cuando nos referimos a la existencia de algo concreto, indicamos que necesitamos un elemento solo.

    He pensado en una solución para tu dilema. (Una concreta).

Unidad 6

- *Algún / alguno / alguna*
  - Señala un elemento no especificado mostrando la existencia o necesidad de 'uno por lo menos'.

    *Necesito **algún libro** que trate de los indefinidos.* (Uno por lo menos que trate ese tema).

    *Pasados los años, empezamos a poner en duda **alguna faceta** de nuestra vida.* (Una por lo menos, pero puede ser alguna más).

  - Cuando nos referimos a la existencia de algo concreto usamos *algún / alguna* para presentarlo intencionadamente como impreciso.

    *He pensado en **alguna solución** para tu dilema.* (Conozco la solución; puede ser solo una o una opción entre varias).

- CUALQUIER / CUALQUIERA
  - A diferencia de *alguno*, se refieren a un elemento dentro de un conjunto sin que importe su identidad, sin que importe cuál.

    \> *Déjame un bolígrafo, por favor.*

    \< *¿Cuál prefieres?*

    \> ***Cualquiera**, me da igual.*

    \> *¿Cuándo vamos a reunirnos para elegir los libros?*

    \< *Pues no sé, pero **cualquier día** de estos.*

  - También se usan para expresar una indiferencia totalizadora: todos y cada uno de los elementos pertenecientes al conjunto.

    ***Cualquier** ser humano merece respeto.* (Todo ser humano, todos y cada uno de los seres humanos).

- *Cualquier*
  - Va siempre delante del nombre y no puede ir sin él.

    ***Cualquier persona** con un poco de lógica te dirá lo mismo que yo.*

  - Puede llevar detrás *otro / otra*.

    *Cuéntame **cualquier otra** excusa, no la de siempre.*

- *Cualquiera*
  - Puede ir detrás del nombre si este lleva delante *un, una, otro, otra*.

    ***Un día cualquiera** en **un lugar cualquiera** puedes encontrar tu destino.*

    ***Otra persona cualquiera** no habría hecho lo que tú.*

    *Este color no me sirve: elige **otro** (color) **cualquiera**.*

  - Puede ir seguido de un complemento especificativo o restrictivo con preposición o una oración de relativo.

    ***Cualquiera de** estos dos diccionarios me sirve.*

    *Te regalo **cualquiera que te guste**.*

UNIDAD 6

- **CIERTO / CIERTA / CIERTOS / CIERTAS**
  - Va delante del nombre y no puede ir sin él.

    *He oído **ciertos rumores** sobre ese caso.*

  - Puede llevar detrás del nombre un complemento que lo especifique: un adjetivo, un complemento con preposición o una oración de relativo.

    *Existen **ciertas dudas razonables.***

    ***Ciertos estudios sobre** los orígenes del hombre rechazan tu teoría.*

    ***Ciertas observaciones que** se han hecho aquí han sido muy interesantes.*

  - Cuantifican expresando la existencia de algo pero sin detallar ni la cantidad ni el objeto concreto al que nos referimos. Transmiten la idea de algo impreciso.

    ***Ciertas revistas del corazón** suelen inventar las historias que cuentan.* (No define la cantidad ni concreta el objeto al que se refiere).

    *Siento **cierto rechazo** hacia los animales que se arrastran por el suelo.* (Un poco).

  - Por su sentido de algo vago e impreciso, matiza o suaviza sentimientos o apreciaciones.

    *Reconozco que me produce **cierto temor** enfrentarme a ella.*

    *Aún tengo **ciertas dudas** sobre lo que me dijiste.*

  - Diferencia con *algún / alguna*.
    - Transmite la idea de tener en mente a qué o a quiénes nos referimos, sin mostrar indiferencia.

      *Busco **cierto** libro sobre los indefinidos.* (Sé que existe ese libro).

- **ALGO** (cuantificador de grado)
  - Establece el grado de una cualidad o de una acción, con la idea de 'un poco'. Muchas veces atenúa el grado de la cualidad o el grado de la acción. Cuando se refiere a cualidades, suele suavizar o matizar una cualidad negativa.

    *Vivo **algo lejos.*** (Atenúa el hecho de vivir lejos).

    *Oye, ¿te importa que lo dejemos? Me **duele algo** la cabeza.* (Matiza el dolor de cabeza).

    \> *Oye, Pablo es muy antipático, ¿no? Yo creo que no le caigo bien.*

    < *No, lo que pasa es que es **algo quisquilloso**.* (Atenúa la cualidad).

  - También puede aparecer solo en respuesta a una pregunta.

    \> *¿Has conseguido dormir un poco esta noche?*

    < ***Algo,** no mucho.*

- **INCLUSO**
  - Acompaña a diferentes tipos de palabras: adjetivos, sustantivos, pronombres, verbos...

    *Es inteligente, simpático, carismático, **incluso** guapo.*

    *Fumar está prohibido, **incluso** en la terraza.*

    ***Incluso** tú lo has reconocido.*

– Se refiere a la totalidad haciendo énfasis en algo o alguien no habitual, sorprendente o insospechado en el grupo.

> Todos probaron el jamón, **incluso** Mark, que decía que no le gustaba.

CUANTIFICADORES QUE EXPRESAN CANTIDAD DEFINIDA

- **Numerales partitivos.** Indican las fracciones en las que se divide la unidad.

    1/2 - medio/a + nombre / la mitad (de) → **Media** barra de pan.

    1/3 - un tercio (de) / la tercera parte (de)
    1/4 - un cuarto (de) / la cuarta parte (de)   } **La tercera parte** del pastel te la comiste tú.
    1/5 - un quinto (de) / la quinta parte (de)

    3/4 - tres cuartos (de) → **Tres cuartos de** cerezas.

    – Hasta 10, indicamos las fracciones de *uno* con *un* + numeral ordinal:

    un cuarto / un quinto.

    PERO decimos *medio/a* (sin artículo) y *un tercio* → *un tercero.

    – Pueden ir sin el nombre, excepto *medio/a*.

    > ¿Cuánto hemos revisado ya?

    < **Un tercio** (de página) / **media** página → *una media.

    – En la lengua hablada, salvo en contextos específicos referidos a datos estadísticos o con *medio/a*, tendemos a usar más la construcción nominal con *parte (de)*.

    > ¿Te falta mucho para terminar de corregir?

    < Uf, solo llevo **la quinta parte de** la unidad.

    Un tercio de la población / **una tercera parte de** la población está infectada.

    – *Medio/a* y *la mitad de* no siempre son intercambiables.

    ○ *Medio/a* solo se refiere a un único objeto y debe ir en singular.

    ○ *La mitad de* se puede referir a un solo objeto o a varios objetos que constituyen un todo.

    He leído **medio libro.** / He leído **la mitad del** libro.

    *He leído medias páginas. / He leído **la mitad de** las páginas.

    ○ Cuando usamos *medio/a* nos fijamos solo en la cantidad, pero con *la mitad de* hacemos incidencia en la idea de partición o división.

    Solo he comido **medio** bocadillo en todo el día.

    ¡Pero si solo te has comido **la mitad del** bocadillo que te he preparado!

- **Numerales multiplicativos.** Multiplican la unidad por el número al que se refieren.

    – *Doble y triple*

    ○ Llevan detrás la preposición *de* cuando queremos especificar.

    Juan tiene **el doble de** discos **que** Pedro.

    Ángela tiene **el triple de** discos **que** Pedro. = Ángela tiene tres veces más discos que Pedro.

UNIDAD 6

- Normalmente a partir de 4 usamos la construcción: numeral ordinal + *veces* + *más* (*de*). Es mucho más frecuente sin la preposición *de*.

    *Mario tiene **cinco veces más** (**de**) **dinero** que tú.*

- Se suelen usar cuando hacemos una comparación.

    ○ *El doble / el triple* + *que* + elemento con el que hacemos la comparación.

    *Sé **el doble que** tú.*

    ○ Numeral ordinal + *veces* + *más* + *que* + elemento con el que hacemos la comparación.

    *Jorge está viajando ahora **tres veces más que** tu jefe.*

• CADA (distributivo).

- Se usa en la expresión de los porcentajes. Se intercala entre la cantidad seleccionada y el total.
- La estructura es: numeral cardinal + *de cada* + numeral cardinal + nombre.

    *Según el estudio, **7 de cada 10 hombres** no comparten las tareas domésticas con sus parejas.* (La cantidad seleccionada es 7 y el total es 10).

    ¡ATENCIÓN!
    Otra forma de expresar porcentaje: *El / un* + numeral cardinal + *por ciento* (*de*).

    El / un 15 por ciento *(de los españoles) no lee ningún libro al año.*

EJERCICIOS

1 **Sustituya la parte subrayada por un indefinido sin que se cambie el sentido.**

Repaso

1. Mira que es goloso, he puesto en la mesa una bandeja de dulces y se ha comido <u>hasta las migas.</u> Y (se) lo ha comido todo.

2. Creo que he bebido <u>excesivamente</u> esta noche, me voy a casa.
   ....

3. En este grupo <u>unos piensan una cosa y otros, otra</u>. No nos vamos a poner de acuerdo.
   ....

4. Pues no tengo <u>una gran cantidad de</u> artículos sobre ese tema, pero los que tengo son los mejores.
   ....

5. ¿Cuál de los dos trajes de noche me pongo? No me voy a poner el negro, mejor me pondré <u>el rojo con tirantes.</u>
   ....

UNIDAD 6

6. Me duele <u>terriblemente</u> el estómago, ¿no será una úlcera?

....

7. Luis come mucho. Sírvele más lentejas, que esas <u>no son bastantes</u> para él.

....

8. Es verdad que no conozco todas sus obras, pero he visto exposiciones suyas, <u>suficientes</u> para valorarlas.

....

2 Complete los diálogos con el indefinido adecuado.

Repaso

1. > ¿Por qué no fuiste ayer a la fiesta de antiguos alumnos?

< Porque ..*no*.. me invitó ...*nadie*..., ni siquiera Enrique.

2. > ¿Qué tal están las rebajas este año?

< Pues regular, al final ...... he comprado ...., así que me he ahorrado dinero.

3. > ¿Me puedes prestar un pañuelo?

< Lo siento, creo que .... me queda .... limpio.

4. > ¿Estás preocupada por Rodrigo?

< Sí, la verdad es que .... poco sí. Pero no te preocupes, no me obsesiona.

5. > ¿Por qué no me cuentas qué te pasa?

< Es terrible, ... puede imaginar por lo que estoy pasando.

6. > Tienes mala cara, ¿te encuentras bien?

< Sí, pero es que últimamente duermo ...., por eso me siento cansado.

7. > ¿Cómo sabes esa historia?

< No sé, ... me la contó, pero no recuerdo quién.

8. > Habla con Esther y pídele el dinero prestado.

< ¿Es .... lo que se te ocurre decir? ¿Podrías pensar en .... solución?

3 Complete los diálogos con *un, algún, cierto, cualquier* o *cualquiera*. Tenga en cuenta el género y número apropiados. Escuche y compruebe.

(17)

1. > Vengo mojado de los pies a la cabeza y tengo los pies helados, ¿me *das* ..*una*.... toalla?

< Chico, ¿has visto cómo están esos zapatos ya? Necesitas .... par de zapatos nuevos urgentemente. ¿Te vale esta toalla? Espera, te saco una nueva.

> No te molestes, ... me sirve, esa misma.

2. > ¿Sabes si hay .... revista especializada en submarinismo?

< ¿Ahora estás interesado en el submarinismo? Pues creo que hay varias, pero yo no las conozco. ¿Buscas algo en concreto?

> En realidad, ... cosa relacionada con los arrecifes de coral; es que me voy a bucear a Canarias y allí los hay.

< ¿Y no tienes ni .... idea aproximada de qué tipo de información necesitas?

> Pues no, ni idea. Oye, ¿te gustaría venir conmigo?

< Me gustaría mucho, pero nunca he hecho submarinismo; me da un poco de miedo.

> Pero si es muy fácil, ... lo puede hacer. Te apunto mañana.

3. > Tengo que hacer un trabajo sobre la contaminación, estoy buscando .... imagen en internet, no necesito muchas pero quedará mejor con fotos, ¿verdad?

< Anda, ¿por qué no me lo has dicho antes? Yo hice varias fotos que tratan precisamente sobre esto para mi última exposición. Te puedo dejar ....

> Te lo agradecería mucho; con las que ya tengo y .... foto tuya, tengo de sobra.

< Mira, ... de estas muestra la contaminación; el tema era precisamente ese. Todas te valdrían.

> ¡Hala! Pero mira que eres bruto, te he dicho que con .... foto solo me basta, y me sacas por lo menos cincuenta. Vale, ¿puedo quedarme con la que más me guste?

4. > ¿Por qué dejas que te trate así ....? Te da igual quién sea y si tiene derecho o no.

< Es verdad que aún tengo .... inseguridad en mí mismo que me impide reaccionar en el momento. .... personas no son capaces de superar todos sus miedos, ¿no lo entiendes?

> ¿Qué personas? ¿Te refieres a que tú eres una de ellas? Yo te lo digo porque me molesta que .... tonto se crea superior a ti. ¿Existe .... posibilidad de que venzas esos miedos poco a poco?

< Claro que sí, ¿tienes .... sugerencia que me sirva para mejorar?

> Solo te puedo dar .... idea en la que pensar: tú no eres ni mejor ni peor que los demás y empieza a quererte a ti mismo.

  4 Elija entre *algo* o *incluso* de acuerdo con las instrucciones. Escuche y compruebe.

1. En el aeropuerto

(Usted está nerviosísimo porque no le gustan los aviones, pero no quiere mostrar hasta qué punto está nervioso).

> ¿Qué te pasa? ¿No estás contento con el viaje?

< Claro que lo estoy, solo estoy *algo nervioso porque no me gustan los aviones.*

UNIDAD 6

2. En el dentista

(Le están sacando una muela, usted desea ser sincero pero mostrarse fuerte).

> Avíseme si le hago daño, ¿esto le duele?

< Bueno, sí, ………………………………

> ¿Quiere que paremos un ratito?

3. Después de una conferencia de un amigo

(Su amigo no ha quedado muy satisfecho, usted quiere mostrarle que para todos ha sido un éxito. También su amigo Fernando, que es muy crítico, ha aplaudido con entusiasmo).

> Creo que no me ha salido muy bien, no sé si he llegado a conectar con el público.

< ¿Pero qué dices? A todos nos ha encantado, ……………………………………

4. En una cena de compromiso

(Su pareja está muy aburrida y se quiere marchar. Usted considera que todavía es pronto para despedirse, pero no quiere discutir con ella en público).

> Bueno, ha sido un placer, nosotros ya nos tenemos que ir.

< ¿No es ………………………… para despedirnos? Solo son las diez y media, podemos quedarnos todavía un poco más, creo.

5 Elija un partitivo o un multiplicativo.

1. Solo he escuchado ….*medio*…. disco, la otra mitad la escucharé esta tarde.
2. Una ………………… de la población no ha votado en estas elecciones. Las otras dos terceras partes se han repartido entre el bloque mixto y el radical.
3. ¿400 euros? ¡Qué va! Me ha costado casi ………………….! 785, pero merece la pena.
4. Somos cuatro, pues dividimos la tarta en cuatro trozos iguales, y ………………… para cada uno. Quien quiera más que se aguante y quien quiera menos que se lo dé a otro.
5. Es difícil entender así esta gráfica; no se ven las diferencias. Hay que hacer cinco divisiones y resaltar una, que refleje que ese ……………… de las importaciones procede de China.

6 Sustituya los partitivos y multiplicativos anteriores por otra estructura partitiva o multiplicativa sin cambiar el significado.

1. Solo he escuchado ……*la mitad del*…… disco, la otra mitad la escucharé esta tarde.
2. ………………………………………………………………………………
3. ………………………………………………………………………………
4. ………………………………………………………………………………
5. ………………………………………………………………………………

Unidad 6

7 Haga comparaciones de acuerdo con los datos.

1. Carlo pesa solo 45 kilos mientras que Luca pesa unos 89 kilos.
   Carlo pesa la mitad que Luca. / Luca pesa el doble que Carlo. / Luca pesa dos veces más que Carlo.

2. En la mesa redonda Roberto hablará un cuarto de hora y luego Daniel hablará unos 45 minutos.
   ....

3. En este barrio hay cuatro grandes centros comerciales y en el mío solo hay uno.
   ....

4. Tú te has quedado estudiando toda la mañana, pero yo he estudiado mañana y tarde.
   ....

5. Pero ¿qué dices? Si tú te has leído diez capítulos, yo me he leído veinte.
   ....

8 Transforme la información usando la estructura «X de cada Y».

1. El 70 % de los españoles guarda objetos en el trastero de su casa.
   Setenta de cada cien españoles...

2. Según datos del CIDE (Centro de Investigación y Documentación Educativa), en el último curso analizado, el 25 % del alumnado escolarizado era foráneo.
   ....

3. El 80 % de los españoles sufre estrés. La principal causa son los problemas laborales (66 %), seguidos de los gastos económicos (64 %).
   ....

4. Del listado de 800 socios, hay casi 300 sin correo electrónico.
   ....

5. El censo de habitantes del pueblo muestra que hay una mujer por cada 10 hombres.
   ....

MIS CONCLUSIONES

9 Tache la opción o las opciones incorrectas.

1. ¡Señor Ruipérez! Son las dos de la tarde y usted solo ha hecho *medio trabajo / la mitad del trabajo* encargado para hoy.

2. Y ahora, como tenemos un buen margen de tiempo, responderé encantado a *una pregunta / cierta pregunta / cualquier pregunta* que me quieran hacer.

3. Estoy a régimen, eso es muchísimo para mí, con *un quinto / la quinta parte / cinco veces* de eso que has partido me sobra.

7 *No se pongan nerviosos*
EL PRONOMBRE *SE*

¡FÍJESE!

(19)

¡¡Se... se han apagado las velas!!

Sí... y... se ha cerrado la puerta... ¿¿Sola!?

Ya sabe

(→ Unidad 9, nivel Medio)

- Los pronombres de objeto indirecto *(le, les)* se convierten en *se* delante de un pronombre de objeto directo.

    > *¿Le compraste el periódico a tu madre?*

    < *Sí, **se** lo compré.*

- **Se recíproco.** La forma es igual que la de un reflexivo pero el verbo siempre va en plural. Significa 'el uno al otro'. Se refiere siempre a dos personas.

    *Pablo y Jorge **se pelean** constantemente.*

    *Mis cuñadas **se escriben** correos electrónicos.*

- **Se impersonal.** Cuando no sabemos o no nos interesa mencionar quién realiza la acción.

    *En este tipo de colchón **se duerme** muy bien.*

    *Pronto **se entregarán** las notas de los exámenes.*

Unidad 7

Además

- **Orden de aparición de los pronombres.** El pronombre *se* siempre aparece en primer lugar:

    Se me cayó el anillo al agua. / **Se te** ha roto un cordón del zapato.

- Los demás pronombres se organizan así:

    1.º Pronombre de segunda persona (delante de los pronombres de primera y tercera):
    No **te me** pongas gallito.

    2.º Pronombre de primera persona (delante del de tercera):
    > Toma los libros. / < No **me los** des ahora.

    3.º Pronombre de tercera persona (siempre aparece en último lugar):
    No **te lo** mereces.

- **Verbos que cambian de significado con el pronombre se.** Recuerde que el pronombre cambia según la persona gramatical.

    - **Verbos de cambio,** que expresan una transformación (→ Unidad 17).

        ○ *Volver* (regresar) / *volverse* + adjetivo (expresa una transformación).

        No quiero **volver** a casa todavía. / **Se ha vuelto** muy desconfiado.

        ○ *Poner* (colocar, situar) / *ponerse* + adjetivo (expresa una transformación).

        Pon aquí los abrigos. / **Nos pusimos muy nerviosos** en el funeral.

        ○ *Quedar* (fijar una cita) / *quedarse* + adjetivo (expresa una transformación).

        He quedado a las 10 en la puerta del cine. / **Se quedó blanco** cuando se enteró de la noticia.

        ○ *Hacer* (realizar) / *hacerse* + adjetivo (expresa una transformación).

        Hago juguetes de papel. / **Te has hecho** rico.

        ¡ATENCIÓN!

        Quedar también puede expresar el tiempo que falta: **Quedan tres** días para el examen.

        O el resultado de un trabajo: **Te ha quedado** muy bien ese dibujo.

    - **Verbos de movimiento**

        ○ *Ir* (dirigirse a un lugar) / *irse* (dirigirse a un lugar pero abandonando otro).

        Voy a casa. / **Me voy** a casa (me dirijo a casa / dejo el sitio donde estoy y me marcho a casa).

        *Adiós, voy. → Adiós, **me voy**.

        *Voy de España mañana. → **Me voy** de España mañana (abandono España).

        ○ *Volver* (regresar a un lugar) / *volverse* (girarse, darse la vuelta).

        ¿Cuándo **vuelves**? / **Se volvió** y me lanzó una mirada asesina.

○ *Saltar* (dar un salto) / *saltarse* (evitar, omitir).

Saltó sobre el colchón como un niño. / **Se ha saltado** todas las normas (= no cumplir).

LA VOZ MEDIA (→ Unidad 18)

- El pronombre *se* en la voz media indica que **la acción ha ocurrido de manera espontánea** e involuntaria, sin que aparentemente nadie la haya provocado.

    Se ha estropeado el ordenador (él solo).
    De repente, **se apagaron** todas las luces (ellas solas).
    Se ha parado el reloj (él solo).

En estos ejemplos el sujeto es el objeto afectado por la acción del verbo, no el agente. Semánticamente, en estos casos no se deduce voluntariedad en la acción verbal. *Se* solo es un indicador de voz media.

Fíjese en los ejemplos siguientes:

Se dieron dos besos antes de despedirse (no podemos pensar que los besos se dieran solos, que no hubo nadie que los diera, por tanto no es un *se* medio, es un *se* recíproco: se dieron dos besos el uno al otro).

Se vive muy bien hoy en día (hablamos de forma generalizada o impersonal; no hay agente ni sujeto gramatical, por tanto es impersonal, no es interpretable como voz media).

De pronto, **se cerró** la ventana (podemos interpretar que se cerró ella sola. No hay agente, pero sí sujeto gramatical: *la ventana*. Es un *se* medio).

¡ATENCIÓN!

Física o científicamente siempre hay una causa o agente que produce la acción, por ejemplo, un golpe de viento puede ser la causa de que se cierre una ventana, pero lo importante no es que pueda existir o no una causa en el mundo real, sino que el hablante presenta el hecho como algo que ha ocurrido de forma involuntaria, no interpreta que haya un agente al que se le pueda atribuir la acción.

- Cuando queremos **mitigar o reducir nuestra responsabilidad** sobre un hecho utilizamos el pronombre *se* de voz media (con ello indicamos que la acción ha ocurrido sola) + pronombre OI *(me, te, le, nos, os, les;* con estos pronombres indicamos quién es el verdadero agente de la acción):

    He estropeado tu coche, lo siento (voz activa: yo me presento abiertamente como el responsable de la avería).

    Verás, es que... se ha estropeado tu coche (voz media: presento la acción ocultando el agente, el coche se ha roto solo).

    < ¿Sí? ¡Qué raro! Acababa de pasar la revisión y es un coche casi nuevo...

    > *Bueno, la verdad es que se me ha roto a mí, me temo que he quemado el motor* (ahora presento la acción señalando mi autoría con el pronombre *me*, pero indico también con el pronombre *se* cierta involuntariedad).

UNIDAD 7

EJERCICIOS

1 Complete el diálogo con el verbo entre paréntesis y el uso adecuado de los pronombres correspondientes.
Repaso

1. > Siempre están discuciendo por todo, no sé cómo se aguantan.
   < ¡Qué va! Pero si (querer) ......*se quieren*...... mucho, son dos hermanos que (entender) .... muy bien entre ellos, aunque discuten..., pero como todos los hermanos.

2. > Mira, ahí hay un cartel de (vender) .... piso, apunta el número.
   < Pero ¿(vender) .... o (alquila) ....?

3. < Lo siento señor, no (admitir) .... tarjetas de crédito. Solo efectivo.
   > Ah, bueno, ¿puede esperar un momento? Voy al cajero a sacar dinero.

4. > Creo que tú y yo no (tolerar) .... los errores y tampoco (aplaudir) .... los detalles; hemos perdido la comunicación. ¿Crees que podemos hacer algo para (reconciliar) ....?
   < Cariño, no siempre (poder) .... volver atrás, cuando (vivir) .... tantas cosas, tantos desengaños..., ¿es bueno regresar al pasado?
   > Yo creo que sí. Siempre es mejor intentarlo de nuevo.
   < Pero entonces..., tendremos que (escuchar) .... más el uno al otro y respetar nuestras necesidades.

2 Sustituya las partes subrayadas por el pronombre adecuado y ordénelos convenientemente. Escuche y compruebe.

(20)

1. > ¿Al final le has devuelto <u>los CD</u> <u>a Juan</u>?
   < No, iba a ..*devolvérselos*.., pero no me ha dado tiempo. Mañana .... sin falta.

2. > Me han dicho que <u>te</u> encontraste a <u>Ricardo</u> por ahí el viernes pasado.
   < Sí, ... en una cervecería del centro, de pura casualidad.

3. > ¿Es verdad que <u>la hija de Laura</u> se perdió el fin de semana pasado estando con <u>vosotros</u>?
   < No, no ...., se escapó y la encontramos enseguida. Laura no quiere admitir que tiene una niña muy rebelde y siempre echa la culpa a los demás.

4. > Tengo que dar <u>la mala noticia</u> a <u>Carlos y María</u>.
   < No te preocupes, ya .... nosotros, y han reaccionado muy bien.

5. > ¿Has preparado <u>para mí</u> <u>el nuevo calendario de reuniones</u>?
   < Perdona, no .... porque pensé que ya lo tenías.

-65-

Unidad 7

3 Ordene los elementos marcados del enunciado.

1. > El otro día hablé con David.

   < Por favor, / no / lo / nombres / me /, que no quiero volver a saber de él en la vida.

   no me lo nombres

2. > ¡Qué ojos más bonitos tienes!

   < Oye, *no / quedes / te / mirando / me /* con esa expresión, que me pones muy nerviosa, ya lo sabes.

   ....

3. > ¿Sabéis algo de Macarena?

   < ¡Que si sabemos algo! Anoche / *nos / presentó / en casa / se /* a las dos de la mañana, nos sacó de la cama y todo.

   ....

4. > ¿Pero qué te pasa? Estás muy raro.

   < Calla, no digas nada, es que *la cremallera / se / del pantalón / me / ha roto* y no quiero levantarme de aquí.

   ....

5. > Pero... ¿Qué hacen ustedes aquí?

   < Efectivamente, vámonos, chicos, que aquí *nos / ha perdido / no / nada / se*.

   ....

4 Escriba el pronombre adecuado donde sea necesario. Despues escuche y compruebe.

(21)

1. ¡No ...*te*... vuelvas! Tienes una tarántula en la espalda.
2. Préstame 10 euros, hombre, que te los devuelvo mañana, ¡mira que .... has vuelto tacaño!
3. ¿Dónde .... pongo esta mesa, señora?
4. ¡Ja! .... estás poniendo colorado, pues te lo digo otra vez: hoy estás guapísimo.
5. Bueno, queridos míos, yo .... voy, que llevo aquí desde las ocho de la mañana y nos han dado las nueve de la noche. En mi casa ya no me van a conocer.
6. Mira, lo que no puedo es saltar .... todo el reglamento por hacerte un favor personal, ¿lo entiendes?
7. ¿............ quedamos a las diez en la boca de metro de Callao?
8. Hola, ¿hacia dónde .... vas? Yo .... voy a Moncloa, ¿te puedo acercar a algún sitio? Anda, sube, que está lloviendo mucho y el autobús .... va a tardar en pasar.

UNIDAD 7

5 Añada el pronombre donde sea posible y relacione las dos columnas para formar un único enunciado.

1. ¿........ quedas un poco más?
2. ¡Haz........ tú el desayuno!
3. .... ha vuelto muy solitario,
4. ¿........ vamos?
5. .... ha vuelto Carmen,
6. .... quedamos a las 10 para comprar las entradas.

a. le ha cambiado mucho el carácter.
b. La película empieza a las 22:30.
c. Es que ya es muy tarde.
d. No seas comodón.
e. Aún es pronto, anda...
f. después de diez años en Tanzania.

6 Transforme los enunciados cuando sea posible en enunciados con un *se* de voz media y un verbo adecuado. Fíjese en el ejemplo.

1. El agua desbordó la bañera y mojó el suelo. *El agua se salió* ....
2. Repartí el agua entre los sedientos. ....
3. La última bombilla de pronto hizo «bum», y nos quedamos sin luz. ....
4. Encontramos velas en el sótano, menos mal. ....
5. Nos asustó el estado de la casa cuando la vimos. ....
6. Mira, la alfombra está manchada de salsa de tomate. ....
7. Cierra la ventana, si no, el viento descolocará los papeles. ....

7 Reaccione ante estas situaciones, mitigando su responsabilidad.

1. Un amigo ha dejado un pastel en el horno y antes de irse le ha dicho: «Por favor, vigila el pastel y apaga el horno dentro de quince minutos o se quemará». A usted se le ha olvidado apagar el horno y el pastel está calcinado.

   \> ¿Qué tal ha quedado el pastel?

   < Verás, es que (quemar) ....*se me ha quemado*....... Lo siento, me puse a hablar por teléfono y me olvidé de apagar el horno.

2. Sus compañeros de trabajo le han entregado las llaves de los armarios para que estén seguras. Usted no las encuentra por ninguna parte.

   \> Oye, ¿me das las llaves del armario donde están guardados los informes?

   < Pues, la verdad es que (perder) ...., pero seguro que las encuentro en cualquier parte.

Unidad 7

3. Su profesor de español le ha dejado prestado un artículo muy interesante, usted lo estaba leyendo mientras tomaba un baño y, desgraciadamente, terminó en la bañera.

   > ¿Qué le ha parecido el artículo?

   < Muy interesante, se lo he traído, pero está un poco deteriorado, es que (caer) ……………………… en la bañera y (mojar) …………………… sin querer.

4. Está por primera vez en casa de sus futuros suegros. Le enseñan la casa y una colección de porcelana de Dresde muy preciada para ellos. Usted toma en sus manos una de las piezas para observarla mejor, pero la deja caer sin querer. Llega su suegro:

   > Vaya, así que te ha gustado nuestra colección. Pero ¡¿qué ha pasado aquí?!

   < Lo siento, lo siento…, no sabe cuánto lo siento…, soy un torpe, tenía el jarrón en la mano, quería verlo con detenimiento… pero (resbalar) …………………… Y…, de verdad que lo siento, (romper) …………………… sin querer.

8 Lea este texto y responda a la pregunta.

En la vida de Ernst Kloshe –o en la del personaje por él creado– hubo un episodio decisivo. Ocurrió en los urinarios públicos de la estación de ferrocarril de Innsbruck, (…) *Al ir a lavarse las manos* (1) encontró en el lavabo fragmentos de un espejo roto. Abrió el grifo y el desagüe se tragó una muchedumbre de añicos. Luego descubrió en la pared (…) el trozo de espejo que había sobrevivido. Se lavó las manos, se mojó la cara. Al levantarse vio reflejados en él los ojos admirablemente hermosos de un hombre. *Asustado se volvió con rapidez pero ya no pudo hallar a nadie* (2).

(…) A la edad de nueve años Kloshe había enfermado de viruela. Los médicos le trataron tarde y con desgana y *la enfermedad se alargó críticamente* (3). En aquellos meses el muchacho fue descubriendo las semejanzas entre un ser humano y una cebolla: comúnmente se los despoja capa a capa, pero a veces *se los trocea (…) y se los echa en un refrito o en una salsa* (4).

Los oscuros. Luis G. Martín

■ ¿Qué significa el pronombre *se* en estos enunciados extraídos del texto?

1. *Al ir a lavarse las manos* (1):

   a. Alguien le lavó las manos pero no decimos quién (*se* impersonal).

   b. Él mismo lavó sus propias manos (*se* reflexivo).

   c. Lavaron las manos el uno al otro (*se* recíproco).

UNIDAD 7

2. *Asustado se volvió con rapidez pero ya no pudo hallar a nadie* (2):

   a. Cambió rápidamente de forma de ser (verbo de cambio: pasar de ser una cosa a otra).

   b. Regresó al lugar anterior (*se* no cambia el significado del verbo).

   c. Se giró, se dio la vuelta (cambio de significado: no es volver a un lugar, sino girar).

3. *La enfermedad se alargó críticamente* (3).

   a. Alguien, no sabemos o no nos importa quién, le hizo algo malo y su enfermedad empeoró (*se* para hablar de forma impersonalizada o generalizada).

   b. Su enfermedad evolucionó negativamente, de forma interna y espontánea (*se* de voz media).

   c. Él mismo, con su actitud, alargó su enfermedad (*se* reflexivo).

4. *Se los trocea y se los echa en un refrito o en una salsa* (4).

   a. Las cebollas y los seres humanos mutuamente se cortan y se fríen (*se* recíproco).

   b. Las cebollas y los seres humanos, sin que nadie aparentemente les haga nada, de forma espontánea, ellos solos se dividen y se meten en una sartén para freírse (*se* de voz media).

   c. En general, la gente, los trocea y los echa en una salsa (*se* impersonal).

MIS CONCLUSIONES

9 **Reflexione y conteste.**

   a. La diferencia entre *ir* e *irse* es que ....

   b. El *se* de la voz media indica que la acción ocurre de manera .... y sin agente aparente.

   c. Para disfrazar nuestra responsabilidad en una acción usamos el *se* de .... (como si algo hubiera ocurrido solo) pero con el .... indicamos quién es el agente de dicha acción.

8. Lo hiciste a propósito
LOS ADVERBIOS

¡FÍJESE!

Ya sabe

(→ Unidad 10, nivel Medio)

- **Adverbios de tiempo:** de tiempo definido (*anoche, anteayer, ahora*) o secuenciadores del discurso para ordenar las acciones: *primero, entonces, luego, después (de) / antes (de)…*
- **Adverbios de lugar:** *abajo, arriba, dentro (de), fuera (de), alrededor de…*
- **Adverbios de modo.** Algunos adverbios en *-mente* expresan valoración de una acción.
  - *Fácilmente, difícilmente:* facilidad o dificultad pero también probabilidad de que algo se realice.
  - *Naturalmente:* forma natural de hacer las cosas.
- **Adverbios de afirmación** (*sí, claro, por supuesto…*)
  - *Bueno:* afirmación sin convencimiento.
  - *Claro, por supuesto* y *naturalmente:* para responder afirmativamente cuando algo nos parece evidente y para conceder permiso. *Claro:* para expresar acuerdo con otra persona. *Naturalmente:* enfatiza o refuerza una afirmación.
  - *También:* afirma cuando se ha hecho una afirmación previa de forma explícita o implícita. Puede ir delante del sujeto.
- **Adverbios de negación** (*no, no… ni, tampoco, nunca, jamás…*)
  - *Tampoco:* niega cuando se ha hecho una negación previa de forma explícita o implícita. Puede ir delante del sujeto.
  - *Jamás:* es más rotundo que *nunca* y, si va detrás de *nunca*, enfatiza la negación.

¡ATENCIÓN!
Adverbio de negación + verbo / *No* + verbo + adverbio de negación.

- **Adverbios de cantidad**
  - *Nada:* con verbos, adverbios o sustantivos sin artículo con la estructura *nada de*.
  - *Casi:* cantidad o cifra aproximada. Delante de un verbo expresa la realización incompleta de lo mencionado por el verbo (= *por poco*).
  - *Poco, bastante, demasiado:* modifican a adjetivos, adverbios (delante de estos) y verbos (detrás). *Un poco:* cantidad o duración imprecisa de la acción. Se usa también para mitigar lo expresado por el verbo y suavizar una cualidad negativa.
  - *Muy / mucho: muy* solo acompaña a adjetivos y adverbios; *mucho* va con el verbo y normalmente detrás de él.
- **Adverbios reforzadores**
  - *Además / encima:* enfatizan la cantidad o la cualidad añadiendo algo.
  - *Menos / excepto:* enfatizan la generalización al mostrar la excepción.
- **Adverbios focalizadores.** Resaltan una acción, una cualidad o cualquier otro elemento.
  - *Sobre todo:* pone el foco de atención sobre algo.
  - *Solo / solamente:* hace exclusivo el elemento que focaliza.
- **Adverbios intensificadores:** *realmente, verdaderamente, francamente.* Enfatizan una cualidad expresada con un adjetivo o un adverbio.

Además

- **Otros adverbios intensificadores y mitigadores**
  - *Excesivamente, increíblemente, sumamente.*
  - *Ligeramente, levemente:* mitigan una cualidad percibida como negativa. Otras veces indican el grado alto de una cualidad percibida como negativa, con el fin de suavizarla para ser más corteses o menos bruscos.

Fíjese en estos contrastes

a. *Camina por las calles **ligeramente** sin volver la vista atrás.*

(Camina con ligereza. Es adverbio de modo: nos dice de qué manera camina).

b. *> ¿No te gusta el pollo? < Sí, sí que me gusta, está muy bueno, quizá **ligeramente** salado.*

(Puede que esté solo un poco salado, pero también puede estar muy salado y lo suaviza con *ligeramente*).

a. ***Increíblemente**, Paco llegó puntual a nuestra cita.*

(Por increíble que sea, Paco llegó puntual a la cita: el adverbio afecta a toda la frase).

b. *No puedes perderte esta película, es **increíblemente** buena.*

(La película es buenísima: indica el grado alto de la cualidad).

- **Otros adverbios focalizadores:** *particularmente, especialmente...*

    *Este problema nos afectó a todos, pero **especialmente** a los que compramos acciones.*
    (*Especialmente* no se refiere a la manera en que nos afectó –de forma extraña– sino que enfatiza «los que compramos acciones»).

    *Nadie debería criticarla, **particularmente** nosotros, que hace poco cometimos el mismo error.*
    (*Particularmente* no se refiere a la manera de criticarla, sino que enfatiza la persona *nosotros*).

- **Adverbios que afectan a toda la oración.** No se refieren solo a un elemento, sino a toda la oración; por eso, pueden aparecer al inicio, al final o entre comas dentro de la oración.

    <u>Fíjese en este contraste</u>

    a. *No te preocupes por la conferencia, <u>habla</u> **naturalmente**, sin palabras rebuscadas y relajado.*
    (*Naturalmente* se refiere al verbo; expresa la manera o modo de hablar).

    b. ***Naturalmente**, <u>pienso hablar de ese tema aunque no les guste.</u>*
    (*Naturalmente* no se refiere a la acción de hablar ni al modo, afecta a toda la oración, al hecho de que pienso hablar aunque no les guste. Equivale a 'por supuesto').

    – Pueden expresar un juicio de valor: *afortunadamente, desgraciadamente, lamentablemente...*
    ***Desgraciadamente**, <u>nadie me puede ayudar en esta ocasión.</u>*
    (*Desgraciadamente* se refiere a toda la oración).

    – Sirven para evaluar la actuación de alguien: *acertadamente, correctamente, inteligentemente...*

    <u>Fíjese en este contraste</u>

    a. ***Inteligentemente**, <u>pensó que debía irse.</u>* (Fue inteligente pensar en irse).

    b. *Haz el favor de <u>pensar</u> un poco **inteligentemente*** (afecta solo a *pensar*) → **Haz el favor de inteligentemente pensar un poco.*

    – Refuerzan la actitud de duda: *seguramente, probablemente, posiblemente...* o la seguridad en la información: *indudablemente, sin duda...* (→ Unidad 25, nivel Medio).
    ***Seguramente** <u>no tendrá que hacer más rehabilitación.</u>* (= Lo que creo que seguramente ocurra es que no tendrá que hacer más rehabilitación).

    ¡ATENCIÓN!

    A veces, cuando un adverbio afecta a toda la oración, cambia de significado. Por ejemplo, *obligatoriamente, inevitablemente, necesariamente, forzosamente...* pueden expresar necesidad u obligación, pero si modifican a toda la oración, expresan deducción lógica, equivaliendo a 'obviamente'.

    *Son las doce y no llama, **necesariamente** ha tenido que ocurrirle algo.*

- **Adverbios que afectan al discurso.** Van más allá de un elemento de la oración (una cualidad o una acción) y de la propia oración, ya que se refieren a todo lo que se ha hablado. Sirven para orientar el discurso, introduciendo un tema nuevo, matizando lo que se ha dicho antes, recalcando lo que se comenta…

    <u>Fíjese en este contraste</u>

    a. *Has actuado* **justamente.** (Afecta solo a la acción, al verbo: expresa el modo en que se ha actuado, en este caso, con justicia).

    b. > *Mañana tengo que ir a arreglar mis papeles.*

    < *Oye,* **justamente** *quería hablarte de eso.* (No expresa modo. Incide en una parte de lo que se ha dicho para orientar el discurso hacia ese tema).

— Interrumpen, ratifican, reorientan el discurso o introducen un cambio de tema: *precisamente, justamente, a propósito*.

    <u>Fíjese en este contraste</u>

    a. *No disimules, lo has hecho* **a propósito.** (Se refiere al modo en que lo ha hecho: adrede, intencionadamente).

    b. > *Yo últimamente no veo a nadie, tengo tanto trabajo que no salgo ni los fines de semana.*

    < **A propósito,** *¿sabes que el pasado fin de semana vi a Ricardo?* (Reorienta la conversación e introduce un tema nuevo).

— Reformulan o resumen: *verdaderamente, realmente, en realidad, en resumen*…

    <u>Fíjese en este contraste</u>

    a. *Estos diseños son* **realmente** *buenos.* (Intensifica la cualidad).

    b. > *¿No dices que quieres marcharte de casa?*

    < *Bueno,* **realmente** *preferiría quedarme y solucionar las cosas.* (Reformula lo que se ha dicho antes).

- **Adverbios conjuntivos.** Es el caso de *así*, que puede actuar como conector o nexo. En ese uso, siempre va delante del verbo.

    <u>Fíjese en este contraste</u>

    a. *No puedes seguir* **así.** / **Así** *no puedes seguir.* (Se refiere al modo).

    b. *Trabajaré mucho el viernes y* **así** *el fin de semana podré irme fuera.* (Aquí es un conector consecutivo → Unidad 21).

UNIDAD 8

EJERCICIOS

1  Complete los diálogos con un adverbio adecuado siguiendo las pistas que se dan entre paréntesis.

1. > ¡Qué nervios! ¿Y si no les gusto a tus padres?
   < Tranquilo, actúa …*naturalmente*…… y verás cómo les encantas. (Modo: con naturalidad).

2. > Estuve dando vueltas …………………… tu casa durante horas. (Lugar: rodeando).
   < ¿Y no te atreviste a llamar?

3. > ¿Has visto qué edición tan cuidada de *El Quijote*? Pero es muy cara.
   < Yo tengo …………………… 50 euros, ¿nos alcanza? (Cantidad aproximada).

4. > ¿Te ha caído bien el nuevo socio?
   < Pues no sé, es ……………… superficial, ¿no? (Cantidad: suaviza una cualidad negativa).

5. > Acompáñame a sacar una película del videoclub, anda.
   < ………………, pero no te tires una hora para elegirla. (Afirmación: sin mucho convencimiento).

6. > Estoy muy cansada. Durmiendo solo tres horas no se puede trabajar bien.
   < ……………… (Afirmación = Es normal).

2 Reproduzca la respuesta focalizando la palabra apropiada con *particularmente, especialmente* o *concretamente*. Tenga en cuenta que puede haber más de una posibilidad.

1. > ¿Por qué nadie me ha informado del cambio de horario? Ahora el que queda mal soy yo.
   < Perdona, sí te habíamos avisado, yo te avisé.
   ………………*Perdona, sí te habíamos avisado; concretamente yo te avisé.*………………

2. > ¿Son buenos sus alumnos?
   < Un poco inquietos, y es muy difícil hacer que se concentren, sobre todo los viernes.
   ……………………………………………………………………………………………

3. > ¿Serán eficaces las nuevas propuestas?
   < No sé los demás pero, al menos yo, no creo que solucionen nada.
   ……………………………………………………………………………………………

4. > La gente cree que soy un poco extravagante. ¿Tú qué piensas?
   < Que no, pero si tú y yo llevamos ropa muy parecida. Ese pañuelo que llevas hoy es muy parecido a uno mío.
   ……………………………………………………………………………………………

Unidad 8

3 Conteste con un adverbio que se refiera a toda la oración. Escuche y compruebe.

> naturalmente   forzosamente   inteligentemente   acertadamente
> *desgraciadamente*   inevitablemente

1. > ¿Qué pasó al final con los náufragos?
   (no encontrarlos / equipos de rescate / aún)
   < .... ***Desgraciadamente,*** *aún no los han encontrado los equipos de rescate.* ....

2. > ¡No pensarás contarle la verdad a Richi! ¿No?
   (contar / ahora mismo / sin miedo / toda la verdad)
   < ....

3. > ¡Te digo que nada de esto es mío! La maleta es igual que la mía, pero esto no es mío.
   (tener que ser / en el aeropuerto / un cambio de maleta)
   < ....

4. > No dejo de darle vueltas, a lo mejor no he debido denunciar un incidente tan pequeño.
   (tú pensar / un incidente pequeño puede llevar a algo peor / no preocuparte)
   < ....

5. > ¿Qué pasó con la policía y los narcotraficantes? ¿Los pudieron detener?
   (no precipitarse / la policía / tener pruebas contundentes / y esperar)
   < ....

6. > ¿No podemos salir este fin de semana? Siempre estamos encerrados en casa.
   (Es que / estos diseños / el lunes / tener que entregar / a primera hora de la mañana)
   < ....

4 Relacione cada oración con su significado.

1. Naturalmente, díselo.
2. Díselo naturalmente
3. Inteligentemente, negociaste con los dos bandos y no te pusiste en peligro.
4. Negociaste inteligentemente con los dos bandos, así no te pusiste en peligro.
5. Creo que tienes que hablar personalmente con ella.
6. Personalmente creo que tienes que hablar con ella.

a. Por supuesto, díselo.
b. Díselo con naturalidad.
c. En mi opinión tienes que hablar tú con ella.
d. Mi opinión personal: tienes que hablar con ella.
e. Tu modo de negociar con los dos bandos fue inteligente y no te pusiste en peligro.
f. Fue inteligente que negociaras con los dos bandos y no te pusieras en peligro.

Unidad 8

(24)

5 Introduzca en la conversación el adverbio necesario para controlar el discurso: un adverbio para reorientar el tema mencionado, otro para reformular, otro para resumir lo dicho y otro para cambiar de tema. Escuche y compruebe.

> Esta semana es terrible; entre las visitas al hospital, la declaración de la renta, los exámenes orales…

< *Precisamente / justamente*. quería preguntarte por lo de los exámenes orales. ¿Ya habéis pensado qué preguntas vais a poner?

> Vaya, vaya, ¿me estás pidiendo que te sople las preguntas del examen?

< No, no, (1) …………………, lo que te quería preguntar es qué tipo de preguntas son, no las preguntas en concreto, aunque no estaría mal, je, je.

> Ah, bueno. Pues hay una conversación con el profesor sobre un tema general y luego se hacen preguntas cortas para comprobar el nivel de gramática, vocabulario…

< Vamos, (2) …………………, un poco de todo.

> Pues sí, resumiendo, un poco de todo, pero no es difícil. (3) …………………, ¿y ese examen tan duro que ibas a hacer para trabajar en la Biblioteca Nacional?

< Ya estás cambiando de tema, ¿eh? Pues no me fue mal, pero hasta dentro de un mes no sé los resultados.

6 Intensifique las cualidades con uno de los siguientes adverbios en *-mente* sin que se repita ninguno.

[excesivamente / levemente / ligeramente / sumamente]

En la casa todo estaba perfectamente ordenado, con una extraña perfección. Solo un cuadro estaba (1) ……………….. inclinado a la derecha. Nadie se habría dado cuenta, excepto el inspector Ferrer, que era (2) ………………….. observador. Con mucha tranquilidad movió un poco el cuadro hasta centrarlo y se dirigió al dueño de la casa.

Bien, señor, todo está perfecto, yo diría que incluso (3) ………………….. perfecto, limpio y ordenado. No sé, parece que alguien estaba esperando esta visita y ha ordenado y limpiado todo con mucho detalle. Señor Salazar, ¿puedo preguntarle dónde estaba usted ayer a las tres de la madrugada?

El señor Salazar empezó a mostrarse muy inquieto, le sudaban las manos y le temblaba la voz.

¿Le ocurre algo? Parece (4) ……………….. nervioso, ¿o tendría que decir «francamente» nervioso?

UNIDAD 8

7 Subraye la opción inequívoca y no ambigua.

1. No lo he hecho intencionadamente, ha sido sin querer.

   No lo he hecho a propósito. / A propósito, no lo he hecho.

2. Mi padre trabaja justo aquí.

   Precisamente, mi padre trabaja aquí. / Mi padre trabaja precisamente aquí.

3. Su actuación fue justa.

   Justamente ha actuado como yo ya imaginaba. / Ha actuado justamente, como yo ya imaginaba.

4. Por cierto, lo que te dije te lo repito ahora.

   A propósito, lo que te dije, te lo repito ahora. / Lo que te dije a propósito, te lo repito ahora.

5. Es verdad que este trabajo es importante.

   Verdaderamente, es un trabajo importante. / Este trabajo es verdaderamente importante.

MIS CONCLUSIONES

8 Indique en la casilla qué tipo de adverbio es el subrayado.

1. <u>Precisamente</u> tú tienes más culpa que nadie de este lío. ☐
2. Estás <u>increíblemente</u> deslumbrante. ☐
3. <u>Probablemente</u> te arrepientas mañana de esto. ☐
4. <u>Naturalmente</u>, no me arrepiento en absoluto de lo que he dicho. ☐

a. Afecta a toda la oración.

b. Intensifica una cualidad.

c. Expresa la actitud del hablante.

d. Focaliza un elemento de la oración.

9 Complete el texto con estos términos: *una parte, la información, la conversación*.

> Los adverbios focalizadores afectan a .... de la oración. Los adverbios que afectan a toda la frase se refieren a .... completa que hay en ella, pero los adverbios que afectan al discurso tienen en cuenta no solo la información que hay en la oración, sino ....

9. ¿Qué me decías?
PRETÉRITO IMPERFECTO DE INDICATIVO

¡FÍJESE!

Ya sabe

(→ Unidad 29, nivel Elemental y Unidad 13, nivel Medio)

- El pretérito imperfecto expresa una **acción en desarrollo** que se ve interrumpida, modificada o afectada por otra acción.
  - La acción que interrumpe va en pretérito indefinido.
  - La interrupción no significa necesariamente (que) la acción luego no pueda continuar.
  - A veces lo que se interrumpe es la intención de realizar una acción inmediatamente (es el llamado **imperfecto de conato**).

- **En el estilo indirecto,** el imperfecto reproduce un mensaje original expresado en presente.

  ¿Cuándo llegas? → Me preguntó (que) cuándo **llegaba.**

- **Imperfecto de cortesía**
  - Se usa para hacer una petición o un ofrecimiento de forma más cortés en determinados contextos.
  - Suele darse con verbos que expresan necesidad o deseo *(querer, necesitar, desear, poder)*.

UNIDAD 9

Además

INTERRUPCIÓN O MODIFICACIÓN DE UNA ACCIÓN O PENSAMIENTO

- Las acciones en desarrollo pueden ser interrumpidas en el contexto: algo que se ve y que realmente ocurre pero que no expresamos verbalmente.

En el contexto Dos amigos (A y C) están hablando y de pronto aparece un tercer amigo (B) y los saluda.

> A: *Tienes que ir a Ámsterdam, yo me he quedado fascinado. Lo que más me ha gustado ha sido la arquitectura. Los canales son impresionantes…*
> B: *¡Hombre, qué alegría encontraros aquí!*
> C: *¡Qué sorpresa! ¿Te quedas con nosotros a tomar algo?*
> B: *No, muchas gracias, otro día, pero os llamo y quedamos, ¿vale? Hasta pronto (se va).*
> C: *Bueno, ¿qué me **decías**?*
> A: *Te **estaba hablando** de los canales de Ámsterdam (antes de que B interrumpiera la conversación).*

Lo que interrumpe es la llegada de B. Acciones en desarrollo interrumpidas:

Me decías… / Estaba hablando de los canales de Ámsterdam.

- No solo se interrumpen acciones, también se «interrumpen» o modifican pensamientos o creencias; por ejemplo, cuando hay algo en el discurso o en el contexto que hace que modifiquemos una creencia o un pensamiento previo.

En el discurso

> \> *Estás agotado, ¿quieres que te dé un masaje?*
> \< *¡Anda!, no **sabía** que dabas masajes (antes no lo sabía: pensamiento previo, que es modificado por la pregunta ¿quieres que te dé un masaje?).*

> \> *Por fin he conseguido entradas para El fantasma de la ópera.*
> \< ***Creía** que no te gustaban los musicales (ahora ya no tengo esa creencia o la pongo en duda).*

En el contexto Un amigo enciende un cigarrillo delante de otro.

> ***Pensaba** que no fumabas (la creencia de que no fumaba ha cambiado por el hecho de que ha encendido un cigarrillo; antes pensaba que su amigo no fumaba: pensamiento previo).*

¡ATENCIÓN!

Recuerde que la «interrupción» o modificación de una creencia previa no impide que después se retome la idea inicial.

UNIDAD 9

> **EN EL ESTILO INDIRECTO IMPLÍCITO** (→ Unidad 28)
>
> - A veces se sobreentiende el verbo de lengua o pensamiento que exige la presencia del imperfecto o del pluscuamperfecto.
>
>   *Perdona, ¿cómo te **llamabas**?* → *Perdona, ¿cómo (dijiste que) te llamabas?*
>
> – Muchas veces el verbo introductor del estilo indirecto desaparece en las preguntas y queda el imperfecto o el pluscuamperfecto precedido del adverbio *no*.
>
>   *¿Tú **no tocabas** el piano?* (Se sobreentiende: ¿No decías que tocabas el piano? / Creía que tocabas el piano).
>
> PERO recuerde que en estos casos el adverbio *no* pierde su significado de negación.

EJERCICIOS

1 Complete los enunciados con una posible acción en desarrollo. Elija entre las que aparecen en el recuadro.

| esperarte   correr hacia mí   estar chateando   ir a pagar   volver |

1. ...*Iba a pagar*... y de pronto caí en la cuenta de que no llevaba dinero.

2. .... con los brazos abiertos cuando tropezó y se cayó de narices.

3. .... para cenar cuando de pronto me dijiste que no venías.

4. .... a casa hartos de esperar en la parada del autobús, pero pasó un taxi libre y pudimos llegar al concierto.

5. No me mientas, tú .... cuando llegué yo y te vi en el ordenador. De trabajar nada.

2 Clasifique los imperfectos subrayados en: estilo indirecto, cortesía o interrupción de una intención.

1. > ¿<u>Podía</u> atenderme cinco minutos solo? ....*cortesía*........

   < Verá, es que en este momento <u>me marchaba</u>. ....

2. > Anoche soñé que <u>volaba</u> moviendo los brazos. ....

   < Ayer dijeron en la televisión que ese sueño <u>reflejaba</u> nuestras ansias de libertad. ....

UNIDAD 9

3. > Verá, yo <u>tenía</u> algo que decirle si me lo permite. ....

< ¿Y tiene que ser ahora?

> Si no le importa, es urgente. Ayer insistió en que <u>era</u> imprescindible enviar los documentos en plazo, pero me temo que eso no va a ser posible. ....

4. > Disculpe, señor, ¿<u>deseaba</u> usted algo? ....

< Sí, <u>quería</u> entregar un paquete a la señora Moreno, que se aloja en este hotel. La nota ponía que <u>tenía que encontrarla</u> en la entrada a esta hora, pero no está. ....

> Un momento, voy a llamarla: «Buenas tardes, señora Moreno, hay un señor aquí que <u>quería</u> entregarle un paquete». ....

< Sí, <u>iba a bajar</u> ahora mismo, pero ya que está allí dígale que suba. ....

3 Lea lo que pensaba Sonia antes de oír a su interlocutor. Luego transmita la modificación de su pensamiento usando *creer, pensar, no saber, estar seguro*. Haga las transformaciones necesarias.

1. (Mila no puede venir porque tiene gripe.)

Mila: ¿Qué me pongo para ir a la fiesta? ¿Tú qué te vas a poner?
Sonia: *Creía que no podías venir porque tenías gripe.* ....

2. (Ismael no habla turco.)

Ismael: Si necesitas ayuda, yo puedo traducir tu reseña al turco.
Sonia: ....

3. (Tere no viene hasta la semana próxima.)

Tere: ¡Hola! ¡Ya estoy aquí! Te llamo para ver si podemos quedar este domingo.
Sonia: ....

4. (Pablo no quiere quedarse por nuestra discusión del viernes.)

Pablo: Me encantaría quedarme, pero no puedo porque mañana sale muy pronto mi avión.
Sonia: ....

UNIDAD 9

4 Fíjese en los contextos y complete las frases con uno de estos verbos en la forma adecuada.

> estar   tener   decir   hacer

1. **En una clase de español.**

   > Profesor, yo no entiendo muy bien una cosa...

   (Se abre la puerta y entra un alumno que llega con retraso).

   < ¡30 minutos tarde, caballero, esto ya es todo un récord incluso para usted!... Perdona, Andrew, ¿qué duda ....*tenías*..........?

2. **En una reunión intensa de trabajo.**

   > El orden del día es este y no podemos variarlo, vamos a repasarlo bien: punto uno ya visto, punto dos también, el punto...

   (Entra un compañero muy amable que os está viendo agobiados y os trae unos cafés).

   < ¡Ay, muchas gracias, Enrique, qué amable! Bueno, ¿en qué punto ....?

3. **Está hablando con un amigo.**

   > Y la verdad es que ahora todo me va muy bien. Yo creo que todo es cuestión de ser positivo en la vida y de saber mirar los problemas cara a cara.

   (Usted no le presta atención porque está pensando en sus problemas).

   > Oye, ¿te pasa algo? No estás haciendo ni caso.

   < Perdona, se me ha ido el santo al cielo por un momento, ¿qué me ....?

4. **En una cafetería, es verano y han puesto el aire acondicionado.**

   > Camarero, perdone, ¿podía bajar el aire acondicionado? Hace frío aquí dentro.

   (El camarero se marcha y vuelve al rato, la temperatura ahora es ideal).

   < ¿Mejor así, señor?

   > Ahora, perfecto, muchas gracias, es que .... frío en esta zona.

5 Lea el ejercicio anterior y escriba cuál es la acción en desarrollo y qué la interrumpe.

Acción en desarrollo	Lo que interrumpe
1. *Tener una duda.*	*El alumno que llega tarde.*
2.	
3.	
4.	

UNIDAD 9

6 Reaccione fijándose en las palabras que antes se han dicho. Escuche y compruebe.

(26)

1. Ricardo: «Mi hermano es informático».

   > ¿Qué hacemos ahora? Sin ordenador no vamos a poder entregar el trabajo mañana.
   < *Ricardo tenía un hermano informático,* ¿no? Podemos llamarlo.

2. Amalia: «Detesto las aglomeraciones y las rebajas».

   Amalia: Oye, ¿por qué no madrugamos y nos vamos pronto a las rebajas?
   > ¿Pero ....?

3. Alfredo: «Yo toco muy bien el piano, ya he tocado un montón de veces en público».

   Alfredo: Para la celebración, pensad que hay que buscar un buen pianista.
   > Oye, ¿...?

4. Carmen y David: «Para nosotros, las mejores pistas para esquiar están en Francia; por eso vamos todos los años en Navidad».

   Carmen y David: Estas vacaciones de verano queremos ir al sur de Francia, es un país que no conocemos y lo tenemos tan cerca.
   > ¿... para esquiar?
   < Sí, es verdad, por eso precisamente, solo conocemos las pistas de esquí y el albergue de montaña.

5. El señor Rossi: «Para lo que usted necesite, ya sabe que trabajo en la Asociación Italiana para la Cultura».

   > Necesitamos a alguien que nos diga cómo podemos promocionar nuestra obra en Italia, que sigue siendo un país puntero en la moda, pero sin contactos no tenemos nada que hacer.
   < Estoy pensando… El señor Rossi ...., ¿verdad?
   ¿Y si nos ponemos en contacto con él?

7 Reaccione de acuerdo con el contexto. Escuche y compruebe.

(27)

1. Una amiga suya le ha llamado por teléfono por la mañana para decir que no puede ir al trabajo porque está con gripe. En cambio, por la tarde la ve en el teatro.

   > *Anda, qué sorpresa, ¿pero tú no estabas con gripe?*

2. Usted siempre ha creído que Lorenzo tenía miedo a los perros. De pronto lo ve paseando por el parque con un pastor alemán.

   > ¡Hombre! ¡Hola, Lorenzo! ¡Tú con un perro!
   < Ya ves; es mío, se llama Yeti.
   > ¿...?

3. Clara, una compañera de trabajo, le ha dicho que ella prefiere un trabajo sin demasiadas responsabilidades. Por la mañana un amigo y usted ven que está en la lista de candidatos que se presentan a concejales para el ayuntamiento.

-83-

UNIDAD 9

< ¡Anda! Mira quién está en la lista: Clara Calatrava, ¿pero ....?

> Ya sabes, al final a todos nos atrae, más que la responsabilidad, el poder.

4. Usted recibe una carta de Francesco, que estaba destinado en Ginebra como diplomático, pero al leer la dirección ve que la carta procede de Brasilia.

> ¡Carta de Francesco! ¡Qué raro! ¿......................?
¿Por qué la manda desde Brasilia?

5. Pedro siempre ha dicho que no soportaba a la gente que iba por la calle hablando por el móvil de sus asuntos personales. Ahora te lo encuentras hablando por el móvil en el autobús discutiendo acaloradamente con su mujer.

> Vaya, ¡......................! Porque yo creo que todo el autobús se ha enterado de vuestras historias.

8 Fíjese en las preguntas de la actividad anterior y elabore oraciones usando alguno de los verbos que introducen el estilo indirecto: *decir, pensar, creer, afirmar...*

1. ¿Pero no decías que estabas con gripe? / Yo creía que estabas con gripe...
2. ....
3. ....
4. ....
5. ....

9 Lea este texto, fíjese en los imperfectos en negrita y elija la opción apropiada.

–Los Santos, Tirso, además de buena educación, siempre habéis tenido mucha habilidad.
–Pasó un camarero e Isa Bustos tomó de la bandeja un *whisky*–. ¿Quieres algo?

–**Estaba tomando** (1) un *whisky* con cola. (...)

–Este **era** (2), señora –dijo el camarero, alargándole el vaso e inclinándose a la vez. (...)
Palmira no deseaba seguir la conversación en la que Isa insistía:

–¿No **daban** (3) también comida aquí? Si no, no debo beber más; estoy un poquito difusa.

–Nos darán cuatro puñetitas. Pero me ha parecido ver un lebrillo con gazpacho. Sea lo que sea, no te pases; has de tener fría, al menos, la cabeza.

–Gracias por tu interés, Isa. –Palmira no quiso dejar pasar la ocasión–. Y por tu experiencia.

–Aquí viene nuestro hombre. –En efecto, Hugo se acercaba, Isa bajó la voz–: Llévalo hacia el salón.

–Te **estaba buscando** (4) –dijo Hugo a Palmira–. ¿Estás bien?

Más allá del jardín. Antonio Gala (texto adaptado)

UNIDAD 9

1. *Estaba tomando un whisky:*
   a. Es un estilo indirecto implícito: «Te decía que estaba tomando un *whisky*».
   b. Es una acción en desarrollo interrumpida: estaba tomando un *whisky* cuando me has preguntado si quería tomar algo. Ya estaba tomando algo cuando me has preguntado tú.
   c. Es una expresión de cortesía que equivale a «Sí, quiero un *whisky*, gracias».

2. *Este era, señora:*
   a. Es una expresión de cortesía porque el camarero le ofrece un *whisky*.
   b. El camarero no está seguro, por eso lo que quiere decir es: «Creo que su *whisky* era este, señora».
   c. Hay una interrupción: «Este era su *whisky*» (y lo sigue siendo) antes de que Palmira dijera «Estaba tomando un *whisky*». Probablemente Palmira no encontraba su vaso.

3. *¿No daban también comida aquí?:*
   a. Es una acción interrumpida por el contexto porque los camareros solo llevan bebidas.
   b. Transmite un pensamiento implícito: «Yo creía que daban también comida aquí».
   c. Es una acción interrumpida por lo que dice antes el interlocutor: «Este era (su *whisky*)».

4. *Te estaba buscando:*
   a. Es un estilo indirecto interrumpido por la situación. Quiere decir: «Alguien me dijo que te estaba buscando y tú estás aquí».
   b. Es una acción en desarrollo interrumpida por el contexto: «Te estaba buscando» es la acción en desarrollo y lo que la interrumpe es el hecho de haberla visto o encontrado.
   c. Se modifica un pensamiento: «Creía que te estaba buscando, pero no estoy seguro».

MIS CONCLUSIONES

10 Ponga un ✓ en las afirmaciones verdaderas del cuadro.

En las acciones en desarrollo	En el estilo indirecto
• Siempre decimos expresamente lo que interrumpe. ☐	• Lo que decimos en imperfecto son solo palabras dichas, no ideas, sueños o pensamientos. ☐
• Lo que interrumpe puede ser algo que se ha dicho antes. ☐	• Puede no aparecer el verbo introductor, sino el imperfecto solo. ☐
• Lo que interrumpe puede ser algo que no se ha dicho pero que está en el contexto. ☐	• En preguntas como: *¿No tenías tres hermanos?*, el adverbio **no** pierde su significado de negación. ☐
• Lo que está en desarrollo son siempre acciones, no pensamientos, ni intenciones. ☐	

10 ¿Habrán terminado ya?
FUTURO SIMPLE Y COMPUESTO

¡FÍJESE!

- ¿Vas a ver la película de esta noche? ¡Es buenísima!
- ¡Qué va! Hoy salgo tarde de trabajar y cuando llegue a casa, ya **habrá terminado**.
- ¿Le dejo a Pepa algo de cena o congelo este pescado?
- Congélalo, seguro que **habrá cenado** ya.

Ya sabe

(→ Unidad 26, nivel Elemental y Unidad 16, nivel Medio)

- **Así se construye**

Infinitivo	Terminaciones
Jugar / Comer / Vivir	-é / -ás / -á / -emos / -éis / -án

Son irregulares:

Venir > ven**dr**-   Tener > ten**dr**-
Salir > sal**dr**-   Poner > pon**dr**-
Poder > po**dr**-   Saber > sa**br**-
Haber > ha**br**-   Querer > que**rr**-
Hacer > ha**r**-   Decir > di**r**-

- **Así se usa**
  - Para hablar de acciones futuras y hacer pronósticos y predicciones.
  - Expresiones que suelen acompañar al futuro son *mañana, pasado mañana, el lunes / martes que viene, dentro de + (tiempo), el próximo año…*
  - Para expresar probabilidad o hacer suposiciones referidas al presente.

Además

Futuro Simple

- **Ya** + futuro simple

    Pospone la acción sin precisar cuándo se realizará. A veces porque sabemos que la acción (probablemente) no se realizará nunca. Es muy frecuente en fórmulas como: **Ya** *te llamaré.* / **Ya** *nos veremos.* Con el futuro compuesto no existe este uso.

    > ¿Has pedido hora en el médico ya?

    < No, **ya llamaré** un día de estos.

Futuro Compuesto

- Se construye con el futuro del verbo *haber* + participio:

Yo	hab**ré**	
Tú	hab**rás**	
Vos	hab**rás**	estudiado (verbo en *-ar*)
Él / ella / usted	hab**rá**	comido (verbo en *-er*)
Nosotros /-as	hab**remos**	salido (verbo en *-ir*)
Vosotros /-as	hab**réis**	vuelto, visto, escrito (irregulares)
Ellos / ellas / ustedes	hab**rán**	

- **Usos**

    – Indicar una acción futura anterior a otra también futura. Las dos acciones pueden aparecer explícitas o una de ellas puede aparecer representada por una hora, una expresión temporal, etc.

    > ¿Vas a ver la película de esta noche? ¡Es buenísima!

    < ¡Qué va! ¡Ojalá! Hoy salgo tarde de trabajar y **cuando llegue a casa, ya habrá terminado** la película.

    > **A las cinco habremos terminado** de organizarlo todo.

    < ¿Tan pronto?

    > ¿Usted cree que **para ese día habrá llegado** el libro?

    < Pues no lo sé. Pero no se preocupe, que nosotros la llamamos a casa.

    En el momento de hablar hay dos acciones futuras: *llegar a casa* y *terminar la película*, pero la película termina antes de llegar a casa.

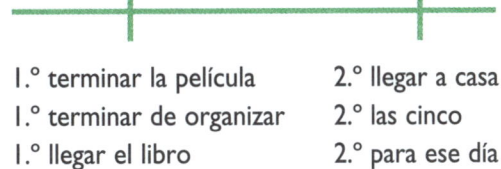

1.º terminar la película	2.º llegar a casa
1.º terminar de organizar	2.º las cinco
1.º llegar el libro	2.º para ese día

UNIDAD 10

– Expresar probabilidad en relación con el pretérito perfecto aunque este no aparezca expresado y lo presuponga el hablante.

> ¿Dónde ha puesto María los libros?
< Los **habrá puesto** en la estantería.

> ¿Y los libros? (El pretérito perfecto no se menciona, pero se presupone).
< Los **habrá puesto** María en la estantería.

Si lo sé seguro. → Los ha puesto en la estantería.
Si no lo sé, pero supongo algo probable. → Los **habrá puesto** en la estantería.

EJERCICIOS

1 Termine las oraciones en futuro de forma que tengan sentido.

Repaso

> no adelgazar / suspender / no haber clase / no solucionar los problemas / (nosotros) no salir este fin de semana / las notas salir este fin de semana / hacer los ejercicios a partir de ahora / estar de baja / (vosotros) venir la semana que viene para visitar / no llegar a cenar a tiempo

1. No has estudiado en todo el curso, por eso ....*suspenderás.*................
2. Tienen problemas con sus parejas, hablen con ellas o ....
3. El médico le ha dicho que tiene sobrepeso. Si no hace ejercicio, ...
4. Lo van a operar el lunes, por eso ....
5. Sale de trabajar a las 10 de la noche, así que ....
6. Si el examen es el lunes, ...
7. El profesor ha dicho que ....
8. La semana que viene hay puente, por tanto ....
9. ¿.. el Palacio Real?
10. Le he prometido a la profesora que ....

2 Escriba el futuro compuesto de los siguientes verbos y personas.

1. (Pensar, ellos) *habrán pensado* ....
2. (Volver, él) ....
3. (Abrir, ustedes) ....
4. (Poner, yo) ....
5. (Componer, vosotros) ....
6. (Escribir, tú) ....
7. (Llegar, nosotros) ....
8. (Hacer, vos) ....
9. (Venir, tú) ....
10. (Rehacer, nosotros) ....

UNIDAD 10

3 Ordene estas reflexiones de Mahatma Gandhi.

1. Observa tus pensamientos.
2. Observa tus palabras.
3. Observa tus acciones.
4. Observa tus hábitos.
5. Observa tu carácter.

a) se convertirá en tu destino.
b) se convertirán en tus hábitos.
c) se convertirán en tu carácter.
d) se convertirán en tus palabras.
e) se convertirán en tus acciones.

1. *Observa tus pensamientos, se convertirán en tus palabras.*
2. ....
3. ....
4. ....
5. ....

4 Cuente lo que pasará cuando Pilar salga de la reunión a las 13:30.

1. Poner los informes en orden.
2. Reunirse con la coordinadora para discutir los horarios.
3. Firmar unas cartas.
4. Tener una comida de trabajo con la gente del departamento.
5. Leer y contestar el correo electrónico.

1. Cuando Pilar salga de la reunión, *pondrá los informes en orden.*
2. ....
3. ....
4. ....
5. ....

5 Cuente lo que habrá pasado cuando Pilar salga de la reunión a las 13:30.

1. Los estudiantes se han ido a tomar algo.
2. Las profesoras han terminado su jornada laboral.
3. La coordinadora ha dejado los horarios en su mesa.
4. Los estudiantes se han apuntado a las actividades.
5. La secretaria ha matriculado a los estudiantes para el próximo curso.

1. Cuando Pilar salga de la reunión, *los estudiantes ya habrán ido a tomar algo.*
2. ....
3. ....
4. ....
5. ....

Unidad 10

6 Exprese probabilidad en estas situaciones. Fíjese en el significado del verbo.

1. ¿Dónde está Nathan?
   (estar en la biblioteca) *Estará en la biblioteca.*
   (ir al baño) *Habrá ido al baño.*

2. ¡Qué raro! ¡Carlos no está comiendo!
   (comer ya) ....
   (no tener hambre) ....

3. Hoy no ha venido Anna.
   (estar enferma) ....
   (no sonar el despertador) ....

4. Este ordenador va muy lento.
   (detectar un virus) ....
   (haber muchos programas abiertos) ....

5. ¿Has visto a Pedro? ¡Está empapado! ¡Ha vuelto como una sopa!
   (olvidar el paraguas) ....
   (no tener paraguas) ....

6. Sarah está llorando.
   (suspender el examen) ....
   (tener problemas con la familia con la que vive) ....

7 Relacione estas oraciones con el uso.

1. \> Ya te escribiré.
   \< Pero hazlo, no lo digas por decir.

2. \> ¿Y Lauren?
   \< No sé. Estará en la biblioteca.

3. \> Mañana bajarán las temperaturas.
   \< ¿Más?

4. \> ¿Cuando lleguemos habrás terminado?
   \< Sí, claro.

5. \> Cuando llegue, te llamaré.
   \< Sí, y me cuentas cómo va todo por allí.

6. \> Pepe ha venido sin Laura a la fiesta.
   \< Habrán discutido.

a. Acción futura.
b. Pronósticos y predicciones.
c. Probabilidad en el pasado.
d. Futuro impreciso. Pospone.
e. Acción futura anterior a otra acción futura.
f. Probabilidad en el presente.

UNIDAD 10

  Complete con la forma adecuada del futuro simple o del futuro compuesto. Escuche y compruebe.

1. > ¡Qué seria está Marta!
   < (Estar) ......*estará*...... preocupada por algo.
   > ¿Marta preocupada? No lo creo, (estar) .... pensando en sus vacaciones y se pone así para que nadie sospeche.

2. > No sé dónde he puesto el libro, ¿dónde lo (meter) ....?
   < Pues mira por la estantería, en los cajones, ¡qué sé yo!

3. > ¿Todavía no has preparado el informe?
   < Bueno, ya lo (hacer) ...., ahora no tengo tiempo.

4. > ¿Crees que cuando llegue la gente, ya (nosotros, acabar) .... de organizar todo esto?
   < Eso espero porque, si no…, nos van a poner en la calle.

5. > Cuando termine la universidad, (buscar) .... trabajo en otro país.
   < A mí también me gustaría pasar una temporada en el extranjero.

6. > ¿Has visto las noticias del tiempo?
   < Sí, el fin de semana (volver) .... a hacer sol.
   > ¡Que (hacer) .... más sol! ¿Y para cuándo la lluvia?

7. > ¿Qué te ha dicho Roberto? ¿Te preguntó por mí?
   < Que ya te (llamar) .... ¡A ver si lo hace!

8. > ¿(Llegar) .... Antonia ya a casa?
   < ¡Hombre! A estas horas ya .... (salir) del trabajo, (ir) .... al gimnasio, pero, claro, quién sabe si (estar) .... ya en casa.
   > Total, que no tienes ni idea de por dónde (andar, ella) ....

9. > Tenemos que darnos prisa en llegar a un acuerdo.
   < No te preocupes, en cuanto llegue Paco, (nosotros, tomar) .... una decisión.

10. > Mientras estaba mandando wasaps, dos estudiantes han entrado en el despacho, ¿qué (pensar) ....?
    < Pues que haces exactamente lo mismo que ellos.

Unidad 10

  Complete este texto con el futuro simple o compuesto, y después clasifique todos los futuros según lo que expresan. Escuche y compruebe.

[estar enamorado / irse / conocer / casarse / ser / seguir / subir / llamar / conseguir]

Para: Álex
Asunto: Cotilleos varios

¡Queridísima Álex!

¿Cómo estás? ¿Qué tal va todo por ahí? Por aquí bien. ¿Quieres que te cuente cotilleos?

Ayer iba en el metro y me encontré a Paqui, ¿te acuerdas de ella? Iba a clase con nosotras y era muy cotilla. Me contó un montón de cosas. Esther (1) ......*se casará*...... en julio con un chico americano y (2) .... a Estados Unidos. Pero no sabía mucho más, ni dónde ni cómo lo había conocido. Cuando vuelva a escribirte, ya (3) .... más información y te contaré los detalles. ¿Dónde y cómo (4) .... a ese chico? ¿(5) .... en Madrid?

También me ha contado que Alberto ha vuelto a Madrid, pero parece ser que también se va fuera de España, a Roma. ¿(6) .... de una italiana? Como Roma al revés significa AMOR..., por eso lo digo. Me lo encontré el otro día, pero solo me dijo que se va y que ya me (7) .... , pero no sé si lo hará, ya sabes que ese YA significa que no lo va a hacer.

Yo sigo de vacaciones y disfrutando del buen tiempo, aún me quedan unos días. Parece que mañana (8) .... las temperaturas. ¡Espero que no haga demasiado calor en Canarias!

Bueno, ya te (9) .... contando.

Un beso,
Andrea

Acción futura y pronósticos	Acción futura anterior a otra futura	Probabilidad en presente	Probabilidad en pasado	Futuro impreciso
se casará				

Se refiere al PRESENTE	Se refiere al PASADO	Se refiere al FUTURO

MIS CONCLUSIONES

10 **Reflexione y conteste.**

1. ¿Qué se expresa en la frase *Habrá vuelto tarde del trabajo*?

   ....

2. ¿Cómo se forma el futuro perfecto?

   ....

3. ¿Cuál es la diferencia entre estas dos oraciones: *Lo hará cuando llegue yo. / Lo habrá hecho cuando llegue yo*?

   ....

4. Cambie este diálogo. Ahora usted está seguro de lo que contesta.

   \> *¡Qué raro que Juan no venga al cine!*

   < *No sé, **habrá visto** ya la película, ¿no?*

   ....

11 **Complete estas oraciones.**

1. Cuando expresamos probabilidad en el presente, usamos el futuro .... y cuando expresamos probabilidad en el pasado, usamos el futuro ....

2. Para hablar de acciones futuras anteriores a otras acciones futuras, usamos el futuro .... y cuando hablamos de acciones futuras, usamos el futuro ....

11 *En tu lugar, yo no habría dicho eso*
CONDICIONAL SIMPLE Y COMPUESTO

¡FÍJESE!

(31)

Ya sabe

(→ Unidad 17, nivel Medio)

- **Así se construye**

Infinitivo	Terminaciones
Jugar Comer Vivir	-**ía** -**ías** -**ía** -**íamos** -**íais** -**ían**

Son irregulares:

Venir > ven**dr**-	Tener > ten**dr**-
Salir > sal**dr**-	Poner > pon**dr**-
Poder > po**dr**-	Saber > sa**br**-
Haber > ha**br**-	Querer > que**rr**-
Hacer > ha**r**-	Decir > di**r**-

– Cuando el futuro es irregular, el condicional también lo es.

- **Así se usa**
  – Hacer peticiones de manera más cortés con los verbos: *poder, importar, querer, molestar*.
  – Expresar sugerencias y consejos con los verbos: *poder, deber, tener que, haber que*. En condicional, el hablante se implica menos que si va en presente.
  – Formular deseos, especialmente con verbos que expresan gusto, preferencia o deseo: *gustar, encantar, preferir, querer*, etc.

UNIDAD 11

Además

CONDICIONAL SIMPLE

- **Otro usos**

  – Expresar una acción hipotética en presente o futuro.

  > ¡Qué hambre tengo! **Me comería** una paella yo solito.
  < ¡Qué exagerado!
  (Hipótesis sobre el presente).

  > ¿Qué **harías** con 10 millones de euros?
  < ¿Diez millones? ¡No puedo ni pensarlo!
  (Hipótesis sobre el futuro).

  – Aconsejar y hacer recomendaciones.

  Yo
  Yo, que tú,   } + condicional simple
  Yo, en tu lugar,

  > Yo **no tomaría** café a estas horas, luego dices que no puedes dormir.
  < Es verdad, pero es que me apetece mucho.

  > Últimamente me duele mucho este brazo.
  < **Yo, que tú / en tu lugar, iría** al médico.

  – Expresar probabilidad o hacer suposiciones referidas al pasado.

Cuando afirmamos: usamos el indefinido o el imperfecto de indicativo	Cuando expresamos una probabilidad: usamos el condicional simple
> ¿Por qué no vino ayer Jorge? < Porque **tuvo / tenía** que estudiar, para el examen.	> ¿Por qué no vino ayer Jorge? < **Tendría** que estudiar, hoy tiene examen.

  – Transmitir en pasado una información que se ha dicho referida al futuro o al presente (→ Unidad 28).

  Merche dice hoy: **Estaré** allí a las cinco.
  Dos días después: > ¿No ha venido Merche?
  < No, dijo que **estaría** aquí a las cinco y todavía no son.

CONDICIONAL COMPUESTO

- Se construye con el condicional del verbo *haber* + participio:

Yo	hab**ría**	
Tú	hab**rías**	
Vos	hab**rías**	estudiado / comido / salido
Él / ella / usted	hab**ría**	vuelto / hecho / escrito
Nosotros /-as	hab**ríamos**	
Vosotros /-as	hab**ríais**	
Ellos / ellas / ustedes	hab**rían**	

Unidad 11

- **Usos**

  – Expresar acciones hipotéticas no realizadas en el pasado.

  > Ayer no viniste al teatro, ¿ya habías visto la obra?
  < No, no la había visto y **habría ido** con mucho gusto, pero preferí quedarme con mis sobrinos, que durmieron en mi casa.
  > ¿Fuisteis a la tienda? ¿Visteis la chaqueta de la que os hablé?
  < Sí, y te la **habríamos comprado,** pero no quedaba tu talla.

  Por eso se usa para expresar consejos y recomendaciones en el pasado.

  > Ayer estuve con Pilar, pero no le dije nada, no me atreví a contarle lo que pasa.
  < Pues yo se lo **habría contado** todo. Creo que debe saberlo.

  – Señalar probabilidad referida al pasado.

Cuando afirmamos: usamos el pluscuamperfecto de indicativo	Cuando expresamos una probabilidad: usamos el condicional compuesto
> Ángel no ha comido nada, ¡qué raro! < Es que ya **había comido** antes.	> Ángel no ha comido nada, ¡qué raro! < Pues **habría comido** antes, ¿no crees?

  – Transmitir en pasado información que se ha dicho en futuro perfecto o condicional compuesto (→ Unidad 28).

  Mar dijo ayer: Cuando llegue a casa, ya **habrá terminado** la película.
  Hoy: > No sé si Mar vio la película de anoche.
  < No creo, porque dijo que cuando llegara a casa ya **habría terminado** la película.

EJERCICIOS

1 Escriba el condicional simple y el compuesto de estos verbos.

1. Poner (yo): ....pondría......... .....habría puesto......
2. Hacer (él): ....
3. Salir (tú): ....
4. Hacer (vosotros): ....
5. Querer (ellos): ....
6. Saber (vos): ....
7. Venir (yo): ....
8. Poder (ella): ....
9. Tener (nosotras): ....
10. Ir (usted): ....

UNIDAD 11

2 Reaccione usando diferentes recursos.

Una amiga le pide consejos. El domingo va a conocer a los padres de su novio. Come en su casa.

\> ¿Tú en mi lugar les hablarías de tú?
< (No) *Yo, en tu lugar, les hablaría de usted.*

\> ¿Tú qué te pondrías? Yo siempre llevo ropa vaquera.
< (No) ....

\> Quiero ser muy amable y al terminar de comer le diré a mi suegra que yo quito la mesa, ¿qué te parece?
< (No) ....

\> Y luego, a la hora de hablar, ¿les pregunto por su trabajo?
< (No) ....

\> ¿Qué llevarías: flores, pasteles, bombones…?
< (Bombones) ....

\> También me preocupa cómo debo tratar a mi novio delante de ellos. ¿Me mantengo a cierta distancia o me muestro natural?
< (Natural) ....

\> ¿Qué harías si te hicieran preguntas personales?, ¿las responderías?
< (Sí) ....

\> ¿A qué hora debería irme?, ¿al terminar la comida o espero un poco?
< (Esperar) ....

\> Al despedirnos, ¿les darías la mano o les darías dos besos?
< (Besar) ....

3 Reaccione expresando cómo habría actuado usted. Una amiga le cuenta cómo le fue el domingo en casa de los padres de su novio.

\> **El domingo estaba tan nerviosa que…**

1. … No hablé nada en toda la comida.
   < *Pues yo habría hablado sin parar, solo por los nervios.*

2. … Al llegar, no dije que la casa era muy bonita.
   < ....

3. … No dije que todo estaba muy bueno.
   < ....

4. … No les di las gracias por la invitación.
   < ....

UNIDAD 11

5. ... No levanté los ojos del plato.
   < ....

6. ... Cuando mi novio me hablaba para ayudarme, yo ni le escuchaba.
   < ....

7. ... Me enseñaron toda la casa, pero yo no supe qué decir.
   < ....

8. ... Fui a la cocina y ayudé a fregar los platos.
   < ....

9. ... Me despedí sin darles un beso, me dio corte ser demasiado familiar y les di la mano.
   < ....

4 Escriba la parte en cursiva de estas oraciones expresando que no está seguro. Escuche y compruebe.

(32)

Victoria no ha dado señales de vida durante el fin de semana.

1. Se *quedó* en casa con su abuelo.
   Se quedaría en casa con su abuelo.
2. No fue al teatro porque ya *había visto la obra*.
   ....
3. *Estaba enfadada* con su novio y no *quiso* ver a nadie.
   ....
4. No salió porque *tenía que preparar* las clases.
   ....
5. Sus sobrinos *durmieron* en su casa y *se pasó* el fin de semana jugando con ellos.
   ....
6. No *había terminado de corregir* los exámenes y no *quería* distraerse saliendo.
   ....

5 ¿Qué haría o habría hecho usted en estas situaciones?

1. Ve que alguien se cae en la calle.
   a. Ayudar a la persona a levantarse.
   b. Mirar para otro sitio.
   c. Reírse.
   Respuesta: *Yo ayudaría a la persona a levantarse.*
2. Encuentra un billete de 50 euros en el autobús.
   a. Dárselo al conductor.
   b. Preguntar en voz alta de quién es el billete.
   c. Quedárselo.
   Respuesta: ....

3. El otro día vio que una persona mayor le había dado un empujón a un joven y no le había pedido perdón.

    a. Pedir perdón.

    b. Actuar de la misma manera.

    c. Llamar la atención a la persona mayor por maleducada.

Respuesta: ……………………………………………………

4. Ve cómo alguien le roba la cartera a otra persona.

    a. Ir a la policía a contárselo.

    b. Acercarse a ver qué oye.

    c. Seguir su camino.

Respuesta: ……………………………………………………

5. Ayer un amigo le contó que, después de comprar un libro, se dio cuenta de que tenía una página en blanco pero que no lo había devuelto.

    a. Devolverlo.

    b. Quedárselo.

    c. Tirarlo.

Respuesta: ……………………………………………………

6. Ayer vio por la calle a un señor que llevaba la chaqueta del revés y los zapatos de colores diferentes.

    a. Decírselo.

    b. Pensar que era un payaso.

    c. Seguirlo para ver adónde iba.

Respuesta: ……………………………………………………

7. En un restaurante le cobran de más y aseguran que es lo justo.

    a. Pedir tranquilamente la hoja de reclamaciones.

    b. Pagar porque es mejor no entrar en conflictos por poco dinero.

    c. Protestar enérgicamente.

Respuesta: ……………………………………………………

8. Un amigo suyo está con gripe y usted no la ha pasado este año todavía.

    a. Ir a verlo igualmente.

    b. Mandarle un correo o hablar por teléfono.

    c. Esperar su recuperación y luego invitarlo a un café.

Respuesta: ……………………………………………………

9. En el aeropuerto casualmente se encuentra con un/a antiguo/a novio/a.

    a. Acercarse y saludar cordialmente.

    b. Esperar a ver cómo reacciona y hacer lo mismo.

    c. Fingir que no lo / la ha visto.

Respuesta: ……………………………………………………

UNIDAD 11

6 Complete con el condicional simple o compuesto de los verbos. Escuche y compruebe.

> ir (2 veces) comprar haber dar
> poner encantar llamar poder

1. > He visto un abrigo precioso, me quedaba fenomenal, pero no sé si comprármelo porque era muy caro.
   < Pues yo que tú me lo .... *compraría* ...., que para eso trabajas lo tuyo.

2. > Oye, ¿(tú).............................. a Santiago de Compostela en tren o en autobús?
   < Depende; ¿cuánto cuesta cada billete y cuánto dura el viaje?

3. > Ana no llamó ayer.
   < Pues me dijo que .... para ponernos al día.

4. > ¿Sabes que el sábado no me atreví a ponerme el vestido para ir a la cena? Es que los colores me parecían demasiado llamativos.
   < Pues yo me lo ....

5. > ¿.............................. cerrar la ventana? Es que tengo mucho frío.
   < Sí, sí. No se preocupe.

6. > ¿Vas a encender el ordenador a estas horas?
   < Sí, le dije a Mila que le .... una respuesta hoy por la noche.

7. > Ayer fue la cena de despedida de Roberto.
   < ¿Por qué no me lo dijiste? (Nosotros, ir) ...., Roberto nos cae muy bien.

8. > Estoy intentando que la directora del Museo Reina Sofía venga a darnos una charla.
   < .... conocerla. ¡Os he oído tanto hablar de ella!

9. > Ayer quería ir al teatro, pero no encontré entradas.
   < ¡Qué raro! Claro que era el día del espectador, ... mucha gente.

7 Complete este texto con el condicional simple o compuesto. Después clasifíquelos en su cuadro correspondiente.

A quien corresponda:

El otro día estuve en su establecimiento. (Haber) ...*habría*... unas veinte personas. Le pregunté a un dependiente por el producto que había encargado la semana pasada. El hombre, muy amable, me dijo que me (atender) .... enseguida, que en ese momento estaba con otro cliente. No había más empleados en ese momento. Me preguntó por qué no (haber) .... más en un establecimiento como el suyo, por qué (ser) .... el único empleado? Porque a esa hora no suele haber mucha gente, ¿(ser) .... el cambio de turno? Yo esperé pacientemente.

▶▶

UNIDAD 11

▶▶

Cuando vi que el cliente con el que estaba hablando se fue, me acerqué. Me dijo que no podía atenderme, que tenía que esperar. Llamó por teléfono. Yo empecé a impacientarme. A los diez minutos por fin me atendió. Cogió el resguardo que le di y entró en una habitación. Tardó quince minutos en salir. Mi enfado ya empezaba a notarse. Y encima me dijo que no estaba, que (llegar) .... al día siguiente. Volví al día siguiente y volvió a pasar lo mismo con otro dependiente, y así durante tres días hasta que conseguí el producto. Claro que para eso tuve que montar un numerito el segundo día.

No se puede imaginar mi enfado, ¿cómo (actuar) .... usted en mi lugar?

Yo ahora (poder) .... volver allí y comprar lo que necesito, pero ¿volverá a pasar lo mismo? No me siento orgullosa de haberme enfadado. Nunca actúo así, no tuve paciencia, pero claro, a la mayoría de la gente le (pasar) .... lo mismo que a mí, ¿no?

Yo le (aconsejar) .... algunos cambios, por ejemplo, en la atención a sus clientes. Yo, que usted, no (dejar) .... a los dependientes tratar así a los clientes. ¿Qué (hacer) .... usted en una situación semejante?

1.
Se refieren al presente	Se refieren al pasado	Se refieren al futuro
	Habría	

2.
Acción hipotética	Probabilidad	Consejos	Transmisión de mensajes

MIS CONCLUSIONES

8 Reflexione.

1. ¿Qué diferencia hay entre *Ella iría* y *Ella habría ido*? Señale el tiempo al que se refieren y lo que pueden significar. ....
2. Si no lo sabe seguro, ¿qué diría?
   a. Cumplió 50 años.   b. Cumpliría 50 años.
3. La frase *Iría con ustedes, pero tengo que estudiar porque mañana tengo examen*, ¿se refiere al presente o al pasado? ....
4. ¿Qué expresa la frase *Compraríamos la casa, pero es muy cara*? ....

12. ¡Qué bien que hayas llegado!
PRETÉRITO PERFECTO DE SUBJUNTIVO

¡FÍJESE!

(34)

¡Qué raro que no **haya llegado** Juan!

¡Hola, abuela! ¿Qué tal estás? Que ya he vuelto del Congreso.

¿Sí? Pues me alegro mucho, hija, de que te **haya gustado** tanto el queso.

Ya sabe

(→ Unidad 14 y 25, nivel Medio)

- El presente de subjuntivo del verbo HABER: *haya, hayas, haya, hayamos, hayáis, hayan.*

- Los participios regulares:
    Comprar → *comprado*. Comer → *comido*. Vivir → *vivido*.

- Los participios irregulares:
    Poner → *puesto*. Decir → *dicho*. Escribir → *escrito*. Volver → *vuelto*.
    Hacer → *hecho*. Ver → *visto*. Romper → *roto*.

- Otros participios irregulares (los participios de los verbos que derivan de *poner, decir, hacer, escribir, volver*):
    Suponer → *supuesto*; proponer → *propuesto*; componer → *compuesto*…
    Predecir → *predicho*; contradecir → *contradicho*…
    Deshacer → *deshecho*; rehacer → *rehecho*…
    Describir → *descrito*; inscribir → *inscrito*…
    Devolver → *devuelto*; revolver → *revuelto*; envolver → *envuelto*…

Además

El pretérito perfecto de subjuntivo se forma con el presente de subjuntivo del verbo HABER + participio del verbo conjugado:

Presente de subjuntivo HABER			Participio
Yo	haya		
Tú	hayas		apagado
Vos	hayás		entendido
Él / ella / usted	haya	+	recibido
Nosotros /-as	hayamos		envuelto
Vosotros /-as	hayáis		compuesto
Ellos /-as / ustedes	hayan		

- Aparece en los mismos casos que cualquier otro tiempo del subjuntivo dependiendo de verbos o fórmulas que expresan sentimientos, duda, finalidad, opinión negativa… Se refiere a las mismas circunstancias temporales que el pretérito perfecto o el futuro perfecto de indicativo.

   Ha llamado. Yo me alegro. → **Me alegro de que haya llamado** (para expresar sentimiento).

   Ha dicho la verdad. Es posible. → **Es posible que haya dicho** *la verdad* (para expresar duda).

   ¿Habrá aprobado el examen? No creo. → **No creo que haya aprobado** *porque nos lo habría dicho* (opinión en forma negativa).

   ¿Habrán aprobado el examen? Ojalá. → **Ojalá hayan aprobado** *el examen* (para expresar deseos con *ojalá*, cuando se refiere a una acción pasada que ha ocurrido, pero de la que el hablante no tiene información).

EQUIVALENCIAS TEMPORALES

- Existe una correspondencia temporal entre el pretérito perfecto y el futuro compuesto de indicativo, por un lado, y el pretérito perfecto de subjuntivo, por otro, que recoge ambos significados temporales cuando lo exige el elemento subordinante (aparece subrayado en los ejemplos).

Indicativo	Subjuntivo
Creo que **ha venido.**	*Me alegro de que* **haya venido.**
Creo que para esa hora **habrá llegado.**	*Dudo de que para esa hora* **haya llegado.**

> *¿Te* **ha escrito**? / *¿Te* **habrá escrito** *tu novia?*
< *No lo sé, pero* **ojalá** *lo* **haya hecho** (*No sé si lo ha hecho, pero lo deseo*).

UNIDAD 12

UNIDAD 12

- Equivalencias temporales entre el presente y el pretérito perfecto de subjuntivo con sus correspondientes tiempos de indicativo. Se subraya en los ejemplos el elemento subordinante.

Presente y futuro de <u>indicativo</u> →	Presente de <u>subjuntivo</u>	Pretérito y futuro perfecto de <u>indicativo</u> →	Pretérito perfecto de <u>subjuntivo</u>
Este chico dice que **es** electricista.	¡**Qué suerte que** sea electricista! Necesito uno.	Creo que me **han suspendido**.	<u>Espero que</u> no me **hayan suspendido**.
Dicen que mañana **no habrá** clase.	**Me encanta que** no **haya**. ¡¡Día libre!!	Imagino que todavía no **habrán sacado** las entradas.	<u>Espero que</u> ya **hayan sacado** las entradas.

¡ATENCIÓN!

El pretérito perfecto de subjuntivo no puede usarse con verbos de influencia o con la expresión *para que* si el verbo principal está en presente. Con verbos de deseo podemos usarlo si se da otra referencia temporal.

*Le pedimos que nos haya ayudado.

*Te lo explico para que lo hayas entendido.

*Quiero que lo hayas terminado. → **Quiero que para las siete lo hayas terminado.**

- Se usa en las oraciones temporales para referirse a un hecho futuro anterior a otro también futuro (→ Unidad 22).

    Iremos al cine, pero primero tienes que hacer los deberes. → Iremos al cine **cuando hayas hecho** los deberes.

    Primero hablaremos con Juan y después tomaremos la decisión. → Tomaremos la decisión **cuando hayamos hablado** con Juan.

¡ATENCIÓN!

El presente y el perfecto de subjuntivo alternan cuando queda claro que se refieren a la finalización de una acción. No hay diferencia entre ambos.

Cuando hayas terminado, comeremos (después de terminar).

Cuando termines, comeremos (después de terminar).

Llámame **cuando llegues / cuando hayas llegado** (al llegar / después de llegar).

En cambio, sí hay diferencia de precisión temporal en estos dos casos:

Aún eres muy joven, lo verás de otra manera **cuando ya hayas vivido** lo suficiente (se focaliza el paso de los años).

Aún eres muy joven, lo verás de otra manera **cuando vivas** lo suficiente (se focaliza la vida que le queda por delante).

UNIDAD 12

EJERCICIOS

1 Forme el pretérito perfecto de subjuntivo de los siguientes verbos.

1. (Probar, ustedes) ...... *hayan probado* ......
2. (Dormir, nosotros) ....
3. (Romper, ella) ....
4. (Estar, yo) ....
5. (Poder, usted) ....
6. (Poner, vos) ....
7. (Ver, vosotras) ....
8. (Volver, ustedes) ....
9. (Tener, ellos) ....
10. (Ir, yo) ....

2 Esto se dice en indicativo. Escriba cómo lo diría en subjuntivo.

1. Han perdido el avión. ¡Qué rabia! → .... *¡Qué rabia que hayan perdido el avión!* ....
2. No me han avisado y eso me molesta. → ....
3. Han llegado ya, quizás. → ....
4. ¿Has aprobado? Me alegro mucho. → ....
5. Ha olvidado que hoy teníamos clase. Es probable. → ....
6. ¿Hemos recibido ya el informe? No creo, ¿no? → ....
7. ¿Habrán acordado ya las condiciones? ¡Ojalá! → ....
8. Habéis arreglado la máquina. ¡Es increíble! → ....
9. Han telefoneado del Ministerio. Me preocupa. → ....
10. Nos han invitado al cóctel de la embajada. ¡Qué bien! → ....

(35)

3 Escriba el verbo en la forma correcta. Escuche y compruebe.

1. > ¡Cuánto siento que no (venir) ..... *haya venido* ..... Sandra! Se ha perdido una reunión fundamental.
   < Sí, yo también, pero tenía que ir al médico.

2. > No sé si llegaremos a comer a la Casa de la Abuela. A estas horas, seguro que no hay sitio.
   < Es verdad, ese restaurante está muy de moda. Espero que Martina (reservar) .... con tiempo suficiente.

3. > Me alegro mucho de que (vosotros, llegar) .... ya.
   < Pues nos ha costado llegar más de una hora. ¡Había un tráfico…!

4. > Me molesta que (ellos, tocar) .... mis cosas. Ahora no encuentro nada.
   < ¿Y por qué no les dejaste una notita?

5. > No creo que (nosotros, alcanzar) .... el objetivo. No ha habido tantos beneficios.
   < Bueno, a lo mejor sí los hemos alcanzado.

-105-

Unidad 12

4 Complete estas oraciones que dice un jefe a sus empleados, teniendo en cuenta que están desordenadas.

> Demostrar que se necesita más personal   Informar sobre exportaciones
> Leer y estudiar los informes   Aumentar un 10 % las ventas
> Dar las licencias necesarias

1. Subiremos el sueldo de forma considerable *cuando hayan aumentado un 10 % las ventas.*
2. Aumentaremos la plantilla cuando ....
3. Ampliaremos el sector cuando ....
4. Exportaremos cuando el Ministerio ....
5. Iniciaremos las negociaciones con los consejeros cuando ....
....

5 Reaccione y complete usando el presente o el pretérito perfecto de subjuntivo. En algunos casos valen ambos. Escuche y compruebe.

(36)

1. \> Sergio no ha tocado la comida. No ha probado bocado.

   < Pues me extraña que no *haya comido.* ¡Con lo que le gustan los mejillones a la vinagreta!

2. \> ¿Tendremos problemas para encontrar un taxi?

   < Pues a estas horas y con lo que llueve es muy probable que no ....

3. \> Estos informes son aburridísimos. Todavía no he terminado de leerlos.

   < Pues es importante que los (usted) .... antes de la reunión.

4. \> ¿A qué hora terminaréis?

   < No sé, pero no te preocupes; te llamaremos en cuanto ....

5. \> ¿Qué tal la clase? ¿Lo habrán comprendido todo? ¿Te pueden preguntar sus dudas?

   < Mejor que me .... mañana cualquier duda que
   ....

-106-

UNIDAD 12

6 Lea este texto y complete los enunciados con el presente o perfecto de subjuntivo.

> Querido diario:
>
> Hoy he visto a Jonathan con otra chica. Me he alegrado mucho, yo ya no quiero salir con él, quiero cortar, pero no sé cómo hacerlo. No sé si han salido más veces juntos, espero que sí. A lo mejor solo son compañeros de trabajo y han ido a tomar algo después del trabajo. ¿Le gustará esa chica? No creo.
>
> Ya hace algún tiempo que no me siento a gusto con él, y tú lo sabes bien, pero, por otro lado, es el chico ideal, siempre está pendiente de mí, de si tengo lo que necesito, todo el tiempo. Entonces, ¿por qué no estoy bien a su lado? Claro que yo soy muy independiente, y me gusta que esté pendiente, pero también me agobia. Ahora le ha dado por ordenar mis cosas: ha ordenado todo a su manera, y yo no encuentro nada.

1. Espero que ....
2. Es posible que ....
3. No creo que ....
4. Me agobia que ....
5. Me ha molestado que ....

MIS CONCLUSIONES

7 Complete este texto y elija las respuestas correctas.

a. El pretérito perfecto de subjuntivo se construye con el .... del verbo .... + el participio.

b. Se usa para hablar de un futuro que ocurre *antes* / *después* que otra acción futura en este momento.

c. El perfecto de subjuntivo se usa en los mismos casos que el perfecto de indicativo, pero dependiendo de construcciones que exigen subjuntivo. Según ello, escriba las siguientes expresiones en el lugar correspondiente.

   es importante que / imagino que / a lo mejor / puede que / ojalá / dice que

| .... ME HA LLAMADO |
| .... ME HAYA LLAMADO |

13 Me encantó que vinieras
PRETÉRITO IMPERFECTO DE SUBJUNTIVO

¡FÍJESE!

— ¡Ojalá **tuviese** cuarenta años menos!
— ¿Y qué harías, abuelita?
— De todo, hijo, de todo.

— ¿Sabes que Rosa Fernández se ha fugado con un bombero?
— ¡Madrecita! ¡Quién **fuera** ella!

Así es

RECUERDE

Algunas equivalencias temporales entre el indicativo y el subjuntivo:

Presente de indicativo y futuro simple → Presente de subjuntivo

Pretérito perfecto y futuro compuesto → Pretérito perfecto de subjuntivo

UNIDAD 13

- Se forma a partir de la 3.ª persona del plural del indefinido. No tiene formas irregulares propias. Si el indefinido tiene una irregularidad, esta se mantiene en el imperfecto de subjuntivo.

  Hablar → hablaron → habla ~~ron~~ > habla**ra** / habla**se**

                                            habla**ras** / habla**ses**

                                            habla**ra** / habla**se**

                                            hablá**ramos** / hablá**semos**

                                            habla**rais** / habla**seis**

                                              habla**ran** / habla**sen**

Salir: salieron	→	salie ~~ron~~	→	saliera / saliese
Dormir: durmieron	→	durmie ~~ron~~	→	durmiera / durmiese
Pedir: pidieron	→	pidie ~~ron~~	→	pidiera / pidiese
Decir: dijeron	→	dije ~~ron~~	→	dijera / dijese
Poner: pusieron	→	pusie ~~ron~~	→	pusiera / pusiese
Saber: supieron	→	supie ~~ron~~	→	supiera / supiese

¡ATENCIÓN!

La forma verbal de *nosotros* lleva tilde: *habláramos / hablásemos, escribiéramos, escribiésemos...*

- Este tiempo tiene dos terminaciones: en **-ra** y en **-se**. Son intercambiables en todos los casos excepto en el uso como formas de cortesía, consejo o deseo con los verbos *querer, deber* y *poder*, donde la forma en **-ra** alterna con el condicional simple para expresar deseos que imaginamos para el futuro o que consideramos de difícil o imposible realización en el presente. Las fórmulas más habituales son *quisiera* y *querría*.

  Quisiera / querría hablar con usted.   *Quisiese hablar con usted.

  Bien pudieras / podrías esforzarte más.   *Bien pudieses esforzarte más.

  Quisiera / querría tener coche pronto.   *Quisiese tener coche pronto.

  Su uso más general es presentar los hechos con carácter hipotético.

      Quisiera *estar ahora mismo en una playa paradisíaca.*

- Aparece cuando lo exige la concordancia temporal del verbo o la estructura de que depende en los mismos casos que cualquier otro tiempo del subjuntivo dependiendo de verbos o fórmulas que expresan sentimientos, duda, finalidad, opinión negativa, etc. Se corresponde con el pretérito indefinido, el imperfecto de indicativo y el condicional simple.

  Llamó. *Yo me alegré.* → *Me alegré de que* ***llamara.***

  Te regalé un portátil. ***Era*** *para usarlo.* → *Te regalé un portátil para que lo* ***usaras.***

  *¿**Diría** la verdad?* → *Quizá* ***dijera*** *la verdad.*

  En estos ejemplos, la parte subrayada es lo que provoca la aparición del modo subjuntivo.

  <u>Fue una pena que</u> *no vinieras a la fiesta.* / **<u>Dudé de que</u>** *te casases con ella.*

Unidad 13

- El imperfecto de subjuntivo aparece subordinado a los siguientes tiempos de la oración principal: imperfecto de indicativo, indefinido, pretérito pluscuamperfecto de indicativo y condicional.

Oración principal	Nexo	Oración subordinada
Queríamos	que	*vinieran* con nosotros.
Les *pedimos*		nos *ayudaran*.
Había *pensado*		os *quedarais* unos días más.
Nos *gustaría*		nos *acompañaras* en este viaje.
Nos *habría gustado*		
No *llamaría* a ese idiota	aunque	me *pagaran* por ello.

- El imperfecto de subjuntivo puede referirse al presente, al pasado y al futuro.

Presente

*¡Ojalá **estuviéramos** ahora de vacaciones! / ¡Ay, si **tuviera** dinero…!*

Pasado

*Me alegré de que **vinieras** a la reunión de ayer.*
*Esperábamos que nos **llevaran** a las cataratas de Iguazú, pero al final no hubo tiempo.*

Futuro

*¡Ojalá **nos tocara** la lotería en el próximo sorteo!*
*¿Y si **fuéramos** a verlos el sábado que viene?*

– Por eso, podemos encontrarlo dependiendo de expresiones de duda para referirse al pasado (pretérito imperfecto o indefinido).

Ayer no vino. → **Es posible que** ayer no *viniera*, pero no estoy segura.

Me lo contaste. → **Puede que** me lo *contases*, pero no me acuerdo.

Se quedó dormido. → **Quizá / tal vez** se *quedase* dormido y por tanto llegó tarde.

Ayer estaba cansada. → **Probablemente** *estuviera* cansada y *decidiese* no venir.

- **Alternancia presente de subjuntivo / pretérito imperfecto de subjuntivo**

Se usa el imperfecto en lugar del presente de subjuntivo cuando se quiere manifestar un mayor grado de irrealidad o de imposibilidad.

– Es el caso de las oraciones desiderativas no introducidas por un verbo.

*Ojalá **apruebe*** (he estudiado mucho, me parece posible aprobar).

*Ojalá **aprobara*** (lo presento como algo difícil, no he estudiado mucho).

– Esto mismo ocurre en algunos casos de las oraciones concesivas (→ Unidad 26).

UNIDAD 13

– También se da en algunas oraciones de relativo para expresar que algo nos parece muy hipotético o difícil. Por eso, se usa cuando pedimos algo de forma extremadamente amable o cuando nos parece difícil obtener lo que queremos.

*¿Hay alguien aquí que **pueda / pudiera** atenderme?*

*¿Se te ocurre algo que **pueda / pudiera** sacarnos de este lío?*

- **Alternancia presente de indicativo / pretérito imperfecto de subjuntivo**

    Con el indicativo consideramos probable la realización del hecho, pero con el subjuntivo lo presentamos como de difícil realización.

    En las oraciones condicionales con **si,** el mayor o menor grado de irrealidad se expresa eligiendo entre el presente de indicativo y el imperfecto de subjuntivo (→ Unidad 24).

    *Si **nieva** el fin de semana, iremos a esquiar* (creemos que es posible).

    *Si **nevara** (nos parece más difícil) el fin de semana, **iremos** a esquiar* (al usar el futuro manifestamos nuestra intención, pero el hecho de que nieve nos parece poco probable).

    *Si **nevara** el fin de semana, **iríamos** a esquiar* (aquí, al usar también el condicional, presentamos la oración como hipotética o poco probable).

    – Esta alternancia no es posible si son:

    ○ hipótesis irrealizables: *Si **tuviera** veinte años. / *Si tenga veinte años.*

    ○ deseos de imposible realización:

    *¡Ojalá hoy **fuese** sábado! / *¡Ojalá hoy sea sábado!*

- En estilo indirecto, se emplea el pretérito imperfecto de subjuntivo para transmitir la información que se ha dicho en presente de subjuntivo o en imperativo dependiendo de un verbo introductor en pasado (→ Unidad 28).

    *Teresa: «**Llámame** cuando **puedas**». → Teresa me **dijo** que la **llamara** cuando **pudiese**.*

EJERCICIOS

Escriba la tercera persona del plural del indefinido de los siguientes verbos.

1. dormir: .... *durmieron* ....
2. poder: ....
3. decir: ....
4. ser: ....
5. reír: ....

6. poner: ....
7. saber: ....
8. dar: ....
9. traer: ....
10. hacer: ....

Unidad 13

2 Escriba los verbos en imperfecto de subjuntivo.

1. pedir, yo: *pidiera* / *pidiese*
2. contar, nosotros: .... / ....
3. deshacer, tú: .... / ....
4. morir, él: .... / ....
5. corregir, usted: .... / ....
6. salir, vos: .... / ....
7. repetir, vosotros: .... / ....
8. decir, ellas: .... / ....
9. poner, nosotras: .... / ....
10. traer, yo: .... / ....

3 Complete con el verbo en la forma adecuada. Escuche y compruebe.

(38)

1. > Me dijo que lo *llamara / llamase*.
   < ¿Y lo has llamado?

2. > ¿Sabes por qué no vino ayer Miguel?
   < No sé, es probable que (quedar) .... con Araceli para ir al gimnasio.

3. > ¿Saben algo de Paco?
   < Nada. Es posible que (asistir) .... ayer a la inauguración, pero no lo vi.

4. > Han dicho en la radio que la lotería de ayer tiene un único acertante, pero que no se sabe quién es.
   < No me extraña que no se sepa nada de él, pero ¡quién (estar) .... en su lugar!

5. > ¿Qué te pasaba ayer que estabas tan seria?
   < Me molestó que la gente no (parar) .... de hablar durante la conferencia.

4 Escriba sus deseos teniendo en cuenta que va a ser difícil que se cumplan por su situación actual.

1. Otro año más están los anuncios de la lotería. Usted no cree en su buena suerte.
   USTED: ¿Me tocará este año? ¡Ojalá *me tocara*!

2. Sus amigos no pueden ir a verle porque están muy ocupados.
   USTED: Me encantaría que ....

3. María va esta noche a la cena con esos chicos que conoció el otro día.
   USTED: ¡Quién ....!

4. Está en el hospital y tiene muchas ganas de que le den el alta.
   USTED: ¡Me gustaría que ....!

5. No le gustan los programas de cotilleo, cree que hay demasiados.
   USTED: ¡Ojalá ....!

UNIDAD 13

5 Complete esta información sobre Kathy. Fíjese en si las expresiones necesitan indicativo o subjuntivo y en si se refieren al presente o al pasado.

1. Estaba triste.   Igual ......*estaba triste*......   Puede que ......*estuviera triste*......
2. No tiene tiempo.   Creo que ....   No creo que ....
3. Ha comido poco.   Es cierto que ....   Me extraña que ....
4. No tenía hambre.   Es verdad que ....   ¡Qué pena que ....!
5. Se fue enseguida.   Es un hecho que ....   Me dio rabia que ....

(39)

6 Complete con la forma adecuada de indicativo o subjuntivo de estos verbos. Escuche y compruebe.

> llegar   partir   tener (2 veces)   avisar   contratar   ser   poder   terminar   enviar

1. > ¿Sabes algo de Manuel?
   < Nada, ni quiero saber. ¡Que le ......*parta*...... un rayo!

2. > ¿Habrá perdido el avión?
   < No lo sé, pero espero que .... a tiempo, no hay otro hasta la semana próxima.

3. > Fue un error que lo (ellos) .... Él no estaba preparado para ese trabajo.
   < Sí, es verdad, yo también lo pienso.

4. > Entonces, ¿era cierto que (tú) .... las entradas para el partido?
   < Sí, claro. Míralas.

5. > Jesús me dijo que lo .... cuando llegaras, pero no consigo hablar con él.
   < Tendrá el teléfono apagado.

6. > Me dijo que vendría cuando ....
   < Sí, a mí también me lo dijo.

7. > ¡Ojalá hoy .... viernes! Estoy cansadísimo.
   < Yo también y no sé por qué.

8. > ¿Te vas a comprar el piso?
   < Es difícil, no tengo los avales que piden los bancos, ni otras propiedades, pero si .... el dinero, claro.

9. > ¿Sabes si José Luis .... las invitaciones a todo el mundo?
   < Creo que sí.

10. > ¿Va a venir Pedro?
    < Sí, si .... pronto, pero todavía le queda mucho para acabar el informe.

UNIDAD 13

7 Lea estas indicaciones y luego complete las hipótesis del detective después de analizar las pistas en la escena del crimen.

En la mansión de la familia Villaranda ha habido un crimen: la tata ha aparecido muerta. El detective Salgado, después de analizar las pistas, escribe un informe explicando cómo cree que ha ocurrido el crimen. Lea las pistas y después ayude al detective a escribir el informe. Le faltan los verbos (pretérito indefinido, pretérito imperfecto, condicional, pretérito perfecto e imperfecto de subjuntivo).

PISTAS
- La tata ha aparecido muerta en la cocina, estaba sonriente.
- En el suelo había una fuente de cristal hecha añicos.
- Junto al cadáver había un rodillo de madera.
- El cadáver tenía heridas con sangre en las manos.
- El cadáver estaba en el suelo, de lado.

EL CASO DE LA FAMILIA VILLARANDA

La tata fue encontrada muerta el pasado 5 de diciembre a las 19.40 en la cocina. Después de analizar las pistas he llegado a las siguientes deducciones:

1. Puede que el asesino (ser) .... alguien conocido y querido por la tata y (entrar) .... en la cocina y le (dar) .... una gran sorpresa. A lo mejor ella no (ver) .... que la iban a golpear y por eso no (estar) .... asustada y el cadáver (estar) .... sonriendo.

2. El asesino (golpear) .... a la tata por la espalda y en el costado con el rodillo, por eso (caer) .... de lado y el rodillo (estar) .... junto al cadáver. Puede que la tata en ese momento (tener) .... una fuente de cristal en las manos y al caerse (romperse) .... y por eso la tata (tener) .... sangre en las manos.

Pero ¿quién será el asesino?

A. Es posible que la (matar) .... el señor Villaranda porque la tata había descubierto que tenía un lío con su secretaria.

B. Puede que la (asesinar) .... el hijo de los Villaranda porque ella iba a informar a los padres de ciertos asuntos que (traerse) .... entre manos y que no (querer) .... que sus padres (saber) ....

C. A lo mejor la tata (tener) .... un amor secreto con el que se iba a ir a vivir y por eso (estar) .... tan feliz.

D. ¿O (ser) .... la señora Villaranda, que quería que (irse) .... y no sabía cómo decírselo?

Tengo que volver otra vez a la mansión.

UNIDAD 13

■ Clasifique las oraciones según la información que aporten: si se sabe seguro o no se sabe seguro.

Se sabe	No se sabe
No estaba asustada y... estaba / está sonriendo...	Puede que el asesino fuera / sea... y entrara...

■ Clasifique ahora las oraciones de la tabla de *No se sabe*: las que llevan indicativo, subjuntivo o no precisan depender de ningún verbo o expresión.

No se sabe		
Indicativo	Subjuntivo	Sin verbo o expresión
A lo mejor no vio que...	Puede que el asesino fuera / sea... y entrara...	El asesino golpearía...

MIS CONCLUSIONES

8 Complete y haga su propia reflexión.

a. El imperfecto de subjuntivo tiene dos formas, una que termina en ...., ..., ..., ..., ..., ...; y otra que termina en ...., ..., ..., ..., ..., ...,

b. El imperfecto de subjuntivo puede referirse al:

1. ....: Le molestó que el ambiente estuviera tan cargado.

2. ....: Me gustaría que estuvieras ahora conmigo.

3. ....: Ojalá vinieran pronto mis padres.

c. Normalmente depende de un verbo que está en pasado o en condicional. Complete con condicional, indicativo o subjuntivo.

Diría barbaridades.	A lo mejor **dijo** barbaridades.	Puede que .... barbaridades.
No .... llegar.	Igual no **pudo** llegar.	Es posible que no **pudiera** llegar.
Lo **sabría**.	Lo mismo lo	Es probable que lo ....

-115-

14. Ojalá hubieras estado allí
PRETÉRITO PLUSCUAMPERFECTO DE SUBJUNTIVO

¡FÍJESE!

¡Ojalá **hubiéramos comprado** a tiempo las entradas para el concierto!

Era muy difícil. Se agotaron en un día.

Ayer al final no llamé a Pilar para no molestar.

Pues yo la **hubiera llamado**, no está pasando por un buen momento.

Así es

RECUERDE

Algunas equivalencias temporales entre el indicativo y el subjuntivo:

Presente de indicativo y futuro simple → Presente de subjuntivo

Pretérito perfecto y futuro perfecto → Pretérito perfecto de subjuntivo

Indefinido, imperfecto de indicativo, condicional simple → Imperfecto de subjuntivo

Así se construye

Imperfecto de subjuntivo	
Yo	hubiera o hubiese
Tú	hubieras o hubieses
Vos	hubieras o hubieses
Él / ella / usted	hubiera o hubiese
Nosotros /-as	hubiéramos o hubiésemos
Vosotros /-as	hubierais o hubieseis
Ellos / ellas / ustedes	hubieran o hubiesen

+

Participio		
-ar	-er	-ir
estado	sido	salido
puesto		
escrito		
hecho		
roto		
etc.		

Así se usa

- Aparece en los mismos casos que cualquier otro tiempo del subjuntivo: dependiendo de verbos o fórmulas que expresan sentimientos, duda, finalidad, opinión negativa, etc. Se corresponde con el pretérito pluscuamperfecto de indicativo o con el condicional compuesto.

    En los ejemplos se subraya el elemento que provoca la aparición del modo subjuntivo.

    Había venido ya. → **Puede que** *hubiera venido ya.*

    Juan había comido ya. → **Me extrañó que** *hubiese comido ya.*

    Se habría quedado dormido. → **Tal vez** *se hubiera quedado dormido.*

- Observe las equivalencias temporales entre el pluscuamperfecto de indicativo, el condicional compuesto y el pretérito pluscuamperfecto de subjuntivo.

Pluscuamperfecto de indicativo Condicional compuesto	Pluscuamperfecto de subjuntivo
Ya lo había comprado. *A lo mejor ya lo había comprado.* *Ya lo habría comprado.*	*Puede que ya lo hubiera comprado.*

- Normalmente, depende de un verbo principal en pasado, en condicional (simple o compuesto) o en pluscuamperfecto de subjuntivo:

    Se quejó de *que no hubieras hecho la foto antes.*

    Sería *una pena que lo hubieran vendido ahora que tenemos el dinero.*

    ¿De verdad que **os hubierais alegrado** *de que hubiéramos perdido el campeonato?*

- Indica que algo no ha ocurrido. Dependiendo de la oración, puede expresar hipótesis, consejos hipotéticos en el pasado, deseo no cumplido…

    Aunque hubiera venido, no lo habría visto. Es muy despistado. (No vino).

    Si hubieses llegado cinco minutos antes, la habrías visto. (Llegó cinco minutos después).

Alternancia pretérito imperfecto de subjuntivo / pretérito pluscuamperfecto de subjuntivo

– El imperfecto de subjuntivo puede referirse a cualquier periodo temporal (presente, pasado y futuro. → Unidad 13) mientras que el pluscuamperfecto de subjuntivo solo hace referencia al pasado.

¡Ojalá le renovaran el contrato! (Futuro: no sabe si le van a renovar el contrato).

¡Ojalá le hubieran renovado el contrato! (Pasado: no le renovaron el contrato).

UNIDAD 14

a) Para expresar deseos

Con *ojalá* y *quién* el pluscuamperfecto de subjuntivo se refiere a un deseo en el pasado que no se ha cumplido, mientras que con el imperfecto de subjuntivo se refiere a un deseo que se espera que se cumpla en presente o futuro.

¡Ojalá hubiéramos encontrado entradas! (No han encontrado entradas).

¡Ojalá encontráramos entradas!... ¡Tengo muchas ganas de ir al concierto de Alejandro Sanz! (No sabe si va a encontrar entradas).

Con *esperar*, tanto con imperfecto como con pluscuamperfecto se refiere a un hecho en el pasado.

Esperaba que hubierais sacado mejor nota.
Esperaba que sacarais mejor nota.

¡ATENCIÓN!

En estos casos, no puede depender del verbo *querer* si va en pasado, solo si está en condicional (simple o compuesto) o en pluscuamperfecto de subjuntivo.

*Quería / Quiso que lo hubiera hecho.
Querría *que lo* **hubiera hecho.**
Habría / Hubiera querido *que lo* **hubiese hecho.**

Puede depender del verbo *gustar* o *encantar* solo si estos van en pluscuamperfecto de subjuntivo o en condicional compuesto. Para que dependa de un condicional, el contexto tiene que dejar muy clara la anterioridad.

Me hubiera / habría gustado que **hubiera / hubiese sido** *más sincero.*
Me gustaría (ahora) que **hubieras dormido** *más (anoche), porque tienes unas ojeras...*

b) En las oraciones condicionales con *si*

El pluscuamperfecto se refiere a la esfera del pasado, a una hipótesis irreal, mientras que con el imperfecto se presentan hipótesis poco probables o de imposible realización en el presente o en el futuro. (→ Unidad 24)

Si hubiera nevado el fin de semana, habríamos ido a esquiar. (No nevó, hablo de una situación hipotética pasada y por tanto de imposible realización).

Si nevara el fin de semana, iremos / iríamos a esquiar. (Nos parece difícil que nieve, pero sí puede ocurrir).

c) En estilo indirecto, aparece el pluscuamperfecto de subjuntivo para transmitir la información que se ha dicho en pretérito perfecto o pluscuamperfecto de subjuntivo. En cambio, el imperfecto transmite información dada en imperativo y en presente o imperfecto de subjuntivo (→ Unidad 28).

Ana: *«***Llámame** *cuando* **hayas terminado / termines***».*
Ana me dijo que la **llamara** *cuando* **hubiera terminado / terminara.**

UNIDAD 14

> **¡Atención!**
>
> El pluscuamperfecto de subjuntivo es equivalente al condicional compuesto cuando expresa consejos hipotéticos o acciones hipotéticas en el pasado. Esto solo ocurre en las oraciones principales, no en las subordinadas.
>
> > Yo, en su lugar, lo **hubiera hecho / habría hecho**, ¿tú no? (No lo hizo).
>
> < Sí, creo que también lo **habría hecho / hubiera hecho**.

EJERCICIOS

1 Complete con el verbo en pluscuamperfecto de subjuntivo.

1. > ¡Qué suerte! Cuando llegué a la tienda, aún no habían vendido el frigorífico que quería.
   < Pues me alegro de que aún no lo ....*hubieran vendido*............ .

2. > Me habría gustado que (vosotros, venir) .... anteayer.
   < Ya, y a nosotros, pero no pudimos.

3. > ¡Ojalá no (llover) .... hoy! No hemos podido salir de excursión.
   < Bueno, pero se ha despejado un poco la atmósfera.

4. > Ya se ha otorgado el Premio Nobel de Literatura.
   < A mí me habría gustado que lo (ganar) .... un latinoamericano.

5. > Raquel no aceptó el trabajo por cuestiones éticas… Y eso es poco frecuente.
   < Pues yo tampoco lo ...., aunque no esté de moda actuar con ética.

2 Complete estas oraciones con la información que le damos. Escuche y compruebe.

(41)

1. Habían aceptado nuestra invitación. Nos alegramos.
   Nos alegramos de que hubieran aceptado nuestra invitación...........................

2. Ya se habían ido cuando llegamos.
   Sentí ....

3. Ya nos habíamos ido cuando Shakira salió a saludar.
   Fue una pena ....

4. No os habíais apuntado a la cena de fin de curso.
   Nos extrañó ....

5. Los exámenes se habían retrasado una semana.
   Ustedes se alegraron de ....

6. Nos habíamos retrasado en entregar las fotos.
   No les importó ....

Unidad 14

3 El hermano de Andrés está raro y nervioso. Complete la tabla teniendo en cuenta lo que sabe y lo que no sabe acerca de él.

Lo sé	No lo sé	
Había discutido con un amigo.	1. A lo mejor había discutido con un amigo.	Puede que *hubiera / hubiese discutido con un amigo.*
	2. Seguramente no había salido en toda la tarde.	Es posible que…
	3. Lo mismo no había terminado el trabajo que tenía que entregar.	Es probable que…
	4. Habría tomado mucho café.	Quizás…
	5. Igual no había dormido bien.	Probablemente…
	6. Se habría disgustado con Ester.	Posiblemente…

4 Escriba la información que se obtiene de las siguientes oraciones.

1. Me habría gustado que hubiera terminado antes. ....*Terminó tarde.*..........
2. Esperaba que hubiesen llamado. ....
3. ¿Les habría gustado que hubiéramos ido al Museo del Prado? ....
4. ¿Les hubiera importado que no hubiéramos ido al estreno? ....
5. ¡Ojalá hubiera ganado el Real Madrid! ....
6. Habría sido un detalle que me hubieran invitado a la fiesta. ....

5 Reaccione a partir de la información dada entre paréntesis. Escuche y compruebe.

(42)

1. > ¿Has comprado un billete de lotería? Pero si tú nunca compras lotería.
   < *¡Ojalá me hubiera tocado la lotería para poder comprarme un piso!*
   (Quieres comprarte un piso y compraste un billete de lotería, pero no te ha tocado).

2. > ¿Sabes por qué ana no te llamó ayer? ¡Se había dejado el móvil en el baño!
   < ....
   (Te extrañó. Siempre avisa).

3. > ¿Sabes que Juan no aprobó el carné de conducir?
   < ....
   (Era importante para él aprobar. Lo necesita porque vive en un pueblo pequeño).

4. > ¿Te has fijado en lo atractivo que es David? Debió de ser guapísimo de joven.
   < ....
   (Querrías haberlo conocido cuando era más joven).

UNIDAD 14

6 Lea el siguiente texto y diga en qué casos se puede sustituir el pluscuamperfecto de subjuntivo por el condicional compuesto.

> El otro día iba por la calle pensando en la entrevista de trabajo que acababa de realizar. ¡Ojalá no me hubiera puesto nerviosa! Y me sentí sola, ¡qué pena que Luis no hubiera venido conmigo! Todo hubiera sido diferente. Él me hubiera dado ánimos al entrar y me hubiera tranquilizado. Lo peor es que fui yo quien no quiso que me acompañara. No sé por qué no dejé que lo hiciera, yo en su lugar no me hubiera dejado convencer. Pero la culpa es mía y solo mía. Eso sí, no fue conmigo, pero me preparó una cena... ¡Qué cena! Me alegré de que el día hubiera terminado mejor de como había empezado.

Pluscuamperfecto de subjuntivo = Condicional compuesto
....
....
....

7 Indique si el pretérito pluscuamperfecto de subjuntivo expresa hipótesis o no.

1. Nos sorprendió que ni siquiera hubieran avisado de que no venían.
2. ¿Le hubiera importado que hubiéramos abierto antes las taquillas?
3. A la gente le encantaría que las rebajas hubieran empezado ya.
4. Sentí que el concierto se hubiera cancelado.
5. ¡Qué raro que se hubieran apagado todas las luces al mismo tiempo!
6. ¡Ojalá las entradas hubieran sido más baratas!

Expresa hipótesis	No expresa hipótesis
	1.

MIS CONCLUSIONES

8 Complete el enunciado de a) y elija la opción correcta en b).

a. El pluscuamperfecto de subjuntivo se forma con el .... del verbo .... + el participio.

b. El pluscuamperfecto a veces se refiere a hechos / hipótesis: *Me alegré de que la selección española de baloncesto hubiera ganado*; y otras veces se refiere a hechos / hipótesis: *Me habría gustado que la selección argentina de fútbol hubiese ganado*.

15. Debe de tener problemas
FORMAS NO PERSONALES Y PERÍFRASIS VERBALES

¡FÍJESE!

— ¿Cómo llevas el examen?
— No sé. Solo **llevo estudiados** cinco temas.

— ¿Qué puedo hacer para **adelgazar**?
— **Andando** una hora al día y no **comiendo** a deshoras, verá como adelgaza.

Ya sabe

(→ Unidad 32, nivel Medio)

- **Infinitivo**
  - Puede funcionar como un sustantivo masculino.
  - Aparece detrás de muchos verbos conjugados con diferentes funciones.
    *Quiero **mejorar** (OD). / Me gusta viajar (sujeto).*
  - Aparece detrás de verbo + preposición. Puede alternar con sustantivos u oraciones subordinadas.
    *Nos invitan a **cenar** / a un viaje / a que participemos en el Congreso.*
  - Alterna muchas veces con la oración subordinada dependiendo de si coinciden o no los sujetos. (→ Unidad 28, nivel Medio).
    *Quiero **mejorar**. / Queremos que mejores.*
  - Expresa instrucciones y órdenes precedido de la preposición *a*. *A comer ya.*
  - Puede formar construcciones con diferentes valores:
    - *Al* + infinitivo = Valor temporal (→ Unidad 20, nivel Medio).
    - *Por* + infinitivo = Valor causal (→ Unidad 21, nivel Medio).
  - Puede constituir una perífrasis: *acabar de, dejar de, ponerse a…* + infinitivo.

- **Gerundio**
  - Puede funcionar como un adverbio, ya que indica el modo en que se hace algo.
  - Puede aparecer en perífrasis: *seguir* + gerundio; *estar* + gerundio (acciones durativas).

UNIDAD 15

- **Participio**
  - Puede funcionar como un adjetivo y, entonces, concuerda con el sustantivo en género y número.

Además

- **Infinitivo**
  - A veces depende de un verbo que no aparece en el enunciado pero que se sobreentiende por el contexto.

    > ¿Qué necesitas? / < (Necesito) **Salir** a dar un paseo, aquí hace demasiado calor.

    > ¿Te ayudo? / < Sí, (ayúdame) a **cambiar** el ordenador de sitio, por favor.

  - Puede formar construcciones con valor condicional o hipotético (→ Unidad 25).

    De + infinitivo simple o compuesto = Si.

    De saber / haber sabido *que venías, habría comprado más comida. = Si hubiera sabido que venías, habría comprado más comida.*

  - Infinitivo con perífrasis:
    - *Deber de* + infinitivo. Expresa probabilidad. / *La profesora* **debe de tener** *40 años.*
    - *Deber* + infinitivo. Puede expresar sugerencia, consejo u obligación en función del contexto. En condicional el hablante se implica menos que en presente.

      Debes / deberías *esforzarte más.* (Consejo o sugerencia).

      Debes *llamarlo ya.* (Obligación).
    - *Echarse a* + infinitivo. Indica el inicio de una acción de forma repentina o inesperada.

      Estábamos hablando y **se echó a llorar.**
    - *Llegar a* + infinitivo. Expresa el final de un proceso.

      Llegué a pensar *que estaba perdido.* / **Llegó a medir** *hasta dos metros.*

- **Gerundio**
  - Puede formar construcciones con diferentes valores:
    - Valor temporal (= *cuando*).

      Lo vimos **cruzando** *la calle. = Lo vimos* **cuando** *cruzaba (él) la calle / cruzábamos (nosotros) la calle.*

      Con el gerundio, a veces, se produce ambigüedad: ¿Quién cruzaba la calle?
    - Valor condicional o modal dependiendo del contexto.

      Leyendo *novelas en español, aprenderás mucho vocabulario. =* **Si** *lees novelas en español, aprenderás mucho vocabulario.*

      > ¿**Cómo** puedo aprender mucho vocabulario?

      < **Leyendo** novelas en español (así, de esa manera).

UNIDAD 15

- Valor causal (= *porque*) o modal. Este valor depende del contexto.

    *Consiguió aprobar las oposiciones **estudiando** duramente. = Consiguió aprobar las oposiciones **porque** estudió duramente.*

    > *¿**Cómo** aprobó las oposiciones?*

    < ***Estudiando** duramente (así, de esa manera).*

- Valor concesivo unido a *aun* (= *aunque*); equivale a *incluso si* (→ Unidad 26).

    ***Aun comiendo** mucho dulce, no engorda. = **Aunque / incluso si** come mucho dulce, no engorda.*

— Gerundio en perífrasis:

- *Andar* + gerundio. A diferencia de *estar* + gerundio, se centra en el proceso, sin considerar el momento en que ocurre ni cuándo terminará. Presenta la acción como algo casual o disperso. A veces, cuando hablamos de los demás, puede tener valor peyorativo. Es propia del lenguaje conversacional.

    > *¿Qué tal le va a Ricardo?*

    < *Pues **anda vendiendo** libros en vacaciones (vemos a Ricardo vendiendo libros, pero de forma irregular).*

- *Acabar* + gerundio. Expresa el final de un proceso a pesar de los problemas y las dificultades. En ocasiones, indica que un proceso terminó de forma diferente a la proyectada.

    *Todavía no he encontrado un trabajo a mi medida, pero **acabaré encontrándolo.***

    *Quería estudiar Lengua y Literatura, pero **acabó estudiando** Derecho.*

- *Ir* + gerundio. Expresa el desarrollo progresivo de la acción, que avanza hacia el futuro.

    > *¿Qué tal va Patricia con el inglés?* / < *Pues **va progresando** poco a poco.*

- *Venir* + gerundio. Indica la duración de un proceso que se acerca al presente desde el pasado.

    ***Venimos soportando** una gran sequía.*

• **Participio**

— Los adjetivos participiales reproducen la misma estructura que el verbo del que proceden.

   *Asustarse de / por (algo): Está **asustado de / por** estos ruidos tan extraños.*

   *Sorprenderse de / por (algo): Estamos **sorprendidos de / por** su actitud.*

   *Preocuparse por (algo o alguien): Estoy **preocupado por ti.***

— El participio puede formar una oración subordinada que va separada por comas de la principal. En general, tiene valor causal cuando el sujeto del participio es de persona. Si no es de persona, el participio puede tener también un valor temporal y será el contexto el que determine el sentido que predomina.

UNIDAD 15

- Valor causal (= *porque / como*).

  Roto *(él) por el dolor, se fue de la ciudad.* = *Se fue de la ciudad **porque** estaba roto por el dolor. / **Como** estaba roto por el dolor...*

  Resuelta *(ella) a cortar con él definitivamente, decidió llamarlo ese mismo día.* = ***Como** estaba resuelta a cortar... / Decidió llamarlo **porque** estaba resuelta...*

- Valor temporal o causal (= *cuando / porque*).

  Roto el acuerdo *al que habían llegado, empezaron de nuevo los problemas.* = ***Cuando** se rompió el acuerdo... / **Como** se rompió el acuerdo...*

  Resueltas las dificultades, *nos fuimos a casa.* = ***Cuando** se resolvieron las dificultades, nos fuimos a casa. / **Como** se resolvieron las dificultades...*

— Participio en perífrasis:

- *Estar* + participio. Indica el resultado de un hecho o de una acción (→ Unidad 16).

  *Las puertas **están cerradas** desde las 12:00 de la noche.*

- *Llevar* + participio. Presenta el resultado de la acción en proceso. La idea que transmite es lo que se ha hecho hasta ahora. No se puede usar cuando se ha terminado la actividad.

  ***Lleva estudiadas** hasta ahora tres lecciones de las diez que tiene que estudiar.*
  **Lleva estudiadas las diez lecciones.*

- *Tener* + participio. Expresa el resultado de un proceso o estado sin tener en cuenta lo que queda por hacer. Solo se refiere a lo que está hecho en el momento de hablar, tanto si se ha terminado la actividad como si no.

  *Ya **tiene estudiadas** tres lecciones de las diez que tiene que estudiar.*

  ***Tiene estudiadas** las diez lecciones.*

EJERCICIOS

1 Complete con la palabra adecuada: preposición, *que*, Ø, infinitivo, gerundio o participio de los verbos *hacer, resolver, salir, manifestarse, estar.*

1. > ¿No viene Mateo el fin de semana a Segovia?
   < No, va a ayudar ..*a*... hacer la mudanza a una amiga.
2. > ¿Qué tal le va a Marcos?
   < Bueno, no sé qué decirte, su empresa le ha prohibido .... asistir al congreso donde quería presentar sus últimos descubrimientos.
3. > ¿Qué han dicho por la megafonía?
   < Que al ...., tengamos cuidado de no introducir el pie entre el coche y el andén.

Unidad 15

4. > ¿Va a apoyar el comité su candidatura?

< No creo, sigue .... en contra de él haga lo que haga.

5. > ¿Cree que el problema está ....?

< Sí, todo se ha solucionado muy rápido.

6. > ¿No han invitado a la presidenta de la Asociación a la recepción?

< Sí, pero se ha negado .... venir, porque tenía muchas cosas .... decirle ante a nuestro director.

7. > ¿Por qué está usted .... esto? ¿No tendría que hacerlo su secretario?

< Sí, pero he insistido yo .... hacerlo personalmente.

8. > He dejado .... recibir correo basura. ¡Por fin!

< ¿Y qué has hecho? Yo sigo .... recibiendo miles de esos correos todos los días.

9. > ¿Qué han dicho en la radio?

< Que los universitarios siguen .... todos los días de doce a una frente al Ministerio de Educación.

10. > Le he recomendado .... pedir esa plaza, ya que es un buen lugar para trabajar.

< Sí, sí que es un buen sitio.

2 Subraye la opción correcta. Escuche y compruebe.

(44)

1. > Chicos, a *sentados* / *sentándose* / <u>*sentarse*</u>, la comida está en la mesa.

< Ya vamos.

2. > Aun *tener* / *tenido* / *teniendo* toda la tarde libre, no se ocupa de los niños.

< Sí, ¡es increíble!

3. > ¡Es una cerebrito! Acabará *trabajar* / *trabajando* / *trabajado* para la NASA.

< ¿Tú crees?

4. > El Gobierno está *preocupando* / *preocupado* / *preocupar* por la progresiva desertización del país.

< Sí, pero no hace nada.

5. > *Revisadas* / *revisar* / *revisando* todas las cajas, nos fuimos a casa.

< Perfecto, lo importante era eso.

6. > ¿Qué medidas van a tomar ahora los nuevos directivos?

< *Analizado* / *analizar* / *analizando* todos los balances para encontrar la causa de las pérdidas de este año.

UNIDAD 15

7. > Mira lo que dice aquí: «*Destrozado / destrozando / destrozar* por sus palabras, condujo sin rumbo fijo…».

< Sí, parece que fue un accidente. He leído lo mismo en otros periódicos.

8. > De no *habernos ayudado / ayudándonos / ayudados,* habríamos tenido que cerrar el negocio. Gracias.

< De nada. Ya sabe, si me necesitan otra vez, no tienen más que *pedirlo / haberlo pedido*.

3 Clasifique estas oraciones según el valor de la construcción señalada.

1. *De tener* más tiempo, lo haría él personalmente.
2. *Al terminar* el proyecto, nos fuimos a cenar, ¡por fin volvíamos a tener vida!
3. ¿Que cómo he conseguido entender algo de español? *Viendo* películas españolas cada día.
4. *De no estar* totalmente recuperado, no vendrá, no te preocupes.
5. *Terminados* los exámenes, los estudiantes se fueron de viaje durante 4 días.
6. *Comiendo* de todo, pero sin abusar, no necesitarás tomar vitaminas.
7. Han hecho una huelga *por no estar* de acuerdo con los recortes salariales.
8. *Aun comprando* en los supermercados más baratos, le cuesta llegar a fin de mes.
9. *Abandonado* por su pareja y solo ante el mundo, Javier decidió cambiar de ciudad.
10. *Comportándote* de esa manera, nadie querrá invitarte a sus fiestas.

Causal	Condicional	Concesivo	Modal	Temporal
	1.			

4 Escriba estas oraciones con una construcción de infinitivo, gerundio o participio con el mismo significado.

1. Si comes comida rápida todos los días, te aumentará el colesterol.
   Comiendo comida rápida todos los días, te aumentará el colesterol.

2. Como perdió toda la esperanza de conseguir sus deseos, se fue de vacaciones a un lugar solitario.

   ....

UNIDAD 15

3. Si llega a tiempo a la tienda, lo comprará.

   ....

4. Aunque limpiemos durante una semana, no creo que podamos quitar toda esta suciedad acumulada.

   ....

5. Cuando empezó a llover, tuvimos que meternos en un centro comercial para protegernos de la lluvia.

   ....

6. Si estudias en la biblioteca, conocerás a muchos españoles.

   ....

5 Complete con *de, a, ir* (dos veces), *estar* y *acabar*. Los verbos deben estar en la forma adecuada. Escuche y compruebe.

1. Estaba tan tranquilo y de repente se echó ..*a*.. llorar.

2. .... comprendiendo que todo lo que le habían dicho era verdad, pero costó convencerlo, se ha vuelto muy desconfiado.

3. La casa nunca está ordenada, el niño .... desordenando lo que yo .... recogiendo.

4. Empezó de botones en el banco y ha llegado .... ser uno de los directivos.

5. Los libros que encargamos no han llegado todavía, deben .... estar al llegar.

6. ¡Por fin! Ya .... comprados todos los regalos.

6 Escriba estas oraciones con *llevar* + participio y *tener* + participio sin que pierdan su significado y cuando sea posible.

1. He leído 20 páginas ya. → *Llevo leídas 20 páginas ya. / Tengo leídas 20 páginas.*
2. He hecho todos los ejercicios ya. → ....
3. Ya he comprado las entradas. → ....
4. Ya he escrito dos páginas del informe. → ....
5. Ya he hecho dos postres. → ....
6. He hecho ya la comida. → ....

UNIDAD 15

7 Complete este texto con infinitivo, gerundio y participio.

Escena en el Olimpo griego. Es la época de los dioses.

〉 Hermes[1], padre –les dijo Asclepio[2]–, realmente no podéis (hacer) *hacer* gran cosa por él. Yo seguiré (vigilar) ...., pero todo depende de su propia capacidad de regeneración. Seguro que tendréis asuntos importantes que (atender) ....

〈 Así es, hijo. Sé que harás lo mejor por Zagreb. Zeus confía en ti –dijo Apolo[3]. Aquella escena habría resultado chocante para un humano: un joven que no podía (tener) .... más de veinte años (dirigirse) .... como «hijo» a alguien que parecía (doblar) ....lo en edad. Pero los dioses estaban (acostumbrar) .... a tales paradojas (...).

〉 ¿Por qué estás tan (preocupar) ....? –preguntó Apolo–. No puede (decirse) .... que Zagreb fuera íntimo amigo tuyo.

〈 Ni de nadie. Pero no sé si recuerdas que mañana tengo que (acompañar) .... a nuestro padre para que se enfrente con la criatura que ha dejado (reducir) .... a nuestro primo a esto... –dijo Hermes (señalar) .... con el pulgar el corazón que seguía (palpitar) ....

Los dioses del Olimpo. Javier Negrete (texto adaptado)

[1] *Hermes:* hijo de Zeus y Maya. Mensajero de los dioses.
[2] *Asclepio:* médico de los dioses, hijo de Apolo.
[3] *Apolo:* hijo de Zeus y Leto. Dios arquero y protector de las artes.

MIS CONCLUSIONES

8 Relacione los usos de las formas no personales recogidos en los enunciados con sus valores correspondientes.

1. A vestirse.
2. Saliendo todas las noches, no podrás aprobar el curso.
3. ¿Que cómo he aprendido español? Haciendo ejercicios de gramática.
4. He suspendido por no preguntar en clase las dudas que tenía.
5. Aun corriendo a toda velocidad, no va a llegar a tiempo.

Condicional
Orden
Concesivo
Modal
Causal

9 Complete este texto.

El infinitivo, además de otros usos, puede tener valor .... como en *Gracias por traérmelo* y valor .... como en *De comer algo, comerá pescado, no le gusta la carne.* El gerundio también puede tener valor .... como en *Andando una hora diaria, se sentirá en forma en poco tiempo.*

16. Parece que todavía está verde
SER, ESTAR Y PARECER

¡FÍJESE!

(46)

Él es atento.

Ella está atenta.

Ya sabe

(→ Unidad 3, nivel Medio)

- **En construcciones impersonales**
  - Para expresar opiniones o sentimientos de forma impersonal o general.
    - Con el verbo *ser*: *Es* + adjetivo (masc. sg.) + infinitivo. *Es* + un/-a + sustantivo + infinitivo.
    - Con el verbo *estar*: *Está* + *bien / mal*.

- **En construcciones enfáticas**
  - Para hacer una precisión o rectificación sobre lo mencionado anteriormente:
    LO que *ser / estar* + **es** + adjetivo / adverbio *(bien, mal)*. El verbo **ser** (marcado en negrita) siempre va en singular.

- **Con *LO* neutro**
  - Para sustituir al adjetivo, nombre, adverbio, pronombre, frase... que van detrás de *ser* y *estar* cuando se han mencionado antes.

- **Con otras construcciones**
  - Para expresar profesión.
  - Para expresar cantidades o precios.
  - Para expresar tiempo.

Además

SER Y ESTAR + ADJETIVO SIN CAMBIO DE SIGNIFICADO

- **Ser + adjetivo:** expresamos una cualidad que define o caracteriza al nombre al que nos referimos. Comparamos al sujeto con todos los individuos que poseen la cualidad y se la atribuimos.

    Alberto es muy simpático (la simpatía es una cualidad propia de la personalidad de Alberto, lo caracteriza).

    PERO las cualidades que definen a la persona, al objeto, al lugar… pueden cambiar:

    Yo de pequeña era muy rubia, pero ahora soy más bien pelirroja.

    Hace unos años era muy confiada, pero ya no confío en nadie.

- **Estar + adjetivo:** expresamos un estado, el resultado de un cambio, no una cualidad que define al nombre al que nos referimos. Comparamos al sujeto consigo mismo.

    María está muy simpática esta mañana.

    PERO un estado puede darse constantemente o durar poco.

    Estoy nerviosa porque son las dos y mi hija no ha vuelto ni ha llamado.

    Déjalo, siempre está insoportable cuando se levanta.

¡Atención!

Ser o *estar* + adjetivo no dependen de un criterio de temporalidad. Una cualidad puede durar toda la vida o un periodo determinado de tiempo y un estado puede durar un instante o hacerse permanente.

Huy, hija, yo a tu edad era muy guapa.

Hay que ver qué guapa está Laura desde que dejó ese trabajo tan estresante.

- Hay adjetivos que solo pueden ir con *estar* porque no expresan cualidades definitorias, siempre son estados: *vacío, lleno, roto, estropeado, muerto.* Y hay algunos adjetivos que solo pueden ser cualidades, por tanto aparecen siempre con *ser: capaz, imprescindible…*

SER Y ESTAR + ADJETIVO CON CAMBIO DE SIGNIFICADO

— **Ser listo:** ser inteligente.

— **Estar listo:** estar preparado.

Es muy listo, pero no tiene ninguna picardía.

¿Estás listo? ¿Nos podemos marchar ya?

Con *estar* también se utiliza irónicamente como una expresión para negar.

Pues si piensa que yo voy a apoyarle en esa barbaridad, está listo. (= de ninguna manera lo voy a apoyar).

Unidad 16

- **Estar vivo:** tener vida, no estar muerto.
- **Ser vivo:** avispado, despabilado, que capta todo rápidamente y reacciona con la misma rapidez. Normalmente incrementado con *bastante* o *muy*.

    *¡No tires esa planta! ¿No ves que todavía **está viva**?*
    ***Es** una niña **muy viva**, lo aprende todo rápidamente.*

- **Ser verde:** de color verde.
- **Estar verde:** poco maduro, para referirnos a la fruta que está dura y a personas poco experimentadas, así como a obras, proyectos o empresas poco perfeccionados.

    *Estas naranjas aún **están verdes**, amargan un montón.*
    *Joven, todavía **está** usted un poco **verde** para un cargo de tanta responsabilidad.*
    *Tengo un proyecto en la cabeza, pero todavía **está muy verde**.*

- **Estar cansado:** tener cansancio (estado).
- **Ser cansado:** que produce cansancio.

    *Me voy a recostar un rato, **estoy cansadísimo**. / ¡Qué **cansado es** este trabajo!*

- **Ser malo:** referido a un objeto → de mala calidad; referido a una persona → cualidad negativa, maldad. También significa 'perjudicial'.
- **Estar malo:** referido a un alimento → que sabe mal o que está en malas condiciones; referido a una persona → estar enfermo.

    *¡Qué **malo es** este reloj! Me costó barato, pero no sirve para nada.*
    *Leer es **bueno** para la mente.*
    *No te fíes de ella, que **es malísima**. A ti te dice una cosa y a mí otra.*
    *¿No huele fuerte este pescado? Yo creo que **está malo**, no es fresco.*
    *No puede venir porque **está mala**; tiene gripe.*

- **Ser bueno:** referido a un objeto → de buena calidad; referido a una persona → cualidad positiva, tener bondad. También significa 'beneficioso'.
- **Estar bueno:** referido a un alimento → que tiene buen sabor; referido a una persona → ser guapo, tener un buen cuerpo (coloquial). También puede usarse en el registro coloquial para hacer énfasis en un estado negativo cuando alguien no se encuentra bien de salud o cuando está muy despistado (en este caso suele llevar el pronombre intercalado o en posición final). Precedido de negación (no estar bueno) → no encontrarse bien de salud.

    *El vestido es muy bonito, pero la tela no **es buena**, se rompe con mirarla.*
    *Flavio **es muy bueno**, siempre está dispuesto a echar una mano.*
    *El ejercicio moderado **es bueno** para la salud.*
    *Prueba esta tarta de manzana, **está buenísima**. / ¡Qué **bueno está** el vecino!*
    *> No paras de estornudar, Clarita, **estás buena**.*
    *< Sí, hoy **no estoy buena**, creo que me voy a meter en la cama.*
    *¿Cómo que dónde están tus gafas? Pero si las tienes puestas; **estás (tú) bueno**.*

- **Ser atento:** ser amable, tener atenciones con la gente.
- **Estar atento:** prestar atención a algo.
    Es muy atento con todo el mundo; por eso toda la gente le aprecia.
    No te enteras de nada porque no estás atento en clase.

- **Ser negro:** de color negro.
- **Estar negro:** estar muy enfadado por algo (coloquial).
    Mi gato es negro como el carbón; de hecho se llama Carbón.
    Santiago aún no ha llegado, ni siquiera ha llamado para decir que llegaba tarde, estoy negra.

SER SIN ADJETIVO

- Localización de sucesos o acontecimientos.
    La fiesta es en el aula 12.

EL VERBO PARECER

- Lo usamos para transmitir nuestra percepción de la cualidad o del estado de algo o de alguien. Puede aparecer tanto con cualidades como con estados.
    - Si no va precedido de pronombre, transmitimos nuestra **percepción** como algo que cualquiera podría notar, de forma objetiva.
        Juan parece un chico simpático. / ¿Por qué no te acuestas? Pareces cansada.
    - Si va precedido de pronombre, transmitimos una impresión propia de forma subjetiva, una **opinión**.
        Me parece simpático, pero no me fío. / Ana me parece un poco tímida.
    - Cuando preguntamos a otra persona su opinión siempre ponemos el pronombre.
        > ¿Qué **te parece** Carlos?
        < Pues (a mí) **me parece** serio y trabajador.

- Puede llevar detrás una oración en la que está incluido el adjetivo.
    - Con infinitivo, *parecer* concuerda con el nombre.
        La gente parece estar harta ya de tantas amenazas.
        Los alumnos parecen no estar satisfechos con las clases.
    - Con **que** + verbo conjugado, *parecer* solo va en 3.ª persona del singular y va delante del nombre.
        Parece que la gente está harta ya de tantas amenazas.
        Parece que los alumnos no están satisfechos con las clases.

- Al igual que con *ser* y *estar*, con *parecer* es posible sustituir el atributo (el adjetivo, la oración…) por el pronombre **lo**.
    > Parece agradable, ¿no?
    < Sí, **lo** parece. / A mí sí me **lo** parece.

UNIDAD 16

EJERCICIOS

1. Complete con *ser* o *estar* en la forma adecuada.

1. ..*Es*.. una pena que nadie se quiera comprometer en una cuestión tan importante.
2. ¿................ bien? Tienes mala cara.
3. Oye, vámonos que .... muy tarde y nuestros anfitriones querrán descansar.
4. > ¿A qué te dedicas?
   < Yo en realidad .... escultor, pero .... de jardinero en un parque público.
5. > ¿A cuántos estamos hoy?
   < .... a 18 de febrero.
6. > ¡Qué frío hace! .... a menos de dos grados.
   < ¿Y qué quieres? .... en pleno diciembre.

2. Utilice el pronombre *lo* con *ser* o con *estar* para responder a las siguientes preguntas según el contexto.

1. > Te examinas mañana, ¿no estás nervioso?
   < Pues sí ..*lo estoy*..
2. > No te enfades con ella, es que está cansada.
   < ¿Cansada? .... que .... es histérica. Esas no son formas de hablarle a nadie.
3. > ¡Eres un desconsiderado y un desagradecido!
   < No, no .... El problema es que tú exiges demasiado a todo el mundo.
4. > Ellos no son conscientes de haberte ofendido. Reconozco que son algo negligentes, pero mala intención no tienen.
   < No, no son negligentes, ... que son .... unos frescos y unos egoístas.
5. > ¿Vosotros no estáis preocupados por lo de la reunión?
   < Sí, claro que ...., pero no merece la pena perder el sueño antes de tiempo.

3. Clasifique los adjetivos en cursiva en cualidades o estados según el contexto.

1. ¿Encontraste *vacío* El Corte Inglés? Pero si siempre parece un hormiguero de gente.
2. ¡Qué *guapa*! El vestido es espectacular y me encanta tu corte de pelo.
3. ¿Yo *nervioso*? ¡Qué va! No me dan miedo los análisis de sangre; eso sí, cuando voy al dentista hasta tengo que tomarme tranquilizantes.

UNIDAD 16

4. ¡Qué *antipáticos*! En esta oficina de Correos tienen todos un carácter muy desagradable y no te hacen ni un favor.

5. Mira que echarlo de la facultad por *vago*; es el único caso que conozco, pero hay que reconocer que no ha aprobado ni una asignatura en tres años.

6. > Chica, no hay quien te hable.

   < Perdona, no tengo un buen día. No es mi carácter, te lo aseguro. *Insoportable* es poco decir, hoy estoy que muerdo.

Cualidades	Estados
	vacío

4 Ahora transforme los enunciados de la actividad anterior usando *ser* o *estar*. Escuche y compruebe.

(47)

1. ¿..*Estaba*.. vacío El Corte Inglés? Pero si siempre parece un hormiguero de gente.

2. ¡Qué guapa ....! El vestido es espectacular y me encanta tu corte de pelo.

3. Yo no .... nervioso. ¡Qué va! No me dan miedo los análisis de sangre; eso sí, cuando voy al dentista hasta tengo que tomarme tranquilizantes.

4. ¡Qué antipáticos ....! En esta oficina de Correos tienen todos un carácter muy desagradable y no te hacen ni un favor.

5. Mira que echarlo de la facultad por .... un vago; es el único caso que conozco, pero hay que reconocer que no ha aprobado ni una asignatura en tres años.

6. > Chica, hoy no hay quien te hable.

   < Perdona, no tengo un buen día. No es mi carácter, te lo aseguro. Que .... insoportable es poco decir, hoy estoy que muerdo.

5 Observe cada imagen y describa cómo es y cómo está: sus cualidades propias y su estado.

verde sucia pequeña de metal rota cómoda cilíndrica llena abollada práctica vacía

a)  ....*Es verde*..........
....
....
....

b)  ....
....
....
....

UNIDAD 16

6 Complete con *ser* o *estar* + un adjetivo que cambie de significado dependiendo de si va con *ser* o *estar*. Escuche y compruebe.

1. > ¿Qué te pasa? Tienes mala cara hoy.
   < No me extraña, no .... *estoy bueno* ...., tengo escalofríos y fiebre.

2. > ¡Qué .... el chico de la barra! ¡Vaya cuerpazo!
   < Ya me había fijado. Está como un tren.

3. > Me sabe rara esta tarta, ¿puedes probarla?
   < ¡Uf!, no la comas, es la nata, que no ....

4. > Vámonos, Isabel, que son las siete.
   < ¡Qué dices! Aún no ...., pero acabo en un periquete.

5. > Dice que te va a pedir el dinero a ti.
   < Sí, pues como me lo pida a mí ...., que ni lo sueñe; aún no me ha devuelto los 200 euros de la vez pasada.

6. > ¿Y entonces no le parece bien mi tesis?
   < No es que me parezca mal, pero no está como para presentarla todavía; aún ...., tiene que profundizar en algunos aspectos.

7. > Ha llamado un chico que se llama Laurent, o algo así, de tu academia, para felicitarte.
   < ¿Laurent? Es que .... muy .... ¿Te he hablado de él? Es un compañero nuevo; es amabilísimo y todo un caballero.

8. > ¿Por qué Raquel ha bajado tanto en Matemáticas, Lengua e Historia este trimestre?
   < Mire, su hija .... muy ...., de verdad, pero si no .... durante las clases, luego en casa no puede recuperar el tiempo que pierde aquí.

7 Transmita su percepción sobre cualidades o estados de acuerdo con las preguntas y con las pistas que le damos usando el verbo *parecer*.

1. ¿Te gusta este coche?
   Su percepción propia: *Me parece demasiado llamativo;* ....
   ....

> precioso, horrible, desfasado, original, demasiado llamativo...

-136-

UNIDAD 16

2. ¿No está un poco raro el chico hoy?

   Verbo *parecer* + *que*: ....
   ....
   ....

cansado, dormido, aburrido, enfermo, atontado…

3. ¿Cómo es el profesor de gimnasia?

   Percepción que cualquiera puede notar:
   ....
   ....

fuerte, sano, simpático / algo antipático, agradable, serio, divertido…

4. ¿Y ese? ¿Qué le pasa?

   Verbo *parecer* + infinitivo: ....
   ....
   ....

prisa, problemas, muy normal, escondiéndose de alguien, agobiado…

MIS CONCLUSIONES

8 **Complete el esquema.**

Ser y *estar* + adjetivo
- Adjetivos que solo van con ....: *capaz, alemán, leal*, etc.
- Adjetivos que solo van con ....: *vacío*, ...
- Adjetivos que pueden ir con *ser* y con *estar*: ....
  ....
- Adjetivos que pueden ir con *ser* y con *estar* pero que cambian de significado: *listo*, ...

17 ¿Nos haremos ricas?
VERBOS DE CAMBIO

¡FÍJESE!

(49)

Desde que **se ha hecho** famoso, **se ha vuelto** más creído...

Y que lo digas, yo es que **me pongo malo** cada vez que lo veo.

Mira, por ahí van mi abuela y... su novio.

Madre mía..., **me he quedado** sin habla.

Así es

- Los verbos de cambio tienen muchos aspectos en común con los verbos *ser* y *estar* + adjetivo.
  – Expresan cualidades y estados:
   *Es muy desconfiado / **se ha vuelto** muy desconfiado* (cambio de cualidad).
   *Estoy nerviosísimo / **me puse** nerviosísimo* (cambio de estado, no esencial).
  – Van con adjetivos o con expresiones que equivalen a adjetivos.
   *Cuando me enteré **me quedé** impresionado, de una pieza, a cuadros...*
  – A diferencia de *ser*, *estar* y *parecer*, no pueden sustituir la cualidad por el pronombre *lo*. Sí pueden sustituirla por *así*.
   > *Está un poco agresivo, ¿no?*
   < *Sí, sí que **lo** está, desde luego.*

  PERO
   > *Se ha vuelto un poco agresivo, ¿no?* (antes no lo era).
   < **Sí, sí que se ~~lo~~ ha vuelto, desde luego.* → *Sí, sí que se ha vuelto **así**.*

-138-

— Indican cualidades o estados, pero a diferencia de *ser, estar* o *parecer* expresan un cambio en esa cualidad o estado.

Expresan un cambio en la cualidad	Expresan un cambio en el estado

- *Volverse:*
    Me he vuelto muy inseguro (la inseguridad es ya una característica).
- *Hacerse:*
    Se ha hecho budista.
	- *Ponerse:*
	    No me digas esas cosas tan bonitas, que **me pongo** colorada.
	- *Quedarse:*
	    Se quedó alucinado cuando vio a Pepe.

— Algunos verbos de cambio llevan pronombre para distinguirse de otros con la misma forma pero de distinto significado (→ Unidad 7).

Con *SE*	Sin *SE*
Se ha vuelto muy reservado. **Me pongo** nervioso en los exámenes. **Se ha hecho** rico. **Nos quedamos** pasmados al oírlos.	**Vuelvo** a mi país el año que viene. **Pon** la ropa sucia en este cesto. **Haz** tu trabajo y calla. ¿**Quedamos** a las cinco?

ALGUNOS VERBOS DE CAMBIO

- ***Volverse*** + adjetivo / *un(-a)* + sustantivo + adjetivo
  - Indica un cambio, una característica que antes no se tenía y que ahora sí caracteriza al individuo:

    Hay que ver, con lo generoso que era y ahora **se ha vuelto tacañísimo**.

    Tu hermana **se ha vuelto una chica extravertida**.
  - El cambio en la cualidad suele ser involuntario o inconsciente.
  - Como expresa cambio en la cualidad, no suele ir con adjetivos que expresan estados:

    Se ha vuelto insoportable / insociable / muy cariñoso / demasiado independiente…

    *Se ha vuelto roto, vacío, lleno, muerto, estropeado…

- ***Hacerse*** + adjetivo / sustantivo
  - Tiene muchos matices diferentes. Se usa para expresar un cambio de cualidad voluntario o intencionado. A menudo son cambios ideológicos o profesionales:

    Se ha hecho budista. / Se ha hecho pacifista. / Se ha hecho editor.
  - En ocasiones, expresa un cambio de cualidad que no ocurre internamente, sino de forma externa al individuo:

    ¡Me he hecho rico! / Se ha hecho muy famoso.
  - No puede ir con adjetivos que expresen estados:

    *Me he hecho cansado, deprimido, helado, vacío, harto.

- **Ponerse** + adjetivo

  – Normalmente indica cambios físicos o en el estado de ánimo:

  > Del susto **se puso blanco** como la nieve.
  >
  > **Me he puesto triste** al escuchar esa canción.

  – El cambio en el estado es involuntario, espontáneo y momentáneo.

  – Como expresa cambio de estado, no puede ir acompañado de adjetivos que expresan cualidad:

  > **Me pongo rojo.** / **Se ha puesto enfermo.** / **Me pongo contento.**
  >
  > *Me pongo capaz, alemán, único.

  – También aparece con expresiones que equivalen a un adjetivo de estado:

  > ponerse de uñas (muy enfadado);
  >
  > ponerse de los nervios (muy nervioso);
  >
  > ponerse malo / enfermo (enfadarse muchísimo por algo).
  >
  > Cuando critiqué el comportamiento de Pedro, ella **se puso de uñas** conmigo.
  >
  > ¡**Me estás poniendo de los nervios** con esa musiquita!
  >
  > **Me pone malo / enfermo** que me ignores cuando te hablo.

- **Quedarse** + adjetivo / participio / complemento preposicional

  – Expresa que el cambio se ha producido por una causa externa y muestra cómo permanece el hablante por un tiempo (breve o largo) como consecuencia de ella.

  > Tras la operación **se quedó ciego.**
  >
  > Después del atraco **se quedó paralizado.**
  >
  > Me he comprado un piso y **me he quedado sin blanca.**

  ○ En ocasiones, lo que se pierde es el estado normal o habitual como consecuencia del efecto que produce una acción:

  > **Me he quedado impresionada** con lo que me has dicho.
  >
  > (Me has dicho algo → lo que me has dicho produce en mí un efecto → el resultado de este proceso: me quedo impresionada).

  ○ En estos casos, quedarse puede aparecer con expresiones fijas que equivalen a un adjetivo de estado:

  > Cuando vio el saldo de su cuenta bancaria **se quedó de piedra** (impresionado).
  >
  > En el examen **me quedé en blanco** (bloqueado, perdí la memoria momentáneamente).

UNIDAD 17

○ Muchos de los adjetivos que se refieren a estados físicos se usan metafóricamente o de forma figurada: *me quedé blanco* (de la impresión); *me quedé roto* (muy afectado); *me quedé muerto* (pasmado debido a la impresión):

> ¿Qué dijo Gloria cuando le diste la noticia?

< No dijo nada, **se quedó blanca**.

Se quedó rota cuando murió el canario; llevaban juntos diez años.

Yo, cuando le oí decir esa barbaridad, **me quedé muerto** allí mismo.

– Como expresa un cambio de estado, no va acompañado de adjetivos de cualidad:

Se ha quedado **vacío**. / *Se ha quedado capaz.

¡ATENCIÓN!

Convertirse en también expresa un cambio. Normalmente expresa una transformación que afecta a las cualidades; en este caso va con un adjetivo sustantivado, generalmente con **un**. Si se construye con sustantivo, este suele ir acompañado de determinantes (artículo, demostrativo, posesivo…).

Se ha convertido en **un** egoísta. / Te has convertido en **mi** musa.

EJERCICIOS

1 ¿Cuáles de los adjetivos subrayados pueden ir con *volverse?*

1. ¿Has visto a Carola? Con lo guapa que era, qué ~~estropeada~~ la he visto.
2. No te molestes, no tiene arreglo, está roto en mil pedazos.
3. ¿Por qué me miras así? Antes no parecías tan desconfiada.
4. No es culpa suya, la vida lo ha convertido en una persona reservada y negativa.
5. Yo ya no compro en el centro comercial, siempre tan lleno de gente; es tan agobiante.
6. ¡Qué niño tan cariñoso y alegre!

2 Seleccione los adjetivos adecuados para cada verbo de cambio.

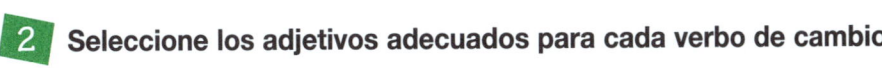

voluntario bloqueado tímido perplejo pálido imprescindible anarquista triste popular

1. Me quedé  *bloqueado*..
2. Se ha hecho ....
3. Se puso muy ....
4. Te has vuelto demasiado ....

Unidad 17

3 Lea el texto y escriba sus conclusiones sobre los cambios que ha experimentado el narrador usando el verbo adecuado en su forma temporal correspondiente. Escuche y compruebe.

Antes de que (1) la fama invadiera mi vida, yo era una persona con hábitos muy normales y una vida muy tranquila. Afortunadamente, creo que la fama no ha cambiado demasiado mi forma de ser…, bueno, a lo mejor ahora sí soy (2) un poco más prudente con todo lo que hago porque siempre puede haber una cámara detrás. Eso de la cámara y el tener que pasar gran parte del año de hotel en hotel me ha hecho valorar más el hogar, antes no paraba en casa, pero ahora comprendo mucho mejor a las (3) personas hogareñas y yo me incluyo entre ellas. Es algo que me ha ocurrido poco a poco, sin darme cuenta, pero lo cierto es que ya no me van tanto las salidas del sábado por la noche. De mis primeros pasos en el cine, tengo un recuerdo muy bonito. Mi madre me llevó a un *casting*, allí me dieron un papel y me pidieron que interpretara lo que estaba leyendo; (4) los nervios se me concentraron en el estómago, tenía (5) las mejillas rojas de la vergüenza que sentía. No esperaba nada, así que cuando llamaron por teléfono para decir que me habían elegido a mí entre 58 niños, por unos instantes (6) perdí la voz, absolutamente mudo. Después, en el plató, figúrate, en cuanto entré (7) me maravillé al ver todos aquellos focos, aquellas luces. (8) Me impresionó tanto que tardé en reaccionar. Ahora ya estoy más que acostumbrado.

1. Se ha hecho famoso.
2.
3.
4.
5.
6.
7.
8.

UNIDAD 17

4 **Complete los diálogos con el verbo de cambio apropiado. Escuche y compruebe.**

1. > ¿Dónde he puesto mis llaves? ¡Otra vez se me ha olvidado!
   < Están aquí, ¡qué despistado *te has vuelto!*

2. > Repetimos: el número ganador del sorteo, premiado con tres millones de euros, es el 01498.
   < ¿El 01498? Sí, sí, es el mío. ¡Dios mío, ... millonaria!

3. > Con lo generoso que era cuando nos conocimos, ¿te acuerdas? Y ahora solo piensa en su beneficio.
   < Sí, tienes razón, ... muy egoísta y codicioso.

4. > No me encuentro bien, me estoy mareando.
   < Sí, te estás .... un poco pálido; anda, siéntate aquí al lado de la ventana.

5. > ¿Le contaste a Rebeca lo de la explosión en la planta cuarta del hospital?
   < Sí, y no sabía nada; .... de piedra cuando se enteró.

6. > Señor, ¿está usted interesado en la lucha contra el cáncer?
   < Mucho, ¿qué tengo que hacer para .... socio de su asociación?

7. > ¿Qué te pasa que no dices nada?
   < Perdón, es que .... muy impresionado con las imágenes del documental.
   > Sí, la verdad es que es un poco fuerte; yo .... malísimo dentro de la sala de proyecciones.

5 **Tache el pronombre o escríbalo donde sea necesario.**

1. > ¿A qué hora ~~nos~~ quedamos?
   < A las ocho en la entrada del cine.

2. > Mi hermano ha hecho *hippie*.
   < ¿Sí? Pero ese movimiento está un poco desfasado ya, ¿no?
   > Pues él se ha ido a vivir a una comuna y no se ha vuelto a casa. Se ha vuelto muy extraño.

3. > ¿Pero dónde te has puesto las entradas? No llegamos, ¿eh? Es que no llegamos.
   < Por favor, no pongas nervioso, que seguro que están en el cajón.

4. > ¿Has hecho tus ejercicios para la espalda?
   < Sí, y me he quedado nuevo.

UNIDAD 17

5. > Adiós, ahí llega tu tren, ¿cuándo piensas regresar por aquí?

< Dentro de poco, he vuelto un enamorado de esta tierra.

6 Lea el texto y responda a las preguntas.

Ottoline *se había convertido en* un personaje aislado y solitario. Estaba arruinada, su marido *se había vuelto medio loco,* su gran amor había muerto, soportaba torturantes dolores físicos, tenía el rostro deformado, *se estaba quedando sorda* y, (...) esto era lo peor, había sido traicionada una y otra vez por sus amigos. (...) Intentó mantenerse fiel a sí misma, por encima de toda circunstancia, dispuesta a seguir haciendo de la vida un lugar hermoso y habitable. Virginia Woolf, sobrecogida ante tanta entereza, terminó admirándola y queriéndola intensamente. De hecho *se hicieron íntimas,* y cuando Ottoline murió a los sesenta y cuatro años tras una larga y enigmática enfermedad, Virginia escribió junto con T. S. Eliot este epitafio: «Leal y valiente, la más generosa, la más delicada, en la fragilidad de su cuerpo guardaba, sin embargo, un espíritu bravo e indomable». Y es que Ottoline tuvo la enorme, insólita grandeza de *irse convirtiendo,* con absoluta dignidad (ella, que tanto amaba los absolutos) *en un personaje decadente y patético.*

«Lady Ottoline Morrell» en *Historias de mujeres*
Rosa Montero (texto adaptado).

1. *Se había convertido en un personaje aislado y solitario.* Se usa *convertirse en* porque:
   a. se refiere a un cambio de estado.
   b. va con un sustantivo e indica una transformación.

2. *Se había vuelto medio loco.* Se usa *volverse* porque:
   a. expresa un cambio involuntario.
   b. va con un adjetivo que expresa un estado.

3. *Se estaba quedando sorda.* Se usa *quedarse* porque:
   a. indica que estaba en un lugar y no lo abandonó.
   b. indica un cambio y su consecuencia por un tiempo breve o largo.

4. *De hecho se hicieron íntimas.* Se usa *hacerse* porque:
   a. expresa un cambio voluntario y consciente apoyado por las circunstancias de cada una.
   b. expresa un cambio involuntario ocurrido por casualidad.

5. *Se fue convirtiendo en un personaje decadente y patético.* Se usa *convertirse en* porque:
   a. indica algo que le ocurrió físicamente pero de forma repentina.
   b. expresa una transformación.

UNIDAD 17

MIS CONCLUSIONES

7 Tache la explicación incorrecta.

1.
   a. La diferencia entre *volverse* y *ponerse* es que los dos expresan un cambio de estado, pero *ponerse* se refiere especialmente a un cambio en el estado físico o en el estado de ánimo, como *ponerse rojo* o *ponerse nervioso*.
   b. La diferencia entre *volverse* y *ponerse* es que *volverse* suele expresar un cambio de cualidad, mientras que *ponerse* se refiere a estados, por eso no podemos decir *se volvió blanco de repente* pero sí *se puso blanco de repente*.

2.
   a. *Convertirse en* puede ir con sustantivos o con adjetivos sustantivados. Transmite la idea de transformación.
   b. *Convertirse en*, como todos los verbos de cambio, va con adjetivos, no con sustantivos y transmite la idea de transformación.

8 Conteste SÍ o NO. ¿El verbo subrayado es un verbo de cambio?

1. <u>Me volví</u> a casa porque tenía frío. ......
2. No <u>te pongas</u> así, no es para tanto. ......
3. ¿<u>Se ha hecho</u> daño? ......
4. <u>Nos quedamos</u> muy inquietos con lo que nos dijiste. ......
5. <u>Me he hecho</u> pintor de acuarelas. ......
6. ¿Qué <u>me pongo</u> hoy? ......

18. Se ha salido el agua de la bañera
LA VOZ PASIVA Y LA VOZ MEDIA

¡FÍJESE!

(52)

—¿Qué tal tu novela?
—Ah, ya la terminé. **Fue presentada por la editorial** el mes pasado.

—¡Ahí va! **Se me ha olvidado** la invitación en casa.

Así es

VOZ PASIVA

Es un recurso gramatical para centrar la atención en la persona o el objeto que recibe los efectos de una acción y no sobre el agente que realiza esa acción. Observe estos ejemplos:

Voz activa: *La policía analizará las pruebas mañana* → nos interesa quién analiza (la policía) y qué analiza (las pruebas).

Voz pasiva: *Las pruebas serán analizadas mañana (por la policía)* → nos interesa lo que va a ocurrir con las pruebas (quien realiza las pruebas no nos interesa, puede incluso no aparecer).

- **Así se construye**

  Lo que recibe los efectos de la acción verbal + *ser / estar* + participio (+ *por* + agente de la acción).

El Quijote	fue	escrito	por Cervantes.
Recibe los efectos de escribir (lo escrito)	ser	participio	agente de escribir (el que escribe)

– Hay una correspondencia entre la estructura activa y la pasiva:

ACTIVA → ***La policía*** *analizará **las pruebas**.*
　　　　　Sujeto　　　　　　　　　OD

PASIVA → ***Las pruebas*** *serán analizadas **(por la policía)**.*
　　　　　Sujeto　　　　　　　　　Complemento agente

- **Así se usa**
  - Se usa la voz pasiva cuando no nos interesa decir quién realiza la acción, sino quién la experimenta. Por eso, se suele ocultar el agente (sujeto en la activa).

    *No se preocupe, **su petición será revisada** minuciosamente* (el centro de interés es lo que ocurrirá con la petición, no quien va a revisarla).

  - En esta estructura, los sujetos de las pasivas deben llevar determinante, excepto en los titulares de prensa.

    Los paquetes *fueron enviados ayer.*

    Cartas de protesta *han sido enviadas al director del periódico.*

- **La pasiva con *ser* → pasiva de acción**
  - Expresa el desarrollo de la acción.

    Los jueces han condenado a los traficantes a 20 años de cárcel.

    *Los traficantes **han sido condenados** (por los jueces) a 20 años de cárcel.*

  - El agente aparece cuando es relevante saber quién realiza la acción, aunque el centro de atención sea la persona o el objeto afectado por dicha acción.

    *Una peligrosa banda de narcotraficantes ha sido condenada **por la Audiencia Nacional española**.*

    *Sus exámenes serán revisados **por una comisión de evaluación** formada por ocho expertos en la materia.*

  - Puede construirse con participios de verbos como *saber, conocer, odiar, respetar...* (que expresan acciones no terminadas o no puntuales); en este caso estos participios funcionan como adjetivos y admiten, por tanto, el superlativo *-ísimo* y el adverbio *muy*: *respetadísimo, muy respetado*.

    *Será muy mayor, pero don Juan **es muy valorado** por todos.*

  - Cuando se construye con participios que expresan una acción terminada o puntual se refiere:
    - a la acción en el momento en el que tiene lugar:

      *En pantalla vemos el momento en el que los atracadores **son alcanzados** por los guardas de seguridad.*

    - a la acción como algo habitual:

      *Las ausencias de los estudiantes **son anotadas** en un registro.*

UNIDAD 18

La pasiva de acción se utiliza sobre todo en escritos o en un registro formal. En el uso cotidiano tendemos a sustituir la pasiva por otras estructuras más sencillas con la misma intencionalidad.

– **Recursos para sustituir la pasiva con *ser*.**
  ○ Anteposición del OD y repetición del mismo.
     Las pruebas las analizarán mañana (activa).
  ○ Utilización del verbo en 3.ª persona del plural (sin especificar quién y sin poner nunca el pronombre *ellos*).
     Analizarán las pruebas mañana (impersonal activa).

• **La pasiva con *estar* → pasiva de resultado**
– Expresa el resultado final de la acción realizada.
   *Las puertas del auditorio ya **estaban cerradas** cuando llegamos* («estar cerradas» es el resultado de que alguien ha realizado antes la acción de cerrar las puertas).
– No suele llevar complemento agente salvo en los casos en los que el agente mantiene el resultado de la acción.
   *Los cuadros del museo están protegidos **por un sistema de seguridad** muy sofisticado.*
– En general aparece con participios que indican acción terminada o puntual, también si son reflexivos.
   *Las modelos **ya están vestidas** y **preparadas** para desfilar.*
– Su uso es frecuente en todos los registros, también en el uso oral cotidiano.

Voz media

• **El significado y el uso**

La voz media tiene, sobre todo, un valor semántico: indica la ausencia de un agente externo que provoque la acción verbal; es decir, la acción ocurre de manera interna y espontánea.
   Quemaron el bosque (significado activo: alguien quemó el bosque).
   El bosque ardió (significado medio: el bosque se puso en llamas solo).

– A diferencia de la pasiva, no se expresa mediante una estructura propia y específica; puede expresarse a través de muchos mecanismos. Gramaticalmente, indicamos la idea de voz media mediante el pronombre *se* (→ Unidad 7).
   ***Se quemó** el bosque. = El bosque ardió.*

– En la voz media con *se* mitigamos nuestra posible responsabilidad (algo ha ocurrido solo, de forma interna, sin que nadie lo provocara). Aunque puede haber una causa externa que provoque la acción, lo importante es que el hablante percibe el suceso como algo interno, espontáneo, y así lo presenta cuando se expresa.
   *Anda, la puerta **se ha cerrado** (sola).* → Voz media, aunque en realidad haya sido el viento o cualquier agente o causa que no se ve.

– No obstante, introducimos un pronombre de OI (*me, te, le, nos, os, les*) entre el pronombre *se* y el verbo para indicar:

○ quién es el poseedor del objeto.

*Se **me** ha roto la falda* (el pronombre ya indica el poseedor, por eso luego no usamos un posesivo, sino el artículo).

○ quién es el responsable de que la acción ocurra aunque se presente como espontánea.

> *Tengo una mala noticia que darte, la cámara que me prestaste ayer **se ha roto**.*

< *¿Sola? Pero si era nueva, tendré que ir a quejarme a la tienda.*

> *Bueno, no, verás, **se me rompió a mí** porque la mojé sin querer, lo siento.*

¡Atención!

La interpretación exacta del pronombre *se* depende del contexto.

*Las hojas secas **se quemaron**.*

a) significado de **impersonalidad o generalización**: alguien (no se sabe quién) quemó las hojas / las hojas fueron quemadas.

b) significado de **voz media**: nadie quemó las hojas, de pronto empezaron a arder solas.

EJERCICIOS

1 **Subraye el objeto afectado por la acción y construya una pasiva con *ser*.**

1. Los fotógrafos sorprendieron a Lila Divina en un hotel de París.
   Lila Divina fue sorprendida (por los fotógrafos) en un hotel de París.

2. Los aviones enemigos bombardearon la ciudad.
   ....

3. Una banda de jóvenes radicales ha atacado a cinco estudiantes de Derecho.
   ....

4. Los científicos estudiarán este extraño caso de la genética con absoluta prioridad.
   ....

5. El Museo de la Corona va a exhibir el diamante más grande del mundo.
   ....

6. Al final trasladaron la Dama de Elche al Museo Arqueológico de Madrid.
   ....

UNIDAD 18

2 Complete los diálogos con una pasiva de acción y escriba el complemento agente donde sea adecuado.

1. < Perdone, pero no estoy de acuerdo con las calificaciones, exijo una revisión y saber quién ha corregido mi prueba.
   > Disculpe, señor, pero (corregir – todas las pruebas – tribunal de expertos) *todas las pruebas han sido corregidas por un tribunal de expertos.*

2. > Señoría, protesto; protesto enérgicamente.
   < Abogado, (su protesta – ya denegar antes – yo)
   ....; por tanto, no siga protestando.

3. > ¿Cuándo sabremos en qué clase nos toca el año que viene?
   < A ver, chicos, (los cambios – comunicarlos – la escuela)
   .... a su debido momento.

4. > ¿Y quién era ese escritor que ha muerto? Yo no lo conocía.
   < No sé, pero aquí dice que (sus obras – traducidas a más de 15 idiomas – diversos traductores) ....

3 Escriba un titular de periódico en pasiva con los siguientes elementos que aparecen desordenados entre paréntesis. Escuche y compruebe.

(53)

1. (Descubren – perros policía – importante alijo de droga): *Importante alijo de droga es descubierto por perros policía.*

2. (Restos de un hombre primitivo – en Burgos – han encontrado):
....

3. (Detener – en la frontera con Luxemburgo – peligroso asesino en serie):
....

4. (Bebé de tres meses – encontrar con vida – en un bosque cercano):
....

5. (Convocar – los ciudadanos – para votar – el próximo 12 de enero):
....

4 Inserte los titulares resultantes del ejercicio 3 y haga los cambios pertinentes en cada caso.

1. En una rueda de prensa al candidato a la presidencia.
   > ¿Nos puede decir para cuándo serán las elecciones municipales?
   < *Los ciudadanos serán convocados para votar el próximo 12 de enero.*

UNIDAD 18

2. En la comisaría de policía, el comisario habla a los agentes.

> Como todos ustedes saben, ayer ....

< ¿Y no se les concederá la medalla del mérito a nuestros perros rastreadores de droga?

3. En una clase de Antropología.

> Profesor, ¿podemos saber con exactitud cuál es el hombre más antiguo de Europa?

< Recientemente .... Se están analizando para calcular de qué época son.

4. En una conferencia contra la pobreza.

> La pobreza no debe ser una excusa para cometer actos atroces, ¿no?

< Por supuesto, pero en los periódicos de hoy mismo aparecía la noticia de que ...., ¿sabemos si quien lo ha abandonado tenía medios para mantenerlo?

5. En una reunión de altos cargos de la lucha contra el crimen.

> Seguimos sin saber la identidad del misterioso asesino.

< Ayer ...., muchos pensamos que este asesino puede ser el auténtico Franki Stein con otro nombre. Analizaremos sus huellas.

5 Elija entre *ser* o *estar* y forme una pasiva.

1. En este momento la cinta ....es... cortada por el alcalde: queda inaugurado el festival.
2. No digas eso, tu padre .... admirado por toda la comunidad y lo sigue siendo después de su muerte.
3. A las 10 de la mañana las puertas de los grandes almacenes ya .... abiertas para los consumidores.
4. Todo .... escrito en este cuaderno que te entrego.
5. Todos los días sus ejercicios .... corregidos y comentados.

6 Escriba el resultado de las acciones subrayadas.

1. Las <u>ventanas han sido abiertas</u>: .... *Las ventanas están abiertas.* ....
2. <u>El cable del teléfono había sido cortado</u>: ....
3. Pensó que <u>Carlos habría sido retenido contra su voluntad en aquel país lejano</u>: pensó que ....
4. Me pregunto, ¿qué habrá sido del atracador? ¿<u>Habrá sido detenido ya</u>?: ....
5. <u>La venta de alcohol había sido prohibida</u>: ....

Unidad 18

7. Escriba una respuesta, en algunos casos tendrá que usar la voz media con *se*.

1. > ¿Qué ha pasado? Nos hemos quedado sin luz.
   < (bombilla, fundir) Es que *la bombilla se ha fundido.*
2. > ¿Por qué dices que la casa tiene *poltergeist*?
   < (luces, apagar y encender) Porque .... solas todos los días a la misma hora.
3. > ¡Qué frío hace aquí!
   < (romper un cristal de la ventana) Sí, esta mañana ...., quizá por la fuerza del viento…, o estaría ya medio roto.
4. > ¿Y este humo tan oscuro?
   < (quemar algunas cartas viejas) Es que .... que me traían malos recuerdos; ahora mismo abro las ventanas.
5. > ¿Habéis visto esa columna de humo negro al fondo?
   < (quemar el almacén) ¡Dios mío! Corred, que ....

8. Complete los huecos con el término adecuado (puede ser más de uno) siguiendo las indicaciones de los paréntesis. Escuche y compruebe.

1. (A mí) ¿No notáis un olor raro? ¡Huy! ¡...*Se me*... está quemando el pastel!
2. (Es tuya) Ten cuidado, ……… ha roto ……… falda.
3. (Yo las he perdido) Perdona, es que ……… han perdido ……… llaves de tu coche.
4. (Nadie lo provoca) Mira, ……… sale ……… agua del lavabo.
5. (No hay agente aparente – es tuyo). ¡Anda, qué pena!, ……… ha manchado ……… vestido.
6. (Nosotros lo hemos estropeado) Verás, es que ……… ha estropeado ……… cámara digital que nos prestaste.

9. Lea los textos y subraye los casos de voz pasiva y de voz media que encuentre.

Texto 1

(…) Elliot Welles fue deportado a Letonia a comienzos del conflicto mundial. Su madre, Anna, fue seleccionada y ejecutada en unos bosques cercanos a Riga. Welles supo de su mortal destino cuando dos días después le fue devuelta su ropa. Del gueto de Riga fue enviado al campo de concentración polaco de Stutthof. Posteriormente, una vez finalizada la guerra, contrajo matrimonio con otra superviviente del Holocausto, Ceil Chaken. (…) Gracias a los archivos de la Oficina de Investigaciones Especiales, fundada en 1979, tuvo acceso a registros en Alemania que le permitieron localizar al oficial de las SS que había ordenado la ejecución de su madre, el cual fue detenido y condenado.

El País

Texto 2

(…) Pasadas las doce de la mañana de ayer, un autobús escolar se salió del camino por el que circulaba. Dentro, treinta alumnos y varios profesores del colegio Santa María del Pilar, que se habían embarcado en una –en principio– anodina y tranquila visita a la depuradora de Villaviciosa, finalmente tuvieron que ser rescatados por los bomberos. El contrapeso de los alumnos fue el que consiguió que el autobús no se volcara. Minutos antes, la excursión ya había empezado a complicarse. «Sin darnos cuenta, habíamos estado dando un rodeo hasta que encontramos un camino hacia la depuradora», cuenta una profesora (…). Tras salirse de la vía, el conductor, haciendo gala de sangre fría, indicó a los alumnos que se colocaran en su lado del autobús para hacer contrapeso. Se llamó al 112. Rápidamente se desplazaron al lugar dos coches de bomberos, una UVI[1] móvil y un vehículo de intervención rápida. Finalmente, uno por uno, los colegiales fueron evacuados por la puerta del conductor.

La Razón (texto adaptado)

[1] *UVI*: Siglas de Unidad de Vigilancia Intensiva (servicio médico para situaciones de gravedad).

10 Transforme los casos de pasiva que ha encontrado en los dos textos por otra construcción con el mismo sentido pero en voz activa.

1. Elliot Welles fue deportado a Letonia a comienzos del conflicto mundial → *A Elliot Welles lo deportaron a Letonia a comienzos del conflicto mundial. / Deportaron a Elliot Welles a Letonia a comienzos del conflicto mundial…*

MIS CONCLUSIONES

11 Señale cuál de estas oraciones con *se* es voz media. ¿Por qué?

1. Se levantó de la cama a las 7 de la mañana.
2. Se levantó la bandera de la paz en la manifestación.
3. El mago hizo un gesto y de pronto se levantó la cortina.

12 Elija la opción correcta.

1. Las pasivas de resultado llevan el agente cuando:
   a. queremos resaltar quién hizo la acción.
   b. mantiene el resultado de la acción, no solo la realiza.
2. Las pasivas no suelen llevar el agente:
   a. porque normalmente no se conoce. Cuando se conoce porque se ha dicho antes o está en el contexto, sí puede aparecer.
   b. porque no se considera la parte más relevante de la información. Solo aparece cuando queremos resaltar su importancia.

19. Es igualito que su abuelo
CONSTRUCCIONES COMPARATIVAS

¡FÍJESE!

(55)

- ¿Cuántos años tiene tu amiga Estrella?
- Los mismos que yo, creo.
- Pues parece que tiene el **doble**.

Ya sabe

(→ Unidad 31, nivel Elemental, Unidad 7, nivel Medio)

Comparativos de igualdad	Comparativos de inferioridad	Comparativos de superioridad
Tan ... como Tanto /-a / -os / -as + sust. + como Tanto como	Menos ... que	Más ... que

— Comparativos de superioridad irregulares:

Bueno: más bueno → **mejor**   Grande: más grande → **mayor**

Malo: más malo → **peor**   Pequeño: más pequeño → **menor**

Mayor y *menor* también se usan para referirse a las personas de más y menos edad, respectivamente.

- Comparativos de cantidad
  - Verbo + *más / menos* + *de* + cantidad: establecemos una cantidad máxima o mínima que ya está fuera de nuestros cálculos.

    Tiene **más** / **menos** de ocho vecinos.

  - No (verbo) + *más / menos* + *de* + cantidad: establecemos una cantidad máxima o mínima incluida en nuestros cálculos.

    No tiene **más** / **menos** de 15 años.

UNIDAD 19

- *No* (verbo) + *más que...* (cantidad): expresa que solo es posible esa cantidad.
    No tiene más que 15 años. → *Solo tiene 15 años.*
- **El superlativo absoluto.** Se usa para expresar el grado más alto dentro de una escala comúnmente aceptada.

    Se forma añadiendo *-ísimo* a los adverbios e *-ísimo, -ísima, -ísimos, -ísimas* a los adjetivos.
    - Cuando la palabra acaba en vocal, se quita la vocal y se añade *-ísimo.*
    - Si acaba en consonante se añade directamente *-ísimo.*
    - Cuando termina en *-ble,* se intercala una *i* entre *b* y *l.*
- **El superlativo relativo.** Se utiliza para establecer la máxima cualidad dentro de un grupo. Esta es la estructura:

    El / la / los / las + más / menos + adjetivo + *de* + sustantivo (que denota un colectivo).

Además

- **Para establecer comparación de igualdad**
    - *El mismo / la misma / los mismos / las mismas* + sustantivo + *que* + 2.º término de la comparación. El segundo verbo está sobreentendido. Se usa *de* en lugar de *que* si no hay ningún verbo sobreentendido.
        - Expresa identidad o coincidencia entre dos términos.
            Tiene los mismos ojos que / de su madre. (Con *que* se sobreentiende: tiene los mismos que tiene su madre).

            **Lleva los mismos zapatos que el anuncio.* (Un anuncio no puede llevar zapatos).

            Lleva los mismos zapatos del anuncio. (No se sobreentiende ningún verbo).
        - Se usan tanto con nombres contables como con no contables.
            La clase es a la misma hora que / de siempre. / Tiene la misma energía que / de siempre.
    - *Lo mismo que* + 2.º término de la comparación.
        - No puede llevar un sustantivo en medio que separe estos dos elementos.
        - No se refiere a objetos, se refiere a lo que se ha dicho, a una frase completa, o bien a algo que no se dice pero que está en el contexto.
            > *Cuando tiene sueño, se toca la oreja.*
            < *Lo mismo, lo mismo que su padre cuando era pequeño. / Míralo, lo mismo que su padre.*

    ¡ATENCIÓN!
    > *Ya he acabado un ejercicio.*
    < *¡Anda! El mismo que yo* (se refiere al ejercicio: *el mismo ejercicio que yo*).
    < *¡Anda! Lo mismo que yo* (se refiere al sentido completo de la frase. Han hecho lo mismo: han terminado un ejercicio).

UNIDAD 19

– *Igual que.* Es invariable. Admite el diminutivo en *-ito* (variable) para dar énfasis.
   Es **igual que** su padre. / Esa camisa es **igualita que** la mía.

– *Igual + de + adjetivo / adverbio + que + término de la comparación.*
   Es **igual de guapo que** su tío.

– *Igual / lo mismo + verbo + sust. + que + término de la comparación.* Expresamos que el sujeto realiza ambas tareas con la misma habilidad.
   Igual / lo mismo hace una paella **que** una hamburguesa.
   O también *igual / lo mismo + verbo + que + verbo.*
   Igual / lo mismo canta **que** baila.

– *Es como / Es idéntico a / Es clavado a...* se usan para comparar el físico y el carácter de las personas y el aspecto de las cosas. *Clavado a* admite el diminutivo en *-ito* (variable) para dar énfasis.
   Es como su primo. **Es idéntico a / clavado a** su hermana en los gestos.

– Con *Es diferente a / de / es distinto a...* expresamos, en cambio, que hay diferencias, incluso que no hay semejanzas. Pueden llevar cuantificadores *(algo, bastante, muy...)*.
   Este sillón **es distinto al** que tenía antes. / Este sillón es muy **diferente del** que encargué.

- **Para comparar el tamaño o la cantidad** (→ Unidad 6)

   – Múltiplos: *el doble (de), el triple (de), tres / cuatro... veces más (que).*
      \> ¿Quieres más tarta? / < Pues sí, **el doble de** lo que me has puesto.

   – Partitivos: *la cuarta parte (de), la mitad (de), tres / cuatro veces menos (que).*
      \> ¿Cómo es la casa que se ha comprado? ¿Tan grande como la mía?
      < ¡Qué va! Es **la mitad de** la tuya.

EJERCICIOS

1 Complete con el comparativo o superlativo correspondiente a estos adjetivos.

| poco   inteligente   listo   simpático   alto   rico   caprichoso   comilón   bueno   egoísta |

1. Ángela es ....*la más lista de*........ la clase.
2. ¿Eso es lo que vas a comer? Pero si es ....
3. José Luis es muy alto. Es .... del patio.
4. Ander no es inteligente, es ....
5. Cruz y Elisa me han caído muy bien. Son ....
6. David es un chico muy sencillo, es .... de su grupo.

UNIDAD 19

7. Sergio es muy egoísta, es .... del grupo de amigos.

8. Ayer estuve con Marta y su hijo, el niño es ....

9. Jorge no come nada, ¡con lo que comen sus hermanos! Es .... de los hermanos.

10. Es un niño muy bueno, no llora ni cuando tiene hambre, es ....

2 Exprese esta información usando *el mismo, la misma, los mismos, las mismas..., igual / lo mismo* + verbo... *que*.

1. Tiene el pelo moreno y rizado. Su madre también. → *Tiene el mismo pelo que / de su madre.*

2. Come paella o *pizza* indistintamente. → ....

3. ¡Qué genio tiene! Igual que su abuela. → ....

4. Es muy sensible. Igual que su padre. → ....

5. ¡Qué ideas tiene! ¡Buenísimas! Igual que su tía. → ....

6. Puede arreglar un enchufe o hacer un jersey. → ....

7. Raúl tiene vacaciones del 1 al 15 y Ana también. → ....

3 (56) Reaccione usando *el mismo, la misma, los mismos, las mismas, lo mismo, igual que*. Escuche y compruebe.

1. > Mira qué camisa me he comprado, ¿te gusta?
   < Sí, claro, yo me he comprado ..... *la misma que* ...... tú.

2. > No entendía el ejercicio y le he preguntado a mi madre.
   < Yo he hecho ....

3. > Solo entendí el primer párrafo.
   < Pues .... yo.

4. > ¿Qué estudiantes participan este año en el concurso?
   < .... el año pasado. ¿Por qué?

5. > Quiere estudiar lengua y literatura.
   < ¡Qué coincidencia! .... su tía.

6. > He comprado las novelas que nos recomendaron en clase.
   < Pues entonces .... han comprado todos.

7. > ¡Anda! Ustedes usan .... servidor que en mi universidad.
   < ¡Qué casualidad!

Unidad 19

4 Complete con las palabras que falten cuando sea necesario.

1. A Laura le han regalado un pañuelo, *el mismo que* a mí.

2. Noelia es .... que su padre, tienen .... genio.

3. ¿Que a quién se parece la niña? Es .... a su hermana cuando era pequeña.

4. Sara se parece a su hermano, es .... su hermano cuando nació.

5. ¿Cuál de los dos es el hermano gemelo de Andrés? Porque los dos son clavados ...... él.

6. ¡Qué carácter tiene Sonia! ¡Mira que es cabezota! Es .... su padre.

7. Esta es .... que la otra profesora: manda un montón de deberes.

5 Lea este texto y complete con las palabras que faltan.

Cuando un niño nace, la primera pregunta ya no es: «¿Es niño o niña?». Eso, hoy en día ya lo sabemos gracias a las ecografías. La primera pregunta es: «¿A quién se parece?». Y si están las dos abuelas, empieza la gran batalla. Una abuela: (1) «...*igual, igual que*... Pepito cuando nació» –porque sigue siendo Pepito a pesar de tener 35 años–, y la otra abuela: «Tiene (2) .... cara que Luisita, voy a buscar las fotos para que lo veáis». El caso es que el pobre niño o niña, al final, tiene (3) .... ojos que el padre o que la madre, (4) .... nariz que el padre o que la madre, (5) .... boca que el padre o que la madre, (6) .... orejas, (7) .... mofletes. Vamos, que es (8) .... el padre y la madre. Y bueno, esto hasta cierto punto es normal, el problema es cuando se parece a las abuelas. «Es (9) .... a mí cuando nací, mi madre decía que tenía unos hoyuelos... ¡Mira, mira él / ella también los tiene!». Ahí contraataca la otra abuela: «Que no, que no, que es (10) .... a mi familia. Todos los hermanos tenemos... Tiene hasta (11) .... lunar y en (12) .... sitio que lo tenemos toda la familia». En ese momento el niño empieza a berrear: ¿Tendrá hambre? ¿Qué le pasará? ¿Estará incómodo? Y el pobre bebé lo único que quiere es que se callen las dos abuelas. «¡Menuda me espera!*», piensa a las pocas horas de nacer.

Claro que lo malo es cuando el niño no se parece a nadie, es (13) .... a todos. Tiene la cara (14) .... a la del padre y la madre, los ojos son (15) .... a los ojos de las dos familias. ¡Ay, cómo se miran ambas abuelas!

*Menuda me espera: en el texto se ironiza ante la eterna batalla de las dos abuelas.

6 Complete con un multiplicativo o un partitivo. Escuche y compruebe.

1. Albert tiene 21 años. Yo tengo 42. ...*Tengo el doble de años*...... que él.

2. Cuesta 20 euros y lo ha comprado por 60. ¡Le ha costado .... lo que cuesta!

3. ¿Por qué no compramos el regalo entre las dos? Así solo pagamos .... cada una.

4. ¡Mira! Costaba 200 euros y ahora cuesta 50. ¡........................!

5. Ana se ha bebido un litro de agua y Pilar se ha bebido dos litros. ¡Pilar ha bebido .... lo que ha bebido Ana!

6. Vamos a repartir la tarta, es muy fácil; somos cuatro, pues .... para cada uno.

7. Costaba 75 euros y lo ha comprado en las rebajas por 25. ¡........................!

MIS CONCLUSIONES

7 Elija la respuesta correcta.

1. Su sonrisa es idéntica a la de su tía:
   a. ¿Su sonrisa? La misma de su tía.
   b. ¿Su sonrisa? Lo mismo de su tía.

2. Es idéntico al que yo me he comprado:
   a. Es igual que el que yo me he comprado.
   b. Es lo mismo que yo me he comprado.

3. Es igual que su abuela:
   a. Es lo mismo que su abuela.
   b. Es clavadito a su abuela.

20 *Lo que pasa es que eres un romántico*
ORACIONES CAUSALES

(58)

En vista de que no viene el autobús, nos vamos andando. ¿O tú lo ves?

No, es que no llevo las gafas de lejos.

¿Vas a pasarte hoy por la biblioteca?

Sí, ¿por qué?

Porque ya que vas, podrías llevarte unos libros que tengo que devolver.

Ya sabe

(→ Unidad 21, nivel Medio)

- ***¿Por qué?*** Se usa para preguntar la causa.

    ¿Por qué + frase en indicativo?

- ***Porque.*** Suele aparecer detrás de la oración principal.

    Hecho / acción / situación + *porque* + expresión de la causa.

- ***Por*** + infinitivo / sustantivo / adjetivo. Lleva infinitivo para explicar la causa cuando el sujeto de los dos verbos es el mismo.

    Hecho / acción / situación + *por* + expresión de la causa.
    Por + expresión de la causa + hecho / acción / situación.

- ***Como.*** Se usa para presentar la causa; por eso suele ir al principio del enunciado, delante de la oración principal.

    Como + expresión de la causa + hecho / acción / situación.

UNIDAD 20

Además

OTROS NEXOS Y CONECTORES CAUSALES

La causa puede ir al principio o al final de la oración principal.

*Enviaremos el informe, **puesto que** todos están de acuerdo.*

***Ya que** estás tan nervioso, tómate una tila.*

- **En vista de que** expresa que la causa es algo evidente o que se puede comprobar. Suele ir delante; si va detrás, tiene una entonación marcada en suspensión.

    ***En vista de que** no viene, nos vamos.*

- **Ya que** (contexto informal) expresa una causa conocida y por ello suele ir delante de la oración principal. También puede servir para pedir un favor que, en teoría, no supone un esfuerzo para la persona a quien se le pide.

    > ***Ya que** te has levantado, ¿puedes traerme un vaso de agua?*

- **Puesto que** (contexto formal) se refiere a una causa conocida y por ello suele ir delante de la oración principal.

    ***Puesto que** el paro ha subido, se ha convocado una huelga general.*

- **Gracias a / Por culpa de** introducen la causa como algo positivo o negativo.

    *Se salvó del accidente **gracias a que** perdió el avión.*

    ○ *Gracias a* + sustantivo / pronombre personal o demostrativo.

    ***Gracias a** tu hermano encontré este trabajo. / Todo lo consiguió **gracias a** ti.*

    ○ *Por culpa de* + sustantivo.

    *No han venido **por culpa de** la lluvia. / Todo ocurrió por tu culpa.*

- **Dado que** se usa en situaciones formales.

    ***Dado que** la demanda está aumentando, contrataremos a más empleados.*

- **Debido a que / A causa de que.** Se usan también en situaciones más formales.

    *No pudimos acudir a la reunión de empresarios **debido a que** no se nos avisó con suficiente antelación.*

    ○ *Debido a / A causa de* + sustantivo / pronombre personal o demostrativo.

    *No pudo ir **debido al** mal tiempo. / Se canceló el vuelo **a causa de** la lluvia.*

- **Que / Es que.** Se usan para justificar las peticiones o la denegación de un permiso (→ Unidad 18, nivel Medio). Son propias del registro coloquial.

    *No abras la ventana, **que** se va el calor.*

    ○ *Es que* introduce, además, una explicación que tal vez no se ha pedido. Tiene un matiz de justificación. Va detrás de la oración principal.

    *¿Puedo ir a tu casa a dormir esta noche? **Es que** estoy de mudanza.*

Unidad 20

> ¡ATENCIÓN!
>
> *Lo que pasa es que* introduce una aclaración sobre un tema del que ya se ha hablado. Explica o rectifica una percepción o actuación, sobre todo si es negativa.
>
> > ¿Qué te parece si eliminamos este párrafo?
>
> < Bueno, **lo que pasa es que** la información quedará incompleta si lo quitamos.
>
> > Dana es muy antipática, ¿no?
>
> < No, **lo que pasa es que** es muy tímida y por eso parece antipática.
>
> **LA CAUSA PUEDE EXPRESAR:**
>
> – La explicación del hecho.
>
> > Toma, quédatelo, **porque** sé que te gusta.
>
> < ¿De verdad? Muchísimas gracias.
>
> – Una deducción.
>
> > ¿Ya ha comido Nacho?
>
> < Sí, **porque** la comida no está en la mesa.
>
> **PARA INTRODUCIR RECTIFICACIONES PODEMOS USAR:**
>
> - **No... porque** + subjuntivo... **sino porque** + indicativo, cuando lo que queremos rectificar es la causa expresada por nuestro interlocutor. Con la primera parte se corrige y con la segunda se da la causa verdadera.
>
>   > Está claro, tú te enfadaste porque no te invitó a la boda de su hijo.
>
>   < Pues no, listo, **no** me enfadé **porque** no me **invitara** a mí (se corrige, se rectifica), **sino porque** tampoco **invitó** (se da la verdadera causa del enfado) a mi hijo, que es amigo suyo desde el colegio.
>
>   > Jorge no vino porque estaba cansado, ¿no?
>
>   < No, **no** vino **porque estuviera** cansado, **sino porque tenía** una reunión.
>
> - **No es que** + subjuntivo + **es que** / **sino (que)** + indicativo, cuando lo que queremos rectificar es una afirmación o justificación previa.
>
>   > Se te ve más tranquilo.
>
>   < No, **no es que esté** más tranquilo, **sino que** ya me he resignado.
>
>   > Tienes esa cara porque estás preocupada, ¿verdad?
>
>   < No, **no es que esté** preocupada, **sino que / es que me encuentro** mal.

UNIDAD 20

EJERCICIOS

1 Complete con el nexo adecuado: *por, como, porque, por qué*.

Repaso

1. Nathan está repitiendo curso ..*por*.. no estudiar.
2. .... ha leído mucho en español, ha aprendido mucho vocabulario.
3. .... no consultar el tablón, no se ha enterado de las actividades del mes.
4. No pudo venir .... tuvo que ir a Urgencias por un dolor de muelas.
5. ¿................ no mandaron los informes a tiempo?
6. No han podido terminar el trabajo de clase .... se les acabó el cartucho de tinta de la impresora.
7. No aprendió nada aquí .... empeñarse en hablar todo el tiempo en su lengua.

2 Subraye el nexo adecuado.

1. *Como* / *porque* / *es que* hace buen tiempo, vamos a darnos una vuelta por el parque.
2. Me he enterado de que veníais *por culpa de que* / *gracias a que* / *dado que* Raúl me ha llamado.
3. Paco no es tan serio, *lo que pasa es que* / *por* / *que* anda preocupado por su hermano.
4. Este fin de semana se han producido muchos accidentes *gracias a* / *en vista de* / *debido a* las obras en la autovía.
5. Ponte a estudiar, *que* / *por* / *por culpa de que* luego se te echa el tiempo encima.
6. *A causa de que* / *ya que* / *dado que* vas al supermercado, cómprame un litro de leche, anda.
7. Ten cuidado con el niño, *que* / *por* / *como* se va a caer.

3 Relacione las columnas formando una sola oración.

1.	No es que no quiera ir a la cena;	a.	lo que pasa es que esa noche llega un amigo de fuera.
2.	Llegué a tiempo	b.	que está medio roto.
3.	Ten cuidado con ese cuchillo,	c.	gracias a que me avisaste del cambio de hora.
4.	No puedo ir, de verdad,	d.	es que tengo examen mañana.
5.	No te preocupes, no ha llamado	e.	le subiremos el sueldo.
6.	Dado que ha habido beneficios,	f.	porque no tengo ninguna llamada perdida.

Unidad 20

4 **Complete estos diálogos con el nexo causal adecuado. Puede haber más de una posibilidad. Escuche y compruebe.**

1. > ....*Como*.... ha malgastado el dinero, ahora no puede pagar el alquiler del piso.
   < Desde que lo conozco, siempre ha hecho lo mismo y siempre ha salido adelante .... sus amigos.

2. > ¿No imprimisteis las notas?
   < .... la impresora se estropeó en el último momento.

3. > Me han regalado un bono de 3 euros .... la compra de una batidora.
   < Pues ¡qué suerte!

4. > ¿Qué dice el periódico sobre la economía?
   < Que ha aumentado el endeudamiento de los ciudadanos .... la subida de las hipotecas.

5. > ¿Al final cómo presentamos el proyecto?
   < Como ha dicho Agustina, ... ella es la jefa.

6. > ¡Qué calor para ser febrero!, ¿no?
   < Parece ser que este va a ser un año muy caluroso .... el calentamiento del planeta.

7. > ¿Cuál es la conclusión final?
   < Pues que .... no obtenemos resultados, haremos un nuevo estudio y nos entrevistaremos con el personal.

8. > .... la red de carreteras actual, es muy fácil desplazarse de una punta a otra de la península.
   < Sí, y en muy poco tiempo; lo malo es que el paisaje ya no es el mismo.

5 **Elija uno de los nexos causales y escriba las oraciones sin que pierdan el significado.**

1. La ayuda de mis amigos me permitió salir de la depresión. (debido a / *gracias a* / en vista de)
   Gracias a la ayuda de mis amigos salí de la depresión....

2. Tuve una discusión con mi jefe y perdí el trabajo. (puesto que / ya que / por culpa de)
   ....

3. Habíamos quedado para ir al cine, saqué las entradas, pero no llegaba y la película iba a empezar. Decidí dejarle la entrada en ventanilla (en vista de que / por / gracias a)
   ....

4. Usted está siendo sincero conmigo y yo voy a ser honesto con usted (por culpa de / debido a / puesto que)
   ....

UNIDAD 20

5. En Brasil se está formando a futuros profesores de español, hay una gran demanda de clases de español (a causa de / por / porque)

　...

6. Hoy estamos todos, ¿hacemos la reunión? (por / ya que / gracias a que)

　...

7. Hanna no ha podido venir hoy, tenía que ir al consulado (es que / debido a / por)

　...

6 Complete estos diálogos con oraciones causales siguiendo las instrucciones. Escuche y compruebe.

(60)

1. > ¿Vas a salir?

   < Sí, ¿por qué?

   > Pues *ya que vas a salir, ¿podrías traerme el periódico?, así no tengo que salir yo.*

   (Necesitas el periódico y, si te lo trae, no tienes que salir tú).

2. > Laura no es de fiar, ¿no te parece?

   < No estoy de acuerdo, ...

   (La verdad es que Laura es muy reservada).

3. > ¿Os habéis enterado de que han cambiado el día de la visita al Palacio Real?

   < Sí, ...

   (Os ha llamado una compañera. Vosotros no habíais mirado el tablón de anuncios).

4. > ¿Qué te pasa? ¡Qué mala cara tienes!

   < ....

   (No has dormido. Tu hijo ha estado vomitando toda la noche).

5. > ¿Le han comunicado ya oficialmente que va a haber recortes presupuestarios?

   < Sí, ...

   (El año pasado hubo muy pocas ventas).

6. > Perdone, ¿han tomado ya una decisión sobre mi aumento de sueldo?

   < Sí, ...

   (Subirán el sueldo. La dedicación a la empresa ha sido absoluta).

7. > ¡Cuántas cosas de comer! Creo que ya lo he probado todo.

   < Seguro que no, pruebe este canapé, ...

   (Le ofrece un canapé especialmente bueno en su opinión).

UNIDAD 20

7 Corrija la explicación dada por ser incorrecta y explique cuál es la razón verdadera.

1. > Nicolás no ha venido porque tiene examen mañana, ¿verdad?
   (Nicolás tiene una cena de trabajo).
   < No, no. *No ha venido porque tenga examen mañana, sino porque tiene / tenía una cena de trabajo. / No, no. No es que tenga un examen mañana, es que tiene una cena de trabajo.*

2. > ¡Qué raro, Mark no come marisco! ¿No le gustará?
   < ¡Qué va! No come marisco..
   ....
   (Mark tiene alergia).

3. > Victoria no se compra un piso porque prefiere alquilarlo.
   < Pero ¡qué dices! ....
   (Victoria no se compra un piso porque el banco no le da el crédito suficiente).

4. > Jonathan no viaja a otros países porque quiere conocer bien el suyo.
   < ¡No, hombre! ....
   (Jonathan no tiene dinero ni tiempo para viajar a otros países).

5. > Pelayo está inaguantable porque ha perdido su equipo de fútbol.
   < ....
   (Pelayo no ha podido ver el partido).

6. > A Manuela le gusta esa película porque le va el cine comprometido.
   < No, ¡qué va! ....
   (En la película sale su actor favorito).

8 Diga si la causa en estos diálogos expresa explicación o deducción.

1. > ¿Ha terminado Sergio la presentación?
   < Sí, porque el ordenador está apagado. ......*Deducción*.......
2. > Mira, se lo he comprado a Noelia, porque sabía que lo necesitaba.
   < Pues se va a poner muy contenta. ....
3. > ¿Me lo llevo?, porque es para mí, ¿verdad?
   < Sí, claro que es para ti. ....
4. > ¿Dónde han estado Arianna y Brigid este puente?
   < Creo que en Bilbao, porque han traído un catálogo del Guggenheim...................
5. > No lo pienses más y haz ese viaje, porque es importante para ti.
   < Sí, creo que voy a hacerlo. ....

UNIDAD 20

9 Reelabore estos textos estableciendo la causa de lo que se afirma.

1. Ha habido unas conferencias muy interesantes. Yo me he enterado muy tarde, nadie me ha avisado. Una amiga me lo ha dicho a última hora y al final he podido ir a algunas.

   Ha habido unas conferencias muy interesantes, pero no he podido ir a todas porque nadie me avisó / había avisado.

2. El temporal llegó a la provincia y hubo cortes en las carreteras. Muchos pueblos quedaron aislados y mucha gente no pudo ir a trabajar; los niños tampoco pudieron acudir al colegio.

   ....

   ....

10 Lea estos textos y cambie el conector causal por uno de los propuestos entre paréntesis.

1. 76 desalojados por un escape de gas. (Es que / por culpa de)
   *Ha habido que desalojar a 76 personas **por culpa de** un escape de gas.*

2. El yoga proporciona autocontrol. Todos le verán comportarse con gran aplomo, lo que es fundamental, porque nuestra forma de conducirnos dice mucho de nosotros mismos. (Dado que / a causa de)

   ....

3. «Man Ray (el revolucionario fotógrafo) vivió obsesionado por los objetos, por su capacidad de convertirse en metáforas al yuxtaponerlos y sacarlos de contexto». (Por culpa de / a causa de – debido a / puesto que)

   ....

4. > Eres alérgica a los ácaros de los animales. Si pudieras tener algún animal en casa, ¿cuál sería?
   > Pues he tenido perros, gatos… y he dejado de tenerlos porque esa alergia me mata.
     (Ya que / debido a)

   ....

5. Por todo, dijo, se gastó unos 800 dólares y ahorró cerca de 500 dólares porque todos los artículos que compró estaban en oferta. (Debido a que / por culpa de que)

   ....

MIS CONCLUSIONES

 Elija la respuesta adecuada.

La causa en español se expresa en general en *indicativo / subjuntivo*. Se usa el *indicativo / subjuntivo* solo cuando queremos rectificar la causa que ofrece nuestro interlocutor. Algunos nexos como *por* o *por culpa de* llevan *infinitivo / indicativo*.

21. *Habla tan despacio que nos duerme*
ORACIONES CONSECUTIVAS

¡FÍJESE!

Ya sabe

(→ Unidad 23, nivel Medio)

- Las oraciones consecutivas sirven para:
  - Expresar consecuencia o deducción subjetiva.
  - Introducir una consecuencia lógica.

- Normalmente, la consecuencia se expresa en la segunda parte del enunciado, separada de la primera parte por una coma. La construcción más frecuente es:

  Oración 1 + locuciones / conectores consecutivos + oración 2 { en presente, en pasado, en futuro } indicativo / en imperativo

- Locuciones / conectores que expresan consecuencia: *así que, o sea que, por eso, por (lo) tanto, de modo que, de manera que* (en contextos más formales).

Además

Las oraciones consecutivas llevan indicativo excepto con el conector *de ahí que*.
Los nexos consecutivos pueden ser intensificadores o no intensificadores.

NEXOS INTENSIFICADORES

Intensifican una cualidad o cantidad estableciendo relación con un hecho que sirve como referencia o constatación.

- ***Tan / tanto… que***

  La consecuencia no se deduce solo de la cualidad, circunstancia, acción, etc., sino de la intensidad con la que se manifiesta.

  – ***Tan*** + adjetivo / adverbio + ***que*** + verbo.

*Es **tan inteligente que***	*no necesita estudiar para los exámenes.*
Cualidad intensificada	Hecho que sirve de referencia o constatación

  *Masticas **tan rápido que** la comida te sienta mal.*

  – ***Tanto / tanta*** + nombre en singular + ***que*** + verbo. Con nombres no contables para expresar cantidad.

  *Bebí **tanta agua que** me pasé toda la noche yendo al baño.*

  PERO si usamos esta estructura con nombres contables hacemos énfasis en el concepto y no en las unidades individuales (→ Unidad 3).

  *Hay **tanto coche** en Madrid **que** no se puede circular (= tanto tráfico).*

  *Tenéis **tanta cosa** encima de la mesa **que** no se encuentra nada (= tanto desorden).*

  – ***Tantos / tantas*** + nombre en plural + ***que*** + verbo. Expresa cantidad de cosas. En plural nunca expresa intensidad.

  *Me leí el libro **tantas veces que** me lo aprendí de memoria.*

  *Tiene **tantas casas que** nunca sabes en cuál de ellas está.*

  – ***Tanto que*** + verbo.

  *Viaja **tanto que** no tiene tiempo de ver a la familia.*

¡ATENCIÓN!

No hay que confundir la consecuencia con la comparación.

tan / tanto, tanta, tantos, tantas… **que**	tan / tanto, tanta, tantos, tantas… **como**
↓	↓
consecuencia	comparación
*Es **tan** inteligente **que** no necesita estudiar.*	*Es **tan** inteligente **como** su hermano.*

Unidad 21

- **Tal / tales** + sustantivo + **que**. En general, va con nombres abstractos. Expresa intensidad con nombres abstractos y cualidad con nombres abstractos y concretos. En singular alterna con *tanto / tanta*.

    *Siento **tal / tanto dolor** de cabeza **que** ni veo las letras.*
    *Tiene **tales preocupaciones que** se ha puesto enfermo.*
    *Había **tal / tanta confusión que** nadie encontraba nada.*
    *Lleva **tales vestidos que** la gente se gira para mirarla.*

    – A diferencia de *tanto* y sus derivados, puede aparecer pospuesto al sustantivo que le sigue siempre que este lleve artículo indeterminado. Se pospone con valor enfático. En plural es posible, pero menos frecuente.

    *Siento **un dolor tal** de cabeza **que** ni veo las letras.*
    *Tiene **una cantidad tal** de dinero **que** compra todo lo que quiere.*
    *Tengo un dolor de cabeza tanto que no veo las letras.

Nexos no intensificadores

- Expresan una consecuencia lógica o el resultado de hechos anteriores. Van precedidos de pausa; esta puede ser señalada por una coma o un punto.

    Entonces,
    De modo que / De forma que / De manera que (formal)
    Con lo que / Por lo que } + indicativo
    En consecuencia / Por consiguiente
    Por (todo) eso / ello (formal)
    Así

    *Nos han pedido los informes para mañana, **de modo que** hay que terminarlos hoy como sea.*

- **De este modo / de esta manera / de esta forma, por todo esto, por todo eso, por todo ello, de ahí que** hacen referencia a lo ya mencionado. El nexo va precedido de coma en la lengua escrita y entre pausas en la lengua oral.

    *Enviaremos el programa a los antiguos alumnos, **de este modo** podrán inscribirse.*

- **De ahí que** + verbo / **De ahí** + sustantivo

    Diferencias con los otros nexos.
    – Va con subjuntivo y no con indicativo, como los demás.
    – Introduce consecuencias que los interlocutores ya conocen o que el hablante expone como evidentes. *De ahí que* señala claramente lo que se ha mencionado antes para hallar en ello la causa que produce el resultado o efecto.

    *No ha llamado nadie, **de ahí que** <u>sigamos</u> esperando nerviosos.*
    *Han aprobado su proyecto, **de ahí** su alegría de esta mañana.*

    (Estamos nerviosos, es obvio, y explicamos esta consecuencia señalando lo dicho previamente).

UNIDAD 21

- **Así**

  Siempre tiene que ir delante del verbo, a diferencia del adverbio de modo, del que conviene distinguirlo.

  No puedes seguir así. / Así no puedes seguir. (Se refiere al modo).

  Sal un poco antes, así llegaremos a tiempo al concierto. (Aquí es un nexo consecutivo).

- **De tal modo que / de tal manera que / de tal forma que / de un modo que / de una manera que / de una forma que** añaden a la consecuencia un matiz modal.

  *Escribe de **tal modo que** parece un académico.*

  *Habla **de una manera que** parece que los demás somos tontos.*

  ¡ATENCIÓN!

  No hay que confundir la consecuencia con la causa.

  ***Como** mañana tengo que entregar el trabajo, no puedo ir al cine hoy.* → causa

  *Mañana tengo que entregar el trabajo, **así que** no puedo ir al cine hoy.* → consecuencia

EJERCICIOS

Complete con el nexo adecuado: *así que, por eso, o sea que*. Puede haber más de una posibilidad.

1. > Ha llamado Rosa, que no ha terminado todavía el trabajo, que se lo tiene que enviar hoy al tutor.
   < .....*O sea que*..... no viene.

2. > Aún no ha llamado Javi, ... no sabemos si ha nacido ya el niño o no.
   < Bueno, a ver si llama. ¡Qué nervios!

3. > Ya han salido las notas, pero no sabemos qué hemos sacado, ... estamos tan nerviosos.
   < ¿Y por qué no vais a verlas?

4. > El otro día se fue la luz en casa y el móvil se quedó sin batería, ... no podía ni llamar por teléfono al electricista.
   < ¡Qué mala pata!, pero ahí está la ley de Murphy una vez más.

5. > Patricia ha ido a las rebajas y ha encontrado un montón de cosas muy baratas.
   < .... se ha gastado la paga extra, ¿no?

6. > Hoy me he levantado tarde y he desayunado a las doce.
   < .... a la hora de la comida no vas a tener ni pizca de hambre.

UNIDAD 21

2. Ordene estos elementos para formar oraciones.

1. con la boca / de tal modo que / deja / al público / Canta / abierta
   Canta de tal modo que deja al público con la boca abierta.

2. con Luis, / Habla / la noticia / de esta manera / de primera mano / conocerás
   ....

3. entonces / ¿Nadie / ha avisado?, / lo / viene / no
   ....

4. cuesta / un 30 % más / La vivienda / por consiguiente / no existe una buena relación / calidad – precio / de su valor real,
   ....

5. un problema / se ha ido de la empresa / Ha tenido / con sus compañeros / y por ello
   ....

6. tenían más clientes, / de ahí que / a los empleados / Cada vez / subieran / el sueldo
   ....

3. Complete estas oraciones con la información que le damos.

> estaremos seguros de que no faltará / podamos asistir a la recepción de la embajada / será más fácil arreglar los problemas del país / *descubriremos qué ha pasado con el dinero* / vamos a quedar para estudiar / contrataremos a más empleados

1. Iremos al banco, hablaremos con el director y revisaremos nuestras cuentas, de este modo *descubriremos qué ha pasado con el dinero.*

2. Nosotros sí hemos recibido una invitación, de ahí que ....
   ....

3. Compra tres botellas de vino, de este modo ....

4. El lunes tenemos examen, por eso ....

5. Vamos a realizar más encuestas de las que solemos hacer, de manera que ....
   ....

6. El Gobierno y la oposición han llegado a un acuerdo, en consecuencia ....
   ....

UNIDAD 21

4 Relacione los elementos de las columnas para formar oraciones. Escuche y compruebe.

1. Son las siete y no ha venido;
2. Envía un correo electrónico a todo el departamento,
3. No fueron ayer a clase ni llamaron a ningún compañero,
4. Para este año no tengo ningún trabajo extra,
5. No iban nunca a clase, no hacían los deberes, no hablaban en español;
6. ¿No habéis ido al auditorio?

entonces
por todo ello
así que
de ahí que
así
o sea, que

a. no supieran cuáles eran los deberes de clase.
b. ya no viene.
c. suspendieron el curso.
d. no habéis conseguido las entradas para el concierto.
e. todo el mundo se enterará de la noticia.
f. voy a dedicarme a la tesis.

5 Transforme estas oraciones usando *tal / tales* o *tan... que.* No repita ningún conector.

1. Está afónico y no puede hablar. *Tiene tal afonía que no puede hablar.*
2. Estaba muy alegre y se puso a dar saltos. .....
3. Tenía muchos problemas y se echó a llorar. .....
4. Llevaba mucho peso en las maletas y no podía con ellas. .....
5. Tiene muchas pesadillas y no puede dormir. .....
6. La paella de marisco tenía mucha sal, por eso parecía hecha con agua del mar.
.....

6 Subraye los nombres usados como no contables haciendo referencia al concepto.

1. Tenés acá tanto <u>libro</u> que no hay manera de encontrar lo que una busca.
2. Dicen tales tonterías que más vale que no les hagamos caso.
3. Había tanta planta en aquel salón que parecía un jardín.
4. Derrochaba tanto dinero que no ahorraba ni un céntimo.
5. Acumulé tanta foto de aquella época que, al final, las tiré casi todas.
6. Leo consiguió reunir a tantos amigos en aquella fiesta que algunos sospecharon que a los otros les había pagado por ir.

UNIDAD 21

7 Indique si estas oraciones expresan comparación o consecuencia.

1. Estudia tanto que es imposible que suspenda. .....*consecuencia*.....
2. Es tan alto que se tiene que agachar para pasar por las puertas. ....
3. En la fiesta de este año había tanta gente como en la del año pasado. ....
4. Es tan joven como pensaba. ....
5. Tiene tanta hambre que se comería una ballena. ....
6. Tiene tantos hermanos que en su casa comen por turnos. ....

8 (63) Una estas oraciones para formar una oración consecutiva utilizando *de ahí que, por consiguiente, de modo que, en consecuencia*. Puede usar también las conjunciones *y / pero*. Escuche y compruebe.

1. Hubo un incendio.
   Se fue la luz en toda la zona.
   Tuvieron que suspender el concierto.
   *Hubo un incendio **y** se fue la luz en toda la zona, **por consiguiente**, tuvieron que suspender el concierto.*

2. Han anunciado los cursos muy tarde.
   La gente no se ha enterado.
   Muy pocas personas se han apuntado.
   ....
   ....

3. Las dos empresas estaban en negociaciones secretas.
   La prensa publicó las negociaciones.
   Se rompieron las negociaciones.
   ....
   ....

4. En esa tienda compraba mucha gente.
   Los precios subieron de repente una barbaridad.
   Los dependientes dejaron de ser amables con los clientes.
   Los clientes ya no compran allí.
   ....
   ....

5. La próxima semana vienen mis padres a casa.
   La casa está muy sucia.
   Tenemos que limpiar la casa el fin de semana sin falta.
   ....
   ....

Unidad 21

9 Complete estos textos con el nexo adecuado: *en consecuencia, de ahí que, por consiguiente, por lo tanto.*

1. Por el solo hecho de ingresar y hacer uso de este Portal, usted (el Usuario) se adhiere de forma inmediata a todos y cada uno de los siguientes Términos y Condiciones. *En consecuencia / por consiguiente*, el usuario deberá leer detenidamente los Términos y Condiciones. *Aviso Legal. Ministerio de Economía.* http://www.mecon.gov.ar

2. La concejala de Turismo de Plasencia ha señalado que la declaración de Parque Nacional proyectará nacional e internacionalmente el entorno de Monfragüe, aumentando el número de visitantes del parque y, ..., de Plasencia. *Hoy digit@l.* www.hoy.es

3. La definición de salud dada por la Organización Mundial de la Salud en 1948 es la siguiente: «La salud es un estado de bienestar físico, mental y social completo, y no meramente la ausencia del mal o la enfermedad». ...., contempla el estado saludable de la persona desde el punto de vista de la calidad de vida y no simplemente desde la manifestación de síntomas o el padecimiento de enfermedades. .... estar sano, sentirse sano, no se defina por el hecho de no estar enfermo, sino tomando como base una visión más amplia que abarca las múltiples facetas del desarrollo humano. *La salud como calidad de vida.* www.sanitas.es

4. El usuario es el responsable de mantener bajo confidencialidad su número de cuenta y/o clave personal y/o contraseña. ...., será el directo responsable por el uso y manejo de su número de cuenta y/o clave personal y/o contraseña para todos los efectos. *Compañía agrícola de seguros de vida S. A.* www.agricoladeseguros.com

MIS CONCLUSIONES

10 Marque verdadero (V) o falso (F).

a. En *Levántate antes, así tendrás tiempo de hacerlo todo,* **así** expresa modo: ......
b. En *Había* **tanta vela encendida** *en aquella iglesia que no se podía respirar,* lo subrayado se refiere a unas velas concretas: ......
c. *Tal / tales* pueden ir pospuestos al sustantivo: ......

11 Elija la opción correcta.

> Las oraciones consecutivas siempre llevan *indicativo / subjuntivo,* excepto *de ahí que / de modo que.* Una conjunción intensificadora es *tal... que / por todo ello.* La conjunción *tal... que* lleva en medio un *adjetivo / sustantivo* y *funciona / no funciona* igual que *tan... que* y *tanto... como;* y la conjunción *por todo ello se refiere / no se refiere* a lo ya mencionado. Los nexos *en consecuencia, por consiguiente* y *de modo que* se usan en situaciones *formales / no formales.*

22. Te escribiré apenas llegue
ORACIONES TEMPORALES

¡FÍJESE!

(64)

"**Apenas** la **vi**, me di cuenta de que era la mujer de mi vida."

"**Cuando haya elegido** uno, llámeme, por favor."

Ya sabe

(→ Unidades 20 y 27, nivel Medio)

- Las oraciones temporales se construyen con indicativo cuando nos referimos a un momento presente o al pasado. Pueden ir detrás de la oración principal o delante; en este último caso suelen ir separadas por coma.

Cuando / Mientras / Hasta que / Después de que / En cuanto / Siempre que	+ verbo en indicativo	+ oración en indicativo

UNIDAD 22

- Se construyen con presente de subjuntivo cuando nos referimos al futuro.

Cuando Mientras Hasta que Después de que Antes de que En cuanto / Tan pronto como Siempre que	+	verbo en presente de subjuntivo	+	oración en presente, futuro o en imperativo

También *Al* + infinitivo puede referirse al futuro.

Al llegar a la cima (= cuando llegues a la cima), *verás un paisaje impresionante.*

– Conectores temporales.

○ CUANDO puede indicar **anterioridad** a la acción principal, presentando las acciones como una secuencia, **simultaneidad** o **posterioridad** a la acción principal.

○ MIENTRAS expresa **simultaneidad** en las acciones.

○ EN CUANTO / TAN PRONTO COMO / NADA MÁS (+ infinitivo) expresan un hecho **inmediatamente anterior** a otro hecho.

○ HASTA QUE expresa el **límite de una acción.**

○ SIEMPRE QUE expresa una **relación de recurrencia** entre dos hechos; significa 'todas las veces que'.

Además

- **Otros nexos temporales**

– APENAS / EN EL MOMENTO (EN) QUE. Indican inmediatez de la acción y se construyen según las reglas aplicadas a *en cuanto*.

En el momento en que / **apenas** la vi, supe que era la mujer de mi vida.

No te preocupes, te mandaré un correo **apenas** llegue a casa.

– ENTRETANTO / AL MISMO TIEMPO QUE / MIENTRAS TANTO / EN LO QUE. Indican simultaneidad en las acciones.

¡Atención!

Al mismo tiempo que / en lo que solo se construyen con **indicativo**:

En lo que tú terminas de hacer la maleta, yo voy a buscar el coche.

Al mismo tiempo que amanecía, se esfumaban mis malos pensamientos de la noche.

Mientras tanto / entretanto van detrás de la primera acción principal y van entre comas.

Empiecen la reunión sin mí, **mientras tanto** / **entretanto** yo termino este informe.

Unidad 22

- UNA VEZ QUE + verbo conjugado / UNA VEZ + participio (que concuerda con su sujeto). Indican el límite a partir del cual se inicia la acción principal.

    ***Una vez que pagamos** nuestras deudas, podemos empezar a contraer otras.*
    ***Una vez pagadas nuestras deudas**, podemos empezar a contraer otras.*

- MIENTRAS NO + subjuntivo. Indica el límite de una acción, como *hasta que*.

    ***Mientras no** termines de estudiar, no sales.*

- **Funcionamiento del sujeto con las formas verbales**

    - Si el sujeto de la oración principal y la subordinada es el mismo, se puede usar *antes de que, después de que* y *hasta que* + verbo conjugado o *antes de, después de* y *hasta* + infinitivo.

        *Siguió preguntando (él) **hasta entenderlo** todo (él) / **hasta que** lo entendió.*
        *Te lo contaré (yo) **después de informarme** (yo) / **después de que** me informe.*
        *No me iré (yo) **antes de saber** (yo) el resultado / **antes de que** sepa el resultado.*

    Con *antes de, después de* y *hasta* + infinitivo, el sujeto de la oración principal y la subordinada suele ser el mismo.

    - *Nada más* siempre lleva infinitivo. Para evitar la posible ambigüedad, los sujetos se explicitan detrás del infinitivo.

        ***Nada más entrar,** vi a mi ex.* (No se sabe si entré yo o mi ex).
        *Nada más entrar **yo,** vi a mi ex.*

    - *Cuando, mientras, en cuanto / tan pronto como / apenas / en el momento (en) que, siempre que, una vez que* llevan siempre una forma conjugada independientemente del sujeto de las dos oraciones.

        *Lo **compré** (yo) cuando lo **vi** (yo). Lo **compré** cuando (ellos) me lo **dijeron.***
        *Mientras **viví** (yo) en su casa no **pude** (yo) fumar. Mientras **viví** en su casa, él **se ocupaba** de todo.*
        *Siempre que **puedo** (yo), **hago** ejercicio (yo). Siempre que me **llaman** (ellos), **voy** a echarles una mano.*
        *Una vez que lo **he entendido** (yo), no **pregunto** más (yo). Una vez que lo **he entendido,** me **vuelves** (tú) a liar.*

- **Las oraciones temporales con los tiempos del pasado de subjuntivo**

    - Con pretérito perfecto (→ Unidad 12). Recuerde: la oración temporal puede ir detrás de la oración principal o delante; si va delante, suele ir separada por coma.

    - Nexo temporal + pretérito perfecto de subjuntivo + oración principal.

        La oración principal puede ir en { futuro / *ir a* + infinitivo / imperativo / presente de indicativo }

        Mientras no hayas terminado, no podrás irte.
        Cuando se haya decidido, avíseme.

UNIDAD 22

– Con imperfecto de subjuntivo (→ Unidades 13 y 28).

El imperfecto de subjuntivo es obligatorio si el verbo de la oración principal está en condicional. Con *antes de que* el subjuntivo es obligatorio sea cual sea el tiempo de la oración principal.

Tiempo de la oración principal	Nexo temporal	Tiempo de la subordinada
No **volvería** / **iba a volver** allí	hasta que	se disculpara.
Volvió / **volvería** a su casa	antes de que	empezara a llover.
No **podría tener** un puesto fijo	mientras no (hasta que)	obtuviera el doctorado.
Me dijo que lo **terminaría**	cuando	pudiera.
Limpiaría, sí, pero	después de que	todos se fueran.
Por supuesto, la **ayudaríamos**	tan pronto como	pudiéramos.

En el estilo indirecto, además de los cambios habituales, se mantiene esta correlación. (→ Unidad 28).

*(Sabía que) mientras no tuviera el título, no me **darían** el trabajo.*

*(Me anunció que) antes de que me sacase el permiso de conducir no me **dejaría** / iba a dejar su coche.*

– Con pluscuamperfecto de subjuntivo (→ Unidades 14 y 28). Si la temporal va delante de la principal, puede ir separada por coma; depende del contexto.

Me dijo que cuando hubiera acabado volviera a buscarla.

Sabía que mientras no hubiera terminado la carrera no podría irme de casa.

Pensábamos que, antes de que hubieran terminado las obras, el tráfico estaría prohibido incluso para los residentes.

¡ATENCIÓN!

El pretérito imperfecto y el pluscuamperfecto de subjuntivo alternan cuando queda claro que se refieren a la finalización de una acción:

*(Me dijo que) resolvería el problema en cuanto **hubiera hablado** con la jefa.*

*(Me dijo que) resolvería el problema en cuanto **hablara** con la jefa.*

UNIDAD 22

EJERCICIOS

1 Transforme el infinitivo en una forma correcta de indicativo o subjuntivo y subraye el conector adecuado.

1. > ¿Por qué no estudiará <u>antes de que</u> / *después de que* le (suspender) .....*suspendan*....?
   < Porque es un vago y *mientras* / *hasta que* los demás (trabajar) .... él está de juerga.

2. > (Llamarme, vos) .... *en cuanto* / *mientras* (llegar) .... a casa.
   < De acuerdo, pero piensa en las horas de diferencia entre España y Argentina.
   > Lo sé, pero no me (dormir) .... *hasta que* / *cuando* (saber) .... que llegaste bien.

3. > *Siempre que* / *después de que* les (preguntar) ...., me responden que no saben nada todavía.
   < Pues (seguir) .... preguntando *hasta que* / *antes de que* te (dar) .... una respuesta convincente.

4. > *Mientras* / *en cuanto* (encontrar) .... un trabajo, dejó de relacionarse con sus amigos de siempre.
   < Bueno, ya sabes que mucha gente cambia *cuando* / *mientras* (mejorar) .... su suerte.

5. > No te vayas *antes de que* / *cuando* (hablar, nosotros) .... con todo el mundo.
   < Pues entonces (retrasar, tú) .... la reunión *hasta que* / *siempre que* (volver, yo) .... Ahora tengo que irme.

2 Transforme en pasado estas recomendaciones del médico.

1. Deje de fumar antes de que el tabaco acabe con usted. → Ordenar que:
   Me ordenó que dejara de fumar antes de que el tabaco acabara conmigo.

2. Respire profundamente cuando esté nervioso. → Aconsejar que:
   ....

3. Haga ejercicios de relajación siempre que le duela la espalda. → Recomendar que:
   ....

4. Creo que no puede usted volver al trabajo mientras tenga esa tos. → Creer que:
   ....

5. Lo mejor es que se quede en casa hasta que desaparezca la fiebre. → Decir que:
   ....

UNIDAD 22

3 Complete con un conector adecuado. Puede haber más de una posibilidad. Escuche algunas de ellas.

1. ...*Siempre que*... me lo encontraba, iba vestido de negro.
2. En aquella época, el abuelo pensaba que era joven y que arreglaría lo del testamento .... cumpliera 76 años.
3. Sé que es una persona muy formal; sé que me responderá .... reciba mi correo.
4. .... ganadas las elecciones, los políticos se olvidan de sus promesas.
5. .... entrar en aquella habitación, notamos que algo raro estaba pasando.
6. Yo me ocupo de la comida, ..., vayan seleccionando los vinos adecuados.
7. Quería darles la noticia .... los viera, pero no hubo ocasión.
8. Nosotros salimos hacia su casa .... ellos se iban de vacaciones. Total, que .... llegamos, allí no había nadie.
9. .... tú corriges las pruebas de imprenta, yo voy haciendo una introducción.
10. No salgan de casa .... se haya puesto el sol porque es una zona peligrosa.
11. No te puedes ir a jugar .... no termines la merienda.

4 Sustituya el conector subrayado por otro equivalente sin repetir ninguno y haciendo las transformaciones necesarias. Escuche algunas posibilidades.

1. <u>Una vez</u> retiradas las cazuelas, la vitrocerámica se apagará sola. → *Nada más retirar las cazuelas...*
2. <u>Nada más</u> salir nosotros de casa se puso a llover. → ....
3. <u>En cuanto</u> hayamos empaquetado todas nuestras cosas, dejaremos el piso libre. → ....
4. Me fui de allí para buscarla, <u>entretanto</u>, ella estaba haciendo lo mismo en el otro extremo del mundo. → ....
5. <u>Mientras</u> esperaba en aquella habitación, su vida iba pasando ante él con una claridad aterradora. → ....

5 Escriba un infinitivo o un verbo conjugado de acuerdo con los sujetos de las oraciones.

1. > No pararé de preguntar mientras no (entender) ...*entienda (yo)*... lo que me explican.
   < Haces bien. Uno debe insistir hasta (tener) ...*que lo tenga / tenerlo*... todo claro.

UNIDAD 22

2. > Se emocionó nada más (empezar) .... a contar mi viaje.

   < ¿Y eso por qué?

   > Porque en cuanto (oírme) ...., su propio viaje le vino a la mente.

3. > No empezaremos a cenar antes de (llegar, tú) ....

   < Vale. Haré todo lo posible para salir inmediatamente después de (terminar) .... la clase.

4. > Es que eres muy lento, yo limpio dos habitaciones en lo que tú (empezar) .... a limpiar una.

   < Sí, pero yo las limpio más a fondo.

5. > ¿Has tomado ya una decisión? ¿Firmamos o no firmamos el contrato?

   < No lo sé, lo haré después de (hablar, yo) .... con Leyla. En cuanto (hablar) .... con ella, te llamaré.

6. > ¿Por qué siempre que (discutir) .... los dos al final siempre tengo que pedir perdón yo?

   < No pidas perdón si no lo sientes, no sirve de nada.

6 Tenemos dos puntos de vista. El de la conversación directa y el de la transmisión del mensaje en pasado. Complete en ambos casos los enunciados y atienda a la concordancia de tiempos.

1. No podremos hacer una verdadera evaluación mientras no *hayamos terminado / terminemos* todo el programa.	A. Sabíamos que *no podríamos hacer una verdadera evaluación mientras no hubiéramos terminado / termináramos todo el programa.*
2. Apenas (encontrar) .... un vuelo barato, los llamo para que vayan a buscarme al aeropuerto.	B. Los avisé de que ....
3. Te presto el dinero hasta que (cobrar, tú) ...., pero ni un minuto más, ¿vale?	C. Me advirtió de que ....
4. Una vez que (entender) .... cómo funciona el sistema, ya no te resultará tan complicado.	D. Me aclararon que ....
5. Cuando (vivir, tú) .... tanto como yo, verás que hay que dar importancia a las cosas que realmente la tienen.	E. Mi abuela siempre decía que ....

UNIDAD 22

7. Complete con la forma adecuada de indicativo o subjuntivo.

1. Y es que María, tan dulce, podía ser muy dura cuando (querer) ....*quería*.... Al principio no la veía así (...). Cuando Ramiro, su marido (aceptar) .... el puesto de cooperante, (ponerse) .... eufórica. Ahora, siete meses después, su visión optimista de recién casada (...) se había eclipsado.

2. (...) Ramiro había hablado con la Organización y le habían rogado que permaneciera allí uno o dos meses más, por lo menos hasta que ellos (poder) .... encontrar a alguien capacitado y dispuesto a sustituirle.

3. (...) Le permitían trasladarse a España a primeros de febrero –según las fechas y los cálculos de María el parto no se produciría hasta el diez o el doce– y le rogaban que volviera a reintegrarse a su trabajo antes de que (acabar) .... el mes.

4. Cuando (llegar) .... a casa, encontró una carta de María que le devolvía a un mundo ordenado y comprensible (...): Te añoro, claro que te añoro, y me pregunto si sería posible que pidieras un permiso para cuando (acercarse) .... la fecha. (...) Supongo que en Servicio de Cooperación pueden entender que te desplaces (...) justo, justo cuando la cosa (ir) .... a llegar.

Fragmentos de *La fuente de la vida*. Lourdes Ortiz

8. Lea el texto de nuevo y complete los enunciados.

1. María parecía una mujer dulce antes de que su marido ....
2. El marido de María podría volver a España después de que sus jefes ....
3. María pide a su marido que la acompañe cuando ....

MIS CONCLUSIONES

9. Complete su propia ficha.

1. Hay nexos temporales que solo se construyen con indicativo. Son los siguientes: ....
2. No necesitan indicativo ni subjuntivo los nexos ....
3. *Mientras tanto* siempre va ....
4. Indican simultaneidad en la acción ....
5. Las oraciones temporales pueden ir .... de la oración principal.

23. El que canta su mal espanta
RELATIVOS EN ORACIONES EXPLICATIVAS Y ESPECIFICATIVAS

 **¡FÍJESE!**

(67)

Sé que no todos ustedes entienden inglés. Así que **los que hablen** inglés, que vayan con Tom, y **los que** no **sepan** inglés, que vengan conmigo.

Ya sabe

(→ Unidades 33 y 34, nivel Medio)

- **Oraciones de relativo**
  - **Especificativas.** Seleccionan entre sustantivos del mismo tipo, especificando cuál. No van separadas por comas del sustantivo al que se refieren.
  - **Explicativas.** Dan una característica o amplían la información sobre el sustantivo al que hacen referencia. Van separadas por comas del sustantivo al que se refieren.

- **Relativos**
  - *Que:* es invariable. Necesita siempre un antecedente expreso, tanto en oraciones especificativas como en oraciones explicativas. En oraciones especificativas su antecedente puede ser un sustantivo precedido de artículos y de demostrativos, pero no de posesivos. No puede usarse detrás de nombres propios ni de pronombres personales en las especificativas.

Unidad 23

- **Quien / Quienes:** puede funcionar con antecedente y sin antecedente y siempre se refiere a personas.
  - Con antecedente, alterna con *que* como sujeto de persona en oraciones explicativas, pero nunca puede ser sujeto en oraciones especificativas.
  - En oraciones sin antecedente puede ser sujeto de persona; en este caso equivale a 'la persona / las personas que'. Es muy habitual en los refranes.
- **Como / Donde:** Pueden funcionar con antecedente o sin antecedente. *Como* expresa la forma en que se hace algo y suele ir sin antecedente. *Donde* se refiere al lugar y puede llevar preposiciones delante.
- **Adonde / A donde:** Puede llevar o no antecedente expreso. Se puede escribir junto o separado.

¡Atención!
No confundir con *adónde*: interrogativo o exclamativo, que siempre es tónico y se escribe en una sola palabra.

Además

Los relativos *el que / la que / los que / las que / lo que*

El que / la que / los que / las que concuerdan en género y número con su antecedente, si lo tienen. Cuando se refieren a personas alternan con **quien** y **quienes**. *Lo que* es neutro y, por tanto, invariable.

- **Valor especificativo**

  Sin antecedente expreso

  – **el que / la que / los que / las que** pueden tener carácter generalizador; por eso aparecen mucho en los refranes. *Lo que* se refiere a conjuntos de cosas o ideas sin determinar. Equivale a 'las cosas que'.

  > **El que / quien** mucho abarca poco aprieta.
  > **El que / quien** guarda halla.
  > Les conté **lo que** sabía.

  – Pueden realizar las funciones de cualquier sustantivo: sujeto, objeto directo, indirecto, etc.

  > **Los que / quienes** hablan demasiado luego se arrepienten de la mitad de lo que dicen.
  > **Al que** madruga, Dios lo ayuda.
  > No se lo dije **a los que / a quienes** llamaron a casa.

  – Pueden ir acompañados de la preposición que necesite el verbo.

  > No pude hablar **con los que / con quienes** llegaron tarde. (Hablar *con*).

Unidad 23

Con antecedente expreso

— Pueden referirse a personas y a cosas. Lo usamos para no repetir el antecedente ya mencionado.

*Me voy a comprar **otro ordenador** porque **el** (ordenador) **que** tengo está roto.*

— En relación con un grupo de personas o un conjunto de cosas presentes –de manera real, o mencionadas previamente–, sirve para seleccionar una parte de ellas; es decir, puede tener valor especificativo.

> *¿**Todo el mundo** quiere bajar del autobús a tomar algo? (…)*

< *Bueno, pues **los que** / **quienes** no quieran pueden esperar aquí.* (En la oración misma no hay antecedente, pero sí lo hay en el contexto).

— Alternan con el pronombre *que* en la función de objeto directo de persona.

*Haría cualquier cosa por las personas **a las que** quiero / por las personas **que** quiero.*

— Aparecen con la preposición que necesite el verbo.

*Los libros **con los que trabajamos** no son muy modernos. (Trabajar con).*

¡Atención!

En las oraciones especificativas *el que / la que / los que…* admiten un infinitivo detrás siempre que el sujeto de la oración principal sea el mismo que el del infinitivo. Esto no es posible en las oraciones explicativas.

*Por fin hemos encontrado una ciudad **en la que instalarnos.***

- **Valor explicativo**

— Las oraciones de relativo explicativas con los relativos *el que / la que / los que / las que* siempre tienen antecedente expreso, del que van separadas por comas. Es como si entre el antecedente y el relativo hubiera una pregunta sobreentendida: «¿Cuál?».

> *Fíjate en **aquellos chicos, los que** llevan camisetas amarillas, ¿los ves?*
< *Los veo, sí. ¿No son jugadores de un equipo de fútbol?*

> *¿Recuerdas **el libro que** te recomendé? Que sí, mujer, **el que** trataba de misterios sin resolver.*
< *¡Ah! Ese. Es que como siempre me estás recomendando libros…*

— Pueden realizar la función de sujeto y alternar con *quien*, o llevar delante la preposición que necesita el verbo.

*La noticia me la dio Belén, **la que** / **quien** siempre lo sabe todo de todo el mundo.*
*Esos alumnos, **con los que** me relacioné poco, me regalaron esta pluma. (Relacionarse con).*

— ***Lo que*** tiene por antecedente toda una frase.

*Nos dijo la verdad, **lo que** hoy en día no es habitual.*
*Se negó a ponerse al teléfono, **lo que** me disgustó mucho.*

UNIDAD 23

ALTERNANCIA MODAL

- **Indicativo.** Lo usamos cuando hablamos en general o nos referimos a alguien o algo conocido o mencionado previamente. También lo usamos cuando nos referimos a una forma de actuar (como) o lugar (donde) conocidos o mencionados anteriormente.

  – Las oraciones explicativas se construyen con indicativo porque **siempre** nos referimos a antecedentes conocidos o a los que damos valor universal.

  – *El que, la que, los que, las que, lo que* + indicativo

Sin antecedente	Con antecedente
Los que tienen mucho casi nunca se acuerdan de *los que tienen* menos. *Los que asistieron* a la reunión informaron a los demás. (Sé que asistieron algunas personas). Diles *lo que sabes.*	*Un profesor al que le gusta enseñar* es un curioso natural que busca constantemente. (En este caso hablamos de un profesor en general, con valor de generalización).

  – *Que* + indicativo

   *No me gustan las personas **que hacen** ruido al comer.*
   *Busco un hotel **que está** en el centro y **que** curiosamente **es** muy tranquilo.* (Sé a qué hotel me refiero, es un hotel concreto y lo conozco).

  – *Quien / quienes* + indicativo

Sin antecedente	Con antecedente
*Ofende **quien puede**, no **quien quiere**.* (Hablamos en general). ***Quienes** nos lo **recomendaron** no sabían que era tan peligroso.* (Nos referimos a alguien conocido o ya mencionado).	*Hemos hablado con **los profesores, quienes** no sabían nada de la nueva ley.* (Nos referimos a alguien ya mencionado).

  – *Como / Donde* + indicativo

Sin antecedente	Con antecedente
*Rellena los papeles **como dicen** las instrucciones.* (Sabemos que hay unas indicaciones previas). *Ahora vivo **donde me gusta**.* (No se especifica si es una ciudad o una casa, etc.).	*Rellena los papeles del modo **como** dicen las instrucciones.* (Más común 'del modo en que'). *Ahora vivo en la ciudad **donde** siempre **he querido vivir**.* (Se especifica el lugar).

Unidad 23

> **¡Atención!**
>
> No confundir **como,** que unas veces es relativo y otras conjunción causal (→ Unidad 20), con **cómo,** que introduce oraciones interrogativas y exclamativas.
>
> Ni tampoco **donde** con **dónde.** El primero introduce oraciones de relativo, el segundo aparece en oraciones interrogativas y exclamativas (→ Unidades 11 y 16, nivel Elemental).
>
> - **Subjuntivo.** Lo usamos cuando nos referimos a alguien o algo desconocido. En algunos casos, la presencia del subjuntivo va unida a la idea de futuro o de consejo (imperativo) en la oración principal. También lo usamos cuando nos referimos a una forma de actuar (como) o a un lugar (donde) desconocidos.
>
>   – *El que, la que, los que, las que, lo que* + subjuntivo
>
> | Sin antecedente | Con antecedente |
> |---|---|
> | *Los que asistan a la reunión podrán informar a los demás.* (No sé quiénes van a asistir). | *Un profesor al que no le guste enseñar debería dedicarse a otras cosas.* |
> | *El que tenga un amor, que lo cuide.* | *Huye de un amor que te haga sufrir.* |
> | *Diles lo que quieran oír.* | *Diles aquello que quieran oír.* |
>
>   – *Que* + subjuntivo
>
>   *Busco un hotel que esté en el centro y que sea muy tranquilo.* (No sé si hay un hotel que cumpla estos dos requisitos. No me refiero a un hotel concreto y que conozco).
>
>   – *Quien / quienes* + subjuntivo
>
> | Sin antecedente | Con antecedente |
> |---|---|
> | *Quien así lo desee puede pagar la cuota en tres meses.* | *Búscate como pareja a alguien con quien puedas seguir hablando toda la vida.* |
>
>   – *Como / Donde* + subjuntivo
>
> | Sin antecedente | Con antecedentes |
> |---|---|
> | *Rellena los papeles como quieras.* (No hay una forma previa conocida o no se alude a ella). | *Hazlo de la manera / del modo como te sea más fácil.* |
> | *Es bueno trabajar donde haya luz.* (Cualquier lugar sin especificar). | *Es bueno trabajar en lugares donde haya luz suficiente.* (Aunque se menciona el antecedente no se trata de un lugar concreto). |

UNIDAD 23

EJERCICIOS

1 Complete con *que, quien(es), como* y *donde / adonde / a donde*.

1. Tiene una visión de las cosas ....*que*.... no coincide con la mía. Pero ambas somos personas a las .... nos gusta respetar las opiniones ajenas, por eso nunca nos peleamos.
2. Hazlo .... te han dicho, ... es la mejor forma de no equivocarte.
3. He podido venir porque encontré un billete en internet .... costaba menos de la mitad de lo que me dijeron en la agencia .... fui a informarme.
4. Ya estoy de vuelta de Tenerife, ... fui a trabajar, pero .... no pude quedarme un día más para pasear y hacer turismo .... tenía previsto.
5. Había parejas de enamorados, ... se escondían de las miradas de los curiosos.

2 Complete con los relativos adecuados. Puede haber más de una posibilidad. Después escuche.

(68)

1. Somos ...*lo que*... hacemos, sobre todo .... hacemos para cambiar .... somos. (Anónimo).
2. Desconfía de .... te lo prometen todo.
3. Hágalo .... prefiera, no hay reglas al respecto.
4. .... monta un tigre corre el riesgo de no poderse bajar nunca. (Proverbio japonés).
5. Antioqueño .... se respeta, pide rebaja. (Refrán colombiano).
6. Te deseo el doble de .... tú me deseas. (Proverbio árabe).
7. Si te sientas en el camino, hazlo de frente a .... tienes que andar y de espaldas a .... ya anduviste. (Proverbio chino).

3 Complete con una preposición y los relativos *el que, la que, los que, las que* y *lo que* donde sea necesario.

1. > ¿Con qué trapo limpio el polvo?
   < ...*Con el que*... te he puesto ahí.
2. > ¡Fíjate! Me han ofrecido un buen sueldo, casa y dietas de viaje.
   < ¿Sí? ¿Todo eso? Pues yo no me fiaría .... te han dicho si no figura en un contrato.
3. > ¿Quiénes son .... quieren cambiar la fecha del examen?
   < .... tienen otro examen el mismo día.
4. > Conozco a personas .... que nunca aceptarían sobornos.
   < Pues yo conozco otras .... no les importaría en absoluto recibirlos.
5. > Explícales .... tienen que hacer .... tengan dudas.
   < ¿Otra vez? ¡Es que hay gente .... que no entiende nada!

Unidad 23

4. Una los enunciados. Use el relativo adecuado y una preposición si es necesario.

1. Conocí a una profesora en el congreso de este año. Me ha invitado a su universidad.
   La profesora a la que conocí en el congreso de este año me ha invitado a su universidad.
2. Te has peleado con un chico. Es primo de la directora.
   ....
3. Le dieron en la tienda un aparato defectuoso. Está buscando al vendedor.
   ....
4. Carlos está enfermo. Sigue trabajando desde su casa.
   ....
5. Estoy escribiendo un manual de primeros auxilios. Esas de ahí son las otras autoras.
   ....

5. Complete con un infinitivo o un verbo conjugado.

1. Buscamos informáticos a los que ...*incorporar*... (incorporar) a nuestra empresa.
2. Siempre he necesitado rodearme de colaboradores en los que .... (confiar).
3. No me gusta que me hablen mal de las personas a las que .... (querer).
4. ¡Qué pena! Me han regalado unas flores a las que .... (tener) alergia.
5. No han hecho nada de lo que .... (sentirse) orgullosos.

6. Complete este correo electrónico con los relativos que faltan.

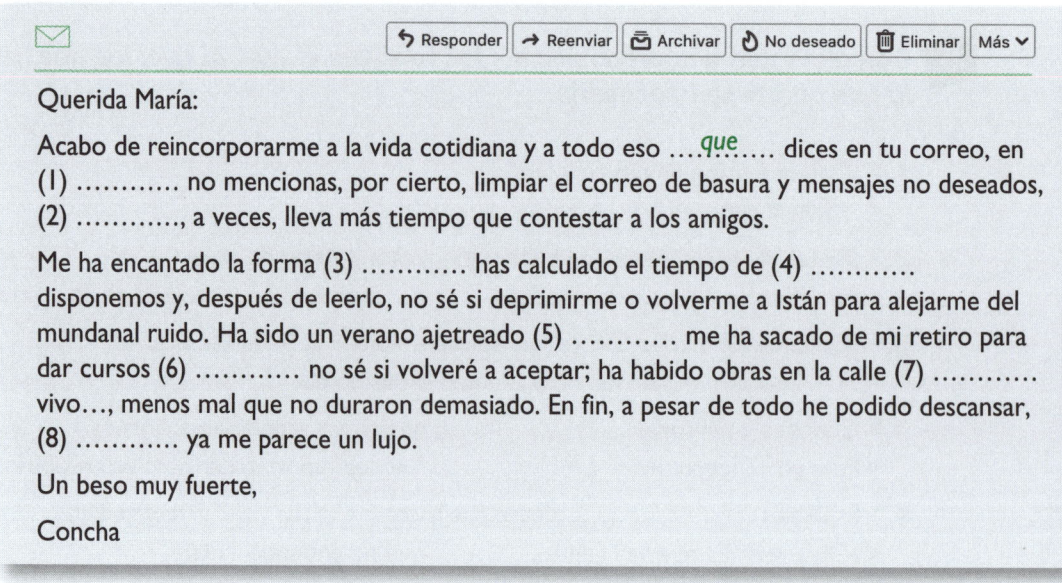

Querida María:

Acabo de reincorporarme a la vida cotidiana y a todo eso ....*que*.... dices en tu correo, en (1) .... no mencionas, por cierto, limpiar el correo de basura y mensajes no deseados, (2) ...., a veces, lleva más tiempo que contestar a los amigos.

Me ha encantado la forma (3) .... has calculado el tiempo de (4) .... disponemos y, después de leerlo, no sé si deprimirme o volverme a Istán para alejarme del mundanal ruido. Ha sido un verano ajetreado (5) .... me ha sacado de mi retiro para dar cursos (6) .... no sé si volveré a aceptar; ha habido obras en la calle (7) .... vivo..., menos mal que no duraron demasiado. En fin, a pesar de todo he podido descansar, (8) .... ya me parece un lujo.

Un beso muy fuerte,

Concha

7 Complete con indicativo o subjuntivo. Escuche y compruebe.

1. > Creo que no conozco a la directora de departamento que ....*acaba*.... (acabar) de incorporarse.

   < Ni tú ni nadie. Solo sabemos que es alguien que .... (tener) mucha experiencia en investigación y que .... (querer) potenciar ese aspecto.

   > ¿Y cómo lo va a hacer?

   < Buena pregunta. Como .... (poder), porque no hay mucho presupuesto, y como se lo .... (permitir) los colegas. Aquí ya sabes que hay muchos que .... (preferir) seguir sin hacer grandes esfuerzos. Y quien .... (llegar) con iniciativa no es muy bien visto.

2. > Estoy buscando un lugar que .... (ser) tranquilo, pero que .... (tener) un poco de ambiente, donde .... (poderse) hacer excursiones y en el que no .... (hacer) demasiado calor.

   < ¿Está usted buscando el Paraíso?

   > Casi, es que quiero regalarles a mis padres un viaje que .... (recordar) para siempre, que .... (constituir) el viaje de novios que no .... (poder) hacer en su momento.

   < Pues mire, en este folleto tiene varias posibilidades que .... (poder) interesarle, que .... (ofrecer) estancia con pensión completa, animación, etc., en lugares donde la temperatura .... (oscilar) entre 22 °C y 30 °C.
   ¿Qué le parece?

MIS CONCLUSIONES

8 Complete sus propias reglas.

1. El relativo *que* siempre necesita ....
2. Los relativos llevan preposiciones delante cuando ....
3. En la función de objeto directo de persona, *que* puede sustituir a ....
   ....
4. Cuando el antecedente es toda una frase tenemos que usar el relativo ....
5. El subjuntivo se usa cuando hablamos de algo o alguien ....
6. El modo de las oraciones explicativas es siempre el ....

24. Si lo hubiera sabido a tiempo...
ORACIONES CONDICIONALES CON SI

¡FÍJESE!

(70) Si **aprobara** la oposición, este verano **haría** un viaje por las islas griegas.

Si **te hubieras llevado** el paraguas, no **te habrías empapado** de esa forma.

Ya sabe

(→ Unidad 22, nivel Medio)

- ***Si*** + presente de indicativo + presente de indicativo. Se usa para expresar una condición real o posible referida al presente.

- ***Si*** + presente de indicativo + recursos para expresar el futuro: *ir a* + infinitivo, futuro simple o presente. Se emplea para expresar una condición real o posible referida al futuro.

- ***Si*** + presente de indicativo + imperativo / *tener que* + infinitivo. La condición se refiere al presente o futuro; en la oración principal se dan consejos, órdenes e instrucciones necesarios para que se cumpla la condición o que dependen de la condición para que se cumpla. Cuando se usa el imperativo, suele justificarse el consejo. La condición puede estar al principio o al final de la frase.

¡ATENCIÓN!
Detrás de *si* podemos usar cualquier tiempo de indicativo, menos los futuros y los condicionales.

UNIDAD 24

Además

CONDICIONALES EN INDICATIVO

- **Referidas al pasado**

  – *Si* + pretérito perfecto + futuro / presente / pretérito perfecto / imperativo.

  – *Si* + indefinido + futuro / presente / indefinido / imperativo.

  La frase con *si* se refiere a una posible situación o condición en el pasado. La consecuencia o el resultado pueden referirse al presente, pasado o futuro. También puede expresar consejo, orden, petición, instrucciones…

  *Si no has entendido / entendiste la pregunta, me lo **dices**.*
  *Si no has entendido / entendiste la pregunta, me lo **dirás**, ¿verdad?*
  *Si no has entendido / entendiste la pregunta, **dímelo**.*
  *Si no has entendido / entendiste la pregunta, ¿por qué no has **contestado** / **contestaste**?*

  – *Si* + imperfecto + imperfecto / condicional simple con valor de probabilidad. Se refiere a una posible situación en el pasado: descripción, acciones habituales…

  *Si **tenía** fiebre, seguro que **estaba** en la cama cuando llamaste.*
  *Si se **acostaba** tan tarde cada día, **padecería** insomnio.*

CONDICIONALES EN SUBJUNTIVO

- **Referidas al presente y al futuro**

  – *Si* + imperfecto de subjuntivo (-ra / -se) + condicional simple (→ Unidad 13). Expresa una hipótesis o una situación poco probable o de imposible realización en el presente.

  *Si hoy **fuera** domingo, no **tendría** que trabajar.*

  O en el futuro:

  *Si **consiguiera** el dinero, me **iría** de viaje con vosotros.*

- **Referidas al pasado**

  – *Si* + pluscuamperfecto de subjuntivo (-ra / -se) + pluscuamperfecto de subjuntivo / condicional compuesto (→ Unidad 14). Expresa situaciones hipotéticas irreales en el pasado. Tanto la condición como el resultado se sitúan en el pasado.

  *Si **hubiéramos aceptado** todos los trabajos, **no hubiéramos terminado** el proyecto a tiempo / **no habríamos terminado** a tiempo.*

  – *Si* + pluscuamperfecto de subjuntivo + condicional simple. Expresa situaciones hipotéticas irreales en el pasado. La situación o la condición se ubican en el pasado y el resultado o la consecuencia en el presente o futuro.

  *Si me **hubiera casado** con aquel chico español, ahora **viviría** en España.*

¡Atención!

Detrás de *si* nunca van ni el presente ni el pretérito perfecto de subjuntivo.

UNIDAD 24

EJERCICIOS

1 Complete las oraciones con las opciones del recuadro en el tiempo verbal adecuado.

> leer la última entrega del Capitán Alatriste   *acostarse y levantarse temprano mañana*
> subir otra vez los transportes   llamar   la oposición no apoyarlo
> ir a la presentación de la novela

1. Si no terminas esta noche y estás cansado, *acuéstate y levántate temprano mañana*.
2. Si te apetece leer una novela entretenida, ...
3. Si salgo pronto de la universidad, ...
4. Si el Gobierno no rectifica sus declaraciones, ...
5. Si acabáis pronto el informe, ...
6. Si vuelve a aumentar el precio del petróleo, ...

2 Complete estas oraciones.

1. Me han prometido un aumento de sueldo para el mes que viene. Me iré una semana de vacaciones *si de verdad me suben el sueldo*.
2. No puedo asistir a la entrega de diplomas porque tengo que acabar un trabajo urgente, iré solo ....
3. Todo va a depender de que los billetes y el alojamiento no salgan muy caros. Pasaré por Londres si ....
4. Vale, haré el salmorejo, pero necesito tiempo y muchos tomates. Vamos, que lo haré si …
....
5. Creo que hoy, por fin, terminamos el libro; mañana me tomaré la tarde libre si ....
....

3 Transforme estas oraciones, que expresan una situación o acción posible, en otras que expresen una situación probable o de difícil realización.

1. Si tengo dinero, iré a Egipto este verano.
   Si tuviera dinero, iría a Egipto este verano.
2. Si las empresas suben el sueldo de los empleados un 10 %, estos tendrán menos problemas económicos.
   ....
3. Si todos ahorramos un poco de energía cada día, disminuirá el consumo energético de una manera considerable.
   ....

-194-

UNIDAD 24

4. Si comparamos una noticia en diferentes periódicos, podremos comprobar la manipulación a la que estamos sometidos.
   ....

5. Si no cerramos el viaje hoy, nos saldrá mucho más caro.
   ....

6. Si andas una hora al día, te bajará el colesterol. ....

4 Escriba una oración con *si*. Fíjese en las pistas que aparecen y tenga en cuenta el sentido.

1. Tengo 68 años y ya debo jubilarme, pero me gustaría seguir trabajando.
   Si no tuviera 68 años, no tendría que jubilarme y podría seguir trabajando. ....

2. Ya no es posible matricularse en ese curso, ¡qué pena!
   ....

3. Quiero estudiar fuera de mi país. He pedido varias becas, pero no sé si me concederán alguna.
   ....

4. ¡Qué rabia! No fui al teatro el viernes y dicen que me perdí una versión excepcional de una obra de García Lorca.
   ....

5 Complete con las expresiones del recuadro en el tiempo verbal adecuado. Escuche y compruebe.

(71)

| contratar | comprar la casa que hemos visto | no ser un secreto |
| tener que estar más gordo | suspender el partido | ingresar hoy |

1. Si consiguiéramos el crédito, *nos compraríamos la casa que hemos visto.* ....
2. Si no ingresó el cheque ayer, ...
3. Si bajara el precio de la fibra óptica, ...
4. Si comía tanto como decís, ...
5. Si hubiera seguido lloviendo de esta forma, ...
6. Si lo ha contado, ...

Unidad 24

6. Complete estas oraciones. Escuche y compruebe.

(72)

1. Los pantanos estarían más llenos, (no derrochar tanta agua) *si no derrocháramos tanta agua*...
2. Sería más feliz, (si mis amigos alegrarse de mis éxitos) ....
3. No pudiste verlo, (si no asistir a la recepción en la embajada) ....
4. No habríamos visto nunca esa película, (si no insistirnos, ustedes) ....

7. Transforme los siguientes hechos realizados en una hipótesis.

1. Todavía no he cumplido 40 años. → *Si hubiera cumplido 40 años*..., podría pedir la ayuda.
2. No fui al bar. → ...., me habría encontrado allí con mi ex.
3. Tengo muchos hermanos. → ...., no tendría tantos sobrinos.
4. No ha nacido mi nieto todavía. → ...., estaría loca de alegría.
5. No trabajé en Alemania. → ...., conocería mejor a los alemanes.

8. Complete este texto.

Si no (venir) ...*viene*... (1) es que no le interesará la exposición, porque si le (interesar) .... (2), estaría aquí. Yo lo conozco bien y sé que, si (querer) .... (3) acompañarnos, me habría llamado para pedirme la información. Siempre ha actuado así. Antes llamaba si (querer) .... (4) ir a un sitio y si lo (llamar) .... (5) nosotros, no venía, pero se enfadaba si no lo (hacer) .... (6). Así que un día le dije que estaba harto y que estaba claro y demostrado que cuando le interesaba algo, era él el que llamaba y que nunca venía cuando nosotros lo avisábamos, y que ya no le volvería a llamar para nada. Dejamos las cosas claras, y por eso sé que si (querer) .... (7) estar aquí, ya (estar) .... (8) el primero, ahí en la barra del bar hablando con todo el que se acerca a tomar algo. Dices que si no se (enterarse)... .... (9) es imposible que venga, pero es una posibilidad que no existe, porque es increíble, no sé cómo lo hace, pero se entera de todo lo que ocurre en la ciudad, no se le pasan por alto ni una conferencia ni una inauguración. Además, no te preocupes, que si (llegar) .... (10) ahora mismo (enterarse) .... (11), ya que se produciría un gran revuelo: sabe perfectamente cómo llamar la atención. Mira, si (llegar) .... (12), toda esa gente no (estar) .... (13) ahí donde está, (estar) .... (14) alrededor de esa columna, la que está a la izquierda de la barra del bar. Y no pienses mal porque a mí ese tío me cae muy bien, pero es como es.

UNIDAD 24

MIS CONCLUSIONES

9 Relacione y complete el cuadro. Puede haber varias posibilidades.

1.

1. Si ha comido en el trabajo,
2. Si come en el trabajo,
3. Si comía en el trabajo,

a. llamará por teléfono.
b. llama por teléfono.
c. llamaba por teléfono.

2.

1. Si hubiera comido en el trabajo,
2. Si comiera en el trabajo

a. llamaría.
b. habría llamado.
c. hubiera llamado.

La condición se refiere al pasado.	
La condición se refiere al presente.	
La condición se refiere al presente o futuro hipotético.	
La condición se refiere al pasado hipotético.	
El resultado de la condición se refiere al presente o futuro.	
El resultado de la condición se refiere al pasado hipotético.	

25. Te lo presto siempre que lo cuides
OTROS NEXOS CONDICIONALES

¡FÍJESE!

- Mamá, ¿me dejarías el coche este fin de semana?
- A condición de que lo **laves**, lo **limpies** bien por dentro, le **eches** gasolina, **des** aire a las ruedas, lo **lleves** a revisión...
- Raúl, llévate el paraguas por si llueve.
- Por si acaso.
- Pero, ¡hombre, papá! ¡Si hace un sol espléndido!

Así es

- Además de la conjunción *si*, en español hay otros nexos para introducir la idea de la condición y que añaden otros matices (→ Unidad 24).
- Todos son sustituibles por *si* (excepto *por si*, debido a su valor casual) con sus reglas correspondientes.

Nexos o conectores	Significado	Ejemplos
A condición de que Con tal (de) que Siempre y cuando Siempre que	Introducen condiciones imprescindibles para la realización de la acción.	Te esperaré **a condición de que salgas pronto** (**Si** sales pronto). Te acerco al centro **siempre y cuando sea por la tarde** (**Si** es por la tarde). Desde hoy, **siempre que no te enfades**, te invito a comer (**Si** no te enfades).

Nexos o conectores	Significado	Ejemplos
En caso de que	La realización de la condición se presenta como muy poco probable.	**En caso de que me retrase,** te mando un mensaje (**Si** me retraso).
A menos que A no ser que Salvo que Excepto que	Introducen la única posibilidad de que el resultado de la condición no se cumpla.	Inés no se presentará a las elecciones **a menos que / a no ser que / salvo que / excepto que** le **ofrezcan** encabezar la lista de su partido (**Si** no le ofrecen encabezar la lista).
Salvo si Excepto si	La diferencia con los anteriores está en la alternancia modal. Con subjuntivo la condición se presenta como menos probable.	Inés no se presentará a las elecciones **salvo si / excepto si** le **ofrecen / ofrecieran** encabezar la lista de su partido. (**Si** no le ofrecen encabezar la lista).
Por si (acaso)	Introduce una condición con valor causal. Con el imperfecto de subjuntivo la condición se presenta de manera menos probable.	Me voy al aeropuerto con tanta antelación **por si (acaso) puedo / pudiera** meterme en el vuelo anterior al mío.

Estos conectores llevan el verbo en subjuntivo menos *salvo si, excepto si* y *por si (acaso)*, que al terminar en *si*, siguen las reglas de este conector.

¡Atención!

– *Siempre que* puede tener valor temporal = *cada vez que* (→ Unidad 20, nivel Medio).

– En las construcciones con *por si (acaso)* se da una alternancia entre el presente de indicativo y el imperfecto de subjuntivo, referidos ambos al presente o al futuro.

– *En caso de que, a menos que, a no ser que, salvo que* y *excepto que* también admiten el imperfecto de subjuntivo para subrayar que la condición es aún menos probable.

– *A condición de (que)* y *con tal de (que)* pueden no llevar la conjunción *que* cuando el sujeto de las dos oraciones es el mismo y se construyen con infinitivo, aunque no es obligatorio.

*Soy capaz de pegarme la paliza con esta asignatura **con tal de aprobarla** de una vez.*

*Asistiré al congreso **a condición de que yo pueda** presentar mi libro.*

UNIDAD 25

• **La selección del modo y de los tiempos**

Tiempo y modo de la oración principal	Nexos o conectores	Tiempo y modo de la oración subordinada	Ejemplos
— Presente de indicativo — Futuro simple o compuesto — Imperativo afirmativo o negativo	A condición de que Con tal (de) que Siempre y cuando Siempre que En caso de que A no ser que A menos que Salvo que Excepto que	• Presente de subjuntivo (se refiere a una acción presente o futura) • Pretérito perfecto de subjuntivo (se refiere a una acción pasada).	Te **presto** el coche con tal de que / a condición de que me lo **devuelvas** el jueves. **Corro** todos los días a menos que **haya llovido**. A las 10 ya **habré hecho** la cena salvo que **prefieras** cenar fuera.
— Condicional simple	A condición de que Con tal (de) que Siempre y cuando Siempre que En caso de que A no ser que A menos que Salvo que Excepto que	• Imperfecto de subjuntivo (se refiere a una acción presente o futura). • Pretérito perfecto de subjuntivo (se refiere a una acción pasada).	**Iría** a buscarte yo mismo en caso de que no **encontraras** taxi. Lo **traduciría** yo a no ser que alguien ya lo **haya traducido**.
— Presente de indicativo — Futuro simple o compuesto — Imperativo afirmativo o negativo	Salvo si Excepto si Por si (acaso)	Presente de indicativo / Pretérito perfecto o indefinido / Imperfecto de subjuntivo	**Tendrán** que comprarse el libro salvo si lo **tienen** / lo **tuvieran** del año pasado. **Vuelvo** a enviarte este correo por si (acaso) no lo **has recibido** / no lo **recibiste**. No se **compren** el libro excepto si lo **consideran** / lo **considerasen** imprescindible.

UNIDAD 25

- **Otras construcciones con valor condicional** (→ Unidades 15 y 24)
  - **De** + infinitivo simple o compuesto + oración principal.

    De tener menos años, montaría una compañía de teatro.

    De haber vivido en un pueblo pequeño, las grandes ciudades te parecerían insoportables.

    Equivale a:
    - *En caso de que:* **De ser** niño, lo llamarán Héctor. → **En caso de que** sea niño…
    - *Si + imperfecto / pluscuamperfecto de subjuntivo:* **De tener** menos años, montaría una compañía de teatro. → **Si tuviera** menos años…

      De haber vivido en un pueblo pequeño, las grandes ciudades te parecerían insoportables. → **Si hubieras vivido**…

  - Gerundio + oración principal. No pierde del todo su carácter modal.

    Levantándote más temprano, aprovecharías más el día. → **Si te levantaras**…

    (¿Cómo aprovecharías más el día? **Levantándote** más temprano; aquí se ve el valor modal que conserva).

EJERCICIOS

1 Lea estos enunciados y subraye la opción que mejor encaje con el sentido de los mismos.

1. Llevarán al alcalde a los tribunales *a no ser que* / *por si acaso* pueda demostrar de dónde proceden sus ingresos de los últimos años.
2. Pasaremos estas fiestas con vosotros *excepto si* / *siempre y cuando* nos den unos días más de vacaciones.
3. Te lo digo yo *por si acaso* / *excepto si* no te avisan los demás y la noticia te pilla de sorpresa.
4. Aquí tienes un posible artículo para la revista; no sé si encaja con alguna de sus secciones. *En caso de que* / *Salvo que* te parezca apropiado, dímelo para adaptarlo a las normas de publicación.
5. ¡Cómo lo siento! No podré asistir al congreso *salvo si* / *salvo que* ocurre un milagro y en esas fechas anulan todas las clases.
6. *Siempre que* / *Cambiando* la mesa de sitio, cabría la estantería para los libros.

2 Complete las oraciones con la información que le damos.

1. Yo no cambiaría ahora de ordenador, salvo que <u>encontrara una buena oferta</u>. (encontrar, buena oferta).
2. Compre con toda confianza, le devolvemos el dinero en caso de que ……………………………………… (no estar satisfecho / devolverle el dinero).
3. Volvería a la infancia siempre que ……………………………………… (asegurarme la felicidad).

UNIDAD 25

4. De haberme llamado al móvil, ... (ver su número en «llamadas perdidas»).

5. En esa tienda todo parece de mal gusto, pero buscando bien, ... (a veces, encontrar, maravillas).

6. Te he dejado el *Diccionario de dudas* en tu mesa por si .... (necesitarlo para el trabajo de Lengua).

7. A las 17:00 ya habré salido del trabajo, a menos que .... (surgir un imprevisto).

3 Transforme el infinitivo en el tiempo y modo adecuados. Después, escuche y compruebe.

(74)

1. > Aceptaría su oferta a condición de que me (ofrecer) ......*ofrecieran*...... el mismo sueldo, pero menos horas de trabajo. En caso de que no (ser) .... así, me quedo donde estoy.

   < Me parece difícil que llegues a un acuerdo con ellos sobre ese punto, salvo si les (proponer) .... compensar tu horario en la oficina con horas extra en casa.

2. > ¿Sabes qué te digo? Que hagas lo que quieras con tal de que tus actos no (causar) .... daño a nadie.

   < ¿Y me aconsejas eso por si acaso (tener) .... en mente hacer algo malo?

3. > ¿Tú crees que Laura querrá ver esta película?

   < Seguro, salvo que (verla) .... ya, porque es muy cinéfila.

4. > Yo propongo hacer algunos cambios sin importancia en el estilo, siempre que (estar) .... de acuerdo tú, claro.

   < Por mí, lo que queráis, con tal de que (acabar, nosotros) .... este trabajo que nos trae locos. A mí ya me da igual lo del estilo.

5. > Tranquila, que no te preguntarán nada, a menos que les (mostrar) .... nerviosismo o inseguridad.

   < ¡Qué fácil! O sea que no me pasará nada salvo que (perder) .... los nervios. De (saber) .... que me iba a ver en esta situación, no habría ofrecido mi colaboración.

6. > ¿Hay que enviar todos estos paquetes hoy?

   < Sí, a no ser que nos (decir) .... que podemos hacerlo mañana.

UNIDAD 25

4 Sustituya la parte marcada en cursiva por un gerundio o por *de* + infinitivo cuando el sentido lo permita.

1. Perderá todos los beneficios acumulados *si se marcha* ahora. → *marchándose ahora.*

2. *Si me amenazan* otra vez, llamaré a la policía, se lo aseguro. → ……………………………….

3. *Si no publicas* esto eres tonto. ¡Es muy bueno! → ……………………………….

4. *Si hubiéramos invertido* hace unos años en esa empresa, habríamos perdido todo el dinero.
   → ……………………………….

5. ¿Cree usted que reconocería a su agresor *si lo viera otra vez*? → ……………………………….

6. No, no es fácil, pero *si te fijas bien*, encontrarás algunos fallos en el texto. →
   ……………………………….

5 Complete usando el recurso más adecuado al contexto. Escuche y compruebe.

(75)

| teniendo | en caso de que | saliendo ahora | a condición de que |
| salvo que | de vivir | a no ser que | por si |

1. \> No te preocupes, estoy segura de que llamarán.

   \< Sí, claro, *salvo que / a no ser que* les surja algún problema de última hora.

2. \> No habrá ningún problema y, ………………….. haya alguno, estaremos preparados.

   \< ¡Qué optimista te veo! Yo me llevaré en la cartera un plan B ………………….. hubiera imprevistos.

3. \> ………………….., llegaremos esta noche, un poco tarde, eso sí.

   \< Tú estás loco, no llegaremos ni para el desayuno, ¿o te crees que conduces tú solo por la carretera?

4. \> ………………….. los abuelos, nadie se atrevería a vender la casa del pueblo.

   \< Pero ya no están aquí y a todos nos vendrá muy bien el dinero ………………….. a ti te sobre, claro.

5. \> En esta asociación admitimos a todo el mundo ………………….. pasen unas horas a la semana haciendo trabajos de voluntariado.

   \< Eso está muy bien ………………….. tiempo libre, porque si no…

UNIDAD 25

6 Lea el texto y sustituya las oraciones condicionales subrayadas por nexos que expresen estas ideas, acordes con la intención de quien lo escribió. Realice los cambios que sean necesarios.

IDEAS

- La autora no confía mucho en esa posibilidad.
- Se presenta una condición imprescindible para llevar a cabo la propuesta presentada.
- Esa es la única posibilidad de que la amenaza anunciada no se cumpla (dos veces).

La situación del calentamiento de la Tierra no podrá pararse (1) <u>si los Gobiernos de los países desarrollados no toman medidas claras</u> .... contra la contaminación. Solo se podrá frenar el avance del deshielo en el Antártico, por ejemplo, (2) <u>si se acatan</u> .... los máximos establecidos por el último protocolo contra el cambio climático.

Si los países industrializados hicieran el mismo esfuerzo que el que hacen algunas poblaciones africanas, bajo el liderazgo de la keniata Wangari Maathai, Premio Nobel de la Paz 2004, se habría conseguido al menos uno de los Objetivos de Desarrollo del Milenio para 2015.

No queremos ser alarmistas, pero la vida en la Tierra tiene los días contados (3) <u>si las políticas de medioambiente del Primer Mundo no empiezan</u> .... a gestionar de manera sostenible los recursos naturales y el agua. La educación para proteger y cuidar el medio ambiente es la asignatura pendiente del siglo XXI y hay que ponerla en práctica cuanto antes, (4) <u>si somos conscientes</u> .... de su contribución a la lucha contra la pobreza y la injusticia social, claro está.

7 Lea el texto.

¡Por fin sola! Voy a poder ducharme sin que alguien abra el grifo y el agua cambie rápidamente de temperatura y, además, voy a depilarme sin tener que salir del baño a media operación porque alguien quiere lavarse los dientes. Todo sea que llamen a la puerta de la calle, que no sería la primera vez, y tenga que ir a abrir envuelta en ese albornoz del año de la cachipún*, descolorido y con algún que otro hilo colgando. Un día de estos me compraré uno nuevo, pero ya veremos, porque, la verdad, tampoco es que lo utilice demasiado.

(...) ¿Qué, decido ducha o baño? Baño, me lo merezco; me merezco un baño de espuma como esos que aparecen en las películas, y no voy a poner velas encendidas porque es de día y porque tampoco tengo velas ni sitio para ponerlas. Quedan muy bien en las películas, pero luego habría que limpiar la cera que se queda pegada. Pondré música y cerraré los ojos. Y ahora, adentro. ¡Cielos! ¡Qué placer y que pérdida de tiempo... y de agua!

Los grafitis de mamá. Toti Martínez de Leza

*Año de la cachipún: expresión coloquial para decir que algo es viejo.

UNIDAD 25

■ **Complete usando diferentes nexos condicionales.**

1. La protagonista antes podía ducharse ……………………………………………
2. Antes no podía depilarse ……………………………………………
3. Tendría que ponerse su viejo albornoz ……………………………………
4. Se compraría un albornoz nuevo ……………………………………………
5. Le encantaría encender velas ……………………………………………

8 **Complete con uno de los siguientes conectores y el tiempo verbal adecuado. Atención: no todos los conectores son válidos:** *a menos que, con tal de que, a no ser que, con la condición de que, salvo si.*

1. Julia a estas horas ya (llegar) …………… a Alicante …………… (retrasarse) ………… en salir.
2. Julia (llegar) ………… dentro de poco a Alicante ………… (encontrar) ………… atasco cuando llegue al centro.
3. En cuanto llegue a casa (bañar) ………… a los niños ………… ya (hacerlo) ………… tú.

MIS CONCLUSIONES

9 **Marque verdadero (V) o falso (F) en estas afirmaciones.**

a. Todos los nexos condicionales se construyen con subjuntivo: ……
b. Los nexos condicionales que incluyen *si* alternan el presente de indicativo y el imperfecto de subjuntivo: ……
c. El gerundio con valor condicional es sinónimo de *en caso de que*: ……
d. *Excepto que* y *excepto si* son sinónimos: ……

10 **Elija la respuesta adecuada. ¿Qué expresa la parte subrayada?**

1. Nos vemos la semana que viene <u>salvo que ocurra algo grave antes.</u>
   a. la única posibilidad de que el resultado de la condición no se cumpla.
   b. una condición con valor causal.

2. Podrás irte de fin de semana <u>siempre que te portes bien</u> desde hoy hasta el viernes.
   a. una frase temporal referida al futuro.
   b. una condición imprescindible.

3. <u>En caso de que no te haya llegado el cheque</u>, llámame y te lo vuelvo a enviar.
   a. la idea de que lo que se afirma es poco probable.
   b. una condición unida a la idea de modo.

26 *Iré aunque no me apetezca*
ORACIONES CONCESIVAS

¡FÍJESE!

(76)

Mira a Emilia. **Por muchos problemas que tenga**, no se le quita el hambre.

Y **eso que** esta mañana la jefa la **ha amenazado** con despedirla.

Así es

- Las oraciones concesivas presentan un posible impedimento para que se realice lo expresado en la oración principal, pero, pese a todo, se realiza.

    ***Aunque no me gusta mucho**, voy a hacer aeróbic para estar en forma.* (El hecho de que no me guste esa actividad no impide que la haga).
    *Voy a hacer aeróbic para estar en forma **aunque no me gusta mucho**.*

    ***Por muchos problemas que tenga**, nunca pierde la sonrisa.* (Los problemas serían un impedimento para sentirse bien, pero la persona no los tiene en cuenta y sonríe).
    *Nunca pierde la sonrisa **por muchos problemas que tenga**.*

    Pueden ir en posición inicial o final.

-206-

UNIDAD 26

NEXOS

Con indicativo o subjuntivo	Con indicativo
– Aunque	– Y eso que
– A pesar de que	
– Por más que / Por mucho que	
– Por más + sustantivo + que	
– Por mucho (a, os, as) + sustantivo + que	
– Por poco que (muestra una clara tendencia al subjuntivo).	
– Por poco (a, os, as) + sustantivo + que	
– Incluso si } pero no con futuros y condicionales en indicativo y solo con pretérito imperfecto en el subjuntivo.	
– Tanto si… como si (no)	

LA SELECCIÓN DEL MODO

- **Con indicativo**

– Expresamos información nueva para el interlocutor; se tiene experiencia de lo que se afirma.

> ¿Qué vas a hacer este fin de semana?

< Me voy a la playa, **aunque** en Alicante **está lloviendo** mucho.

– También expresamos información compartida (no es nueva), pero es importante para el hablante.

> ¿Te vas a ir al final a Alicante con este mal tiempo?

< Sí, **aunque está lloviendo** mucho y **hace** muy malo, me quiero ir.

- **Con subjuntivo**

– Se expresa la no experiencia. Nos referimos a posibles impedimentos en el futuro.

> ¿Qué vas a hacer este fin de semana?

< Me voy a la playa, **aunque llueva, haga** frío o **caiga** una nevada histórica (el hablante no sabe qué tiempo va a hacer).

– Se indica un impedimento conocido, pero mostramos indiferencia ante él.

> ¿Te vas a ir al final a la playa con este mal tiempo?

< Sí, **aunque haga** frío me quiero ir (sé que está haciendo frío, pero no me importa).

– También se expresa un impedimento irreal, de imposible realización. La concordancia temporal se establece entre el condicional y el imperfecto de subjuntivo (→ Unidad 13).

Aunque estuvieras en mi lugar –que no estás–, nunca me entenderías (se presenta la posibilidad de estar en el lugar de otro como imposible).

Unidad 26

Concordancia de los tiempos

• Tiempo de la oración principal	• Tiempo y modo de la subordinada
Presente y futuros de indicativo ⟶	Presentes de indicativo o subjuntivo
No voy / no iré aunque me apetece mucho. *No voy / no iré aunque me apetezca mucho.*	
Imperativo afirmativo / negativo ⟶	Presentes de indicativo o subjuntivo
No vayas por mucho que te apetezca. *Ve a pesar de que no te apetezca.*	
Pasados de indicativo ⟶	Pasados de indicativo o subjuntivo
Aunque he salido tarde, he llegado a tiempo. *Por más que madrugase nunca llegaba a tiempo.*	
Condicional simple ⟶	Imperfecto de subjuntivo
Yo la llamaría tanto si le gustara como si no.	

¡Atención!

Alternancia presente / pretérito imperfecto de subjuntivo. Se usa el imperfecto en lugar del presente de subjuntivo cuando se quiere manifestar un mayor grado de irrealidad o de imposibilidad.

– Concordancia obligada por el tiempo del verbo principal.

> *No **podré** corregir mis errores aunque **me esfuerce** mucho* (lo presento como una opción posible; concuerda con el futuro de la principal).
>
> *No **podría** corregir mis errores aunque **me esforzara** mucho* (lo presento como una hipótesis imposible; concuerda con el condicional de la oración principal).

– Concordancia posible por la **intención comunicativa** del hablante.

El hablante tiene la posibilidad de usar el imperfecto de subjuntivo para mostrar que presenta una opción en la que no cree, que le resulta poco probable.

> *No **podré** corregir mi actitud aunque **me esforzara** mucho* (no me voy a esforzar porque no creo en la posibilidad de corregirme).

Sobre los nexos concesivos

• ***Aunque, a pesar de que*** + indicativo / subjuntivo. *Aunque* es la más usual de las dos.

• ***A pesar de*** + infinitivo / sustantivo precedido de determinantes. Exige que el sujeto sea el mismo.

> ***A pesar de*** *tener pocos años, actúa con gran madurez.*
>
> ***A pesar de*** *sus pocos años, actúa con gran madurez.*

- **Por más / mucho / poco // Por mucho/a/os/as // Por poco/a/os/as** + sustantivo + **que** + indicativo / subjuntivo.

  – Añaden a las concesivas la idea de cantidad. En la selección del modo funcionan igual que *aunque*.

    Por más / mucho que busco, no encuentro al hombre de mi vida.

    Por más / muchas vueltas **que** le doy al asunto, no encuentro una solución adecuada.

    Por poco que haga cada uno, siempre será de gran ayuda.

    Por más / mucho que se lo expliques, no lo entenderá. Es bastante torpe.

- **Tanto si** + indicativo / imperfecto de subjuntivo… **como si** + indicativo / imperfecto de subjuntivo.

  PERO *Tanto si* + indicativo / imperfecto de subjuntivo… *como si no* cuando el verbo es el mismo en las dos partes.

  – Presenta dos obstáculos para el cumplimiento de lo expresado en la oración principal o bien dos posibilidades vistas como posibles. Está muy cercano al valor condicional.

    Tanto si llueve **como si** hace sol, saldremos a pescar.

    Tanto si estuviera soltero **como si no** (lo estuviera), no me casaría con él. ¡Es insoportable!

  – Este conector no admite ni los futuros, ni los condicionales, ni el presente de subjuntivo (→ Unidad 24).

- **Incluso si** + indicativo / imperfecto de subjuntivo.

  – Presenta el obstáculo como el menos probable. Este conector no admite ni los futuros, ni los condicionales, ni el presente de subjuntivo porque se forma con el conector *si* (→ Unidad 24).

    Tienes que aprender a nadar **incluso si** tienes pánico al agua.

    Incluso si se quedara sola, saldría adelante; ella es muy valiente.

- **Y eso que** + indicativo. Pertenece al registro informal. Va siempre detrás de la oración principal.

  – Remite a lo que se ha mencionado y lo enfatiza. Tiene un matiz de reproche o de comentario irónico.

    Se metió en política **y eso que** había jurado que no lo haría.

    Mira cómo baila la abuela **y eso que** le duelen todos los huesos.

- **Aun** + gerundio. Equivale a 'incluso si' (→ Unidad 15).

UNIDAD 26

EJERCICIOS

1 Transforme el infinitivo en el tiempo y modo correspondientes. Fíjese en la información que se da entre paréntesis.

1. Aunque (estar, nosotros) ......*estemos*...... en invierno, hace un sol espléndido. ¿Será por el cambio climático? (Es indiferente la información).

2. Hola, soy Leonor Pérez y le escribo para decirle que, aunque (estar, yo) .... dispuesta a trabajar, hasta ahora no he podido ponerme en contacto con usted por motivos personales. (Se da información nueva).

3. A pesar de que (ser) .... difícil la selección, todos confiamos en que te den a ti ese puesto de trabajo. (No sabemos si será difícil o no, no tenemos experiencia).

4. Os agradezco mucho todo lo que estáis haciendo por mí, especialmente ese esfuerzo por cuidar a mis dos perros y mis tres gatos a pesar de que no (gustaros) .... los animales. (Información compartida).

5. Una buena norma para no deprimirse es valorar lo que se tiene, lo que se va haciendo, aunque (tener) .... sus imperfecciones. (No se da importancia al obstáculo).

6. Ese hombre nos hizo mucho daño. No lo perdonaría aunque (pedírmelo) .... de rodillas. (Se habla de un hecho hipotético).

7. No iré a ese congreso, lo tengo decidido y no iré aunque (pagarme) .... todos los gastos y me (ingresar) .... en el banco el doble de lo que me han ofrecido. (La posibilidad se presenta como imposible).

(77)

2 Complete los diálogos con el tiempo y modo adecuados. Escuche y compruebe.

1. > ¿Y si dejamos aquí la discusión?
   < Bueno, si todos están de acuerdo…, aunque nos (quedar) ...*queda*... mucho por discutir.

2. > ¡Cuántos alumnos matriculados en el máster!
   < Cierto, y eso que (creer, nosotros) .... que tendríamos que cancelarlo.

3. > Las cosas son como son y no van a ir mejor.
   < Mira, chico, tú eres un pesimista y por mucho que lo (intentar) ...., nunca verías nada positivo a tu alrededor.

4. > Lee este folleto. Es muy interesante incluso si no (saber) .... nada de informática.
   < Vale, lo leeré aunque, en el fondo, de este tema solo (necesitar) .... saber lo imprescindible.

5. > Ya os he dicho que me voy a estudiar al extranjero, tanto si (darme) .... la beca, como si no (dármela) ....
   < ¡Qué cabezota eres! ¿Por qué no te lo piensas un poco más?

-210-

UNIDAD 26

6. > Teníamos tanta sed que entramos en aquel bar aunque no (haber) .... nadie.

< Pues yo no entraría en un bar vacío por mucha sed que (tener) ....

7. > No pude convencerlo a pesar de que (usar, yo) .... muchos argumentos.

< Es cierto, y eso que esta vez (tener, tú) .... mucha paciencia.

3 Subraye el nexo correcto.

1. *A pesar de* tomo el sol / *Por más que* tomo el sol, no me bronceo.
2. Las tiendas están abarrotadas en las rebajas *tanto si* / *aun habiendo* crisis.
3. No deberías contarle nada a Humberto *y eso que* / *incluso si* te amenazara.
4. *Por poco que* / *por mucho que* se esfuerce siempre aprueba y, además, con nota.
5. *Aunque* / *tanto si* te gusta como si no, debes matricularte en ese curso.
6. *Aunque* / *a pesar de* darle vueltas y vueltas, no puedo imaginar un lugar mejor que este.
7. Las carreteras están intransitables a esta hora *y eso que* / *por poco que* las máquinas quitanieves están funcionando desde que empezó a nevar.

4 Complete los enunciados teniendo en cuenta el contexto y fijándose en las palabras subrayadas. Después escuche unas posibles respuestas.

(78)

1. Contexto Usted está harto de que Ernesto pida <u>ayuda para las cosas más sencillas</u>.

> ¿Podrías acompañar a Ernesto al médico?

< No puedo, pero *aunque pudiera, tampoco lo acompañaría,* ya es mayorcito para ir solo.

2. Contexto Su compañero y usted tienen que <u>entregar</u> unas ilustraciones <u>el día 31</u>; hoy es 27 y <u>les quedan muchas por hacer</u>. Su compañero cree que hay que entregarlas a tiempo.

> ¡Uf! Todavía nos queda mucho para terminar, ¿crees que nos darán más tiempo?

< Creo que no, pero ...., tendremos que ....
....

3. Contexto En la oficina hay un colega que <u>trabaja poco</u>, pero <u>aparenta estar ocupado</u>, sobre todo cuando el jefe está cerca.

> ¡Hay que ver lo poco que trabaja!

< Es cierto, pero mira qué listo: ...., siempre parece que .... Sabe hacer creer que es un buen empleado.

4. Contexto Usted es una persona muy positiva que no se asusta <u>ante los problemas</u>. <u>Puede estar preocupada</u>, pero siempre está de buen humor y es muy buena compañía.

> Hija, da gusto contigo, nunca pierdes el buen humor ....

< Gracias, eso es que tú me ves con buenos ojos.

> Es verdad, ..., siempre eres una buena compañía.

UNIDAD 26

5 Escriba un pequeño texto con cada historia introduciendo todos los obstáculos y las actitudes que se plantean, usando los nexos concesivos.

1. Me has engañado muchas veces y no me ha importado.
   a. Pero te he seguido queriendo.
   b. Pero ahora se acabó: me he librado de ti y voy a ser feliz y no te haré caso me pidas o no me pidas que volvamos a empezar.
   Por muchas veces que me hayas engañado no me ha importado. ....
   ....

2. ¿Comprar un libro sobre los múltiples usos del vinagre? Siempre puede ser de utilidad.
   a. Usted ya tiene en la despensa distintas variedades de vinagre.
   b. Usted está empezando a interesarse por el vinagre.
   Este libro le será útil ....
   ....

3. Noelia es una fumadora empedernida, pero ha decidido dejar de fumar. En su mente se plantean las dificultades a las que tendrá que enfrentarse.
   a. Me ofrecerán un cigarrillo, como siempre.
   b. Me costará mucho no fumar a la hora del café.
   c. Es posible que engorde.
   Pero ella está decidida y eso que lleva 35 años fumando.
   ....
   ....

4. ¿Vivir en un pueblo pequeño en la montaña? ¿Por qué no?, pero piénselo bien antes de decidirse.
   a. No hay posibilidad de ir al cine o al teatro.
   b. La gente «se interesa» por la vida de los vecinos.
   c. Existe el peligro de quedarse aislado en invierno.
   Claro que la calidad de vida allí no se puede comparar con la de la gran ciudad.
   ....
   ....

6 Escriba estos nexos donde encajen mejor con el sentido del texto.

[aunque / aun sabiendo / a pesar de que / por más que / y eso que / por mucho que]

(1) *Por mucho que* lo intento, no consigo recordar su nombre. Está sentada frente a mí, sonriendo, y (2) .... sus labios entreabiertos evoquen en mi memoria una sonrisa conocida, no lo recuerdo. (3) .... a lo que me exponía, acepté

volver a verla cuando hace ya una semana sonó mi teléfono móvil y su voz, clara y soleada, me propuso el encuentro. «Hola, Eduardo –dijo–. Estoy en Madrid. ¿Nos vemos el jueves a las cuatro?» (4) .... imaginaba que se trataba de un antiguo amor y (5) .... su voz sonara a desayunos compartidos, no lo recordaba.

Llevamos dos horas hablando del mundo, de la vida, de futuros improbables. Hemos quedado para el próximo domingo. Me gusta su presencia, es parte de mí. (6) .... no consigo recordar su nombre.

7 **Lea el texto y convierta los contenidos marcados en cursiva en oraciones concesivas haciendo las transformaciones necesarias.**

> «Amar apasionadamente sin ser correspondido es como ir en barco y marearse: (1) *tú te sientes morir, pero a los demás les produces risa*», me dijo un día con aplastante lucidez el escritor Alejandro Gándara. Es cierto, (2) los achaques del amor suelen provocar en los espectadores *una sonrisilla* a medias burlona y a medias *conmiserativa. Y sin embargo ¡el dolor del amor despechado es tan agudo!* Es una desesperación que enferma, una desolación que te vacía. (3) *Resulta curioso que tus amigos se tomen tan poco en serio tu sufrimiento para ti tan profundo*. (...) ¿Por qué será que, cuando no estamos sumidos en el desamor, no le damos importancia a esa desdicha? (...) ¿Será que, en el fondo de nuestra conciencia, (4) *sabemos que esa pasión amorosa es un invento y que (...) por tanto, ese dolor que nos abrasa es irreal?*
>
> *La loca de la casa.* Rosa Montero

1. *Aunque tú te sientes morir, a los demás les produce risa.* ....

MIS CONCLUSIONES

8 **Indique los nexos correspondientes a las definiciones.**

1. Añaden a las concesivas la idea de cantidad: ....
2. Remite a lo que se ha mencionado y lo enfatiza: ....
3. Presentan dos obstáculos para el cumplimiento de lo expresado en la oración principal: ....
4. Presenta el impedimento como el menos probable: ....

9 **Complete.**

> *A pesar de que* puede perder «que» cuando .... El gerundio puede tener valor concesivo si .... *Tanto si* e *incluso si* no admiten detrás ....

27 *No creí que lo supieras*
VERBOS DE ENTENDIMIENTO Y PERCEPCIÓN CON INDICATIVO Y SUBJUNTIVO

¡FÍJESE!

¿No sientes que hace demasiado frío? Yo **creo que** Arturo **se ha dejado** abierta la ventana del baño.

¡Cuánto **siento que tengamos** que aguantarlo todo el viaje a Plutón!

Así es

- **Verbos de entendimiento**

  - ***Creer, pensar, opinar*** y ***considerar*** (este último en contextos más formales). Estos verbos de entendimiento, además de expresar opinión, pueden tener otros significados.

    - *Creer*: también significa confiar en la verdad de las palabras de alguien. Normalmente lleva delante un pronombre o le sigue la preposición *en*.

      No **te creo**, no **creo en** tus palabras. / Siempre **crees** que te ayudarán y luego… (creencia).
      Creo que no podrán ayudarme (opinión).

    - *Pensar*: puede ser un verbo de pensamiento puro. En este caso suele llevar detrás la preposición *en*. Asimismo, puede funcionar como verbo de influencia (→ Unidad 29, nivel Medio).

      Estoy pensando en que sería mejor no llamarlas (pensamiento).
      He pensado que este verano vayas a estudiar inglés a Australia (influencia).
      Pienso que es tonto (opinión).

    - *Considerar*: también significa 'tener en cuenta'.

      Por favor, **considera** la posibilidad de presentarte como candidato (tener en cuenta).
      Considero que no debemos hablar de este tema (opinión).

UNIDAD 27

- **Verbos de percepción**

  – **Ver, sentir, notar.** Fíjese en el distinto significado de estos verbos.

  Veo que al fondo hay un cartel rojo, pero no puedo leer las letras (percepción física).

  Veo que nadie quiere comprometerse, así que yo también me voy (opinión).

  No puedo mover la mano derecha, además no **siento** nada, ya me puedes quemar o pinchar que no me entero (percepción física).

  Siento mucho que todo haya salido tan mal. No ha sido culpa tuya (sentimiento, equivalente a 'lamentar' → Unidad 24, nivel Medio).

  Siento que la gente está contra mí por razones personales (percepción mental).

  ¿Me estás tocando? No **noto** nada (percepción física).

  Noten que en este apartado hablamos del significado de los verbos (percepción mental; equivale a 'darse cuenta, fijarse').

- **La selección del modo**

  – Si negamos con los verbos de entendimiento (*creer, pensar, opinar, considerar*) y los verbos de percepción (*ver, sentir, notar*, **empleados como verbos de opinión**), utilizamos el subjuntivo con la siguiente estructura:

  > Negación + verbo de entendimiento o percepción en indicativo + *que* + subjuntivo

  Creo que eres consciente de lo que dices. → **No creo <u>que seas</u>** consciente de lo que dices.

  Veo que no queréis hacerme caso. → **No veo <u>que queráis</u>** hacerme caso.

  – Esta estructura se usa para corregir lo que ha dicho el interlocutor, mostrar desacuerdo… La negación debe ir delante de los verbos de opinión y percepción; si acompaña al verbo subordinado no aparece el subjuntivo.

  No creo que **tengas** razón (subjuntivo porque el *no* niega el verbo *creer*).

  Creo que **no tienes** razón (indicativo porque el *no* va con *tener*).

  *Creo que **no tengas** razón (incorrecta porque el *no* afecta a *tener*, al verbo subordinado, y en ese caso no puede ir en subjuntivo).

¡**Atención**!

La negación no solo se expresa con el adverbio *no*. También podemos expresarla con *nadie, ningún, ninguno, nada, tampoco, nunca, ni*. Por eso, estos términos también exigen el subjuntivo.

Tampoco yo creo que ella **esté** equivocada.

Nadie piensa que **seas** antipático.

Nunca pienso que las cosas **se solucionen** recurriendo a la violencia.

No creo que **lleve** razón **ni** que **sepa** bien de qué habla.

UNIDAD 27

¡Atención!

No + verbos de entendimiento en imperativo negativo + indicativo.

> **No crean** que las cosas **serán** tan fáciles siempre.
>
> **No pienses** que te odian, es que son muy reservados.

– Así pues, los verbos de entendimiento y percepción, como se ha visto, seleccionan el modo (indicativo o subjuntivo) dependiendo de su significado.

Creer = confiar en, dar crédito a + *que* + indicativo

Pensar = tener pensamientos + *que* + indicativo

Pensar = proponer (influencia) + *que* + subjuntivo

Considerar = tener en cuenta + *que* + indicativo

Sentir = lamentar + *que* + subjuntivo

Sentir = notar (físicamente) + *que* + indicativo

Notar = percibir (físicamente) + *que* + indicativo

Notar = fijarse en, prestar atención a + *que* + indicativo

- **Las preguntas**

Podemos preguntar usando la negación sin emplear el subjuntivo porque realmente no se niega, ya que se trata de un recurso para corroborar nuestra opinión.

> ¿**No** crees que ya **es** suficiente? Te estás pasando.
>
> ¿**No** piensan que Raúl **está** muy raro últimamente?

- **Correlación de tiempos**

Oración principal	Nexo	Oración subordinada
No creo Nunca he pensado		haya aprobado el examen. seas tonto.
No creí Nunca pensé	QUE	tuviera razón. cambiaran el programa.
Tampoco pensé / vi Nadie creía		fuera a pasar esto.

Los verbos de entendimiento, al ser verbos que expresan un pensamiento, son también introductores del estilo indirecto (→ Unidad 28).

UNIDAD 27

EJERCICIOS

1 Niegue las siguientes oraciones.

1. Pienso que la juventud de hoy en día está desorientada.
   No pienso que la juventud de hoy en día esté desorientada.

2. Creo que durante este puente nos va a hacer mal tiempo.
   ....

3. Consideramos que su perfil es el adecuado para esta empresa.
   ....

4. Ellos opinan que esto no supone un problema.
   ....

5. Pienso que esa es lo mejor manera de llegar a un acuerdo.
   ....

6. ¡Vaya! Veo que me apoyas cuando te necesito.
   ....

2 Subraye el verbo en subjuntivo donde sea necesario.

1. Yo tampoco creo que ella *puede* / *pueda* solucionarlo.
2. Pensamos que tampoco ella *puede* / *pueda* solucionarlo.
3. Creo que no *sabes* / *sepas* lo que dices.
4. Nunca hemos aprobado que *se convocan* / *se convoquen* elecciones anticipadas.
5. Ya veo que en el fondo no *tienes* / *tengas* la menor intención de ayudarme.
6. Lo siento, pero no notamos que *hay* / *haya* buena voluntad en vuestras acciones.

3 Complete con el verbo en el tiempo y modo adecuados.

1. No creo que Ángel (pensar) .....*piense*..... mal de ti, es que está un poco tenso.
2. Lo siento, no pensé que mi comentario (poder) .... herir tus sentimientos.
3. Ni siquiera se me pasó por la imaginación que Néstor (estar escuchando) .... mi conversación por el otro teléfono.
4. Nunca creíste que yo (ser) .... capaz de valerme por mí misma.
5. Al principio, nadie pensó que la huelga (ser) .... necesaria, pero al final pienso que la situación (mejorar) ....
6. No, yo no veo que (tener, tú) .... motivos para ponerte así.

UNIDAD 27

4 Complete con *no, ni, tampoco, nadie o nunca* donde sea necesario y escriba el verbo en el modo adecuado. Escuche y compruebe.

1. ..*No*... creemos que (ser) ..*seas*.. tú el culpable.

2. > Es muy caro cambiar de casa; de momento .... pienso que (ser) .... buena idea mudarnos con tanta urgencia.
   < Yo .... creo que (tener, nosotros) .... que cambiar de casa tan urgentemente, pero no podemos seguir en estas condiciones por mucho tiempo.

3. > Yo .... creo que esta reforma educativa (ayudar) .... a una mejor formación de los estudiantes; se parece demasiado a las antiguas.
   < Pues yo pienso que sí (mejorar) .... su formación.

4. > Los compañeros piensan que yo .... (ser) importante para la empresa y todo el mundo me ignora.
   < .... piensa que tú (ser) .... poco importante, son imaginaciones tuyas. Aquí la gente te aprecia mucho.

5. > Por ser nuevos en este despacho, ¿piensa que .... (valer) para un trabajo como este o que nuestra aportación (ser) .... mínima?
   < .... creo que ustedes (valer) .... para esto, ... que su aportación (ser) .... insignificante. Todo lo contrario.

6. > No, Martín, esta vez creo que .... (deber) venir conmigo. Es mejor que vaya yo sola.
   < Tú .... has creído que yo te (ser) .... útil.

5 Exprese su opinión usando el verbo entre paréntesis.

1. Los seres humanos estamos destruyendo el planeta.
   (Pensar) *Yo pienso que sí lo estamos destruyendo. / Yo no pienso que lo estemos destruyendo.*

2. Los medios de comunicación deben limitar su información teniendo en cuenta la sensibilidad del público.
   (Creer) ....

3. Los políticos tienen que tener más contacto con el pueblo para hacer algo realmente útil.
   (Considerar) ....

4. En realidad, al final todo se soluciona mediante la fuerza.
   (Ver) ....

5. La gramática del español es muy difícil de aprender.
   (Notar) ....

6. Hoy en día fiarse de alguien es demasiado arriesgado.
   (Opinar) ....

6 Complete el diálogo con el modo adecuado según el significado del verbo. Escuche y compruebe.

> Creo que no me (entenderme) *entiendes.*

< Sí, pero no creo que (deber) .... mantener esa actitud derrotista.

> ¿Derrotista? Creo que no te has parado a considerar que esto (suponer) .... un palo muy gordo para mí después de tantos meses preparando esa prueba de ingreso.

< Sí que lo tengo en cuenta y siento mucho que las cosas no (haber salido) .... como esperabas, pero creo que no (acabarse) .... el mundo por eso. Durante todo este tiempo nunca has pensado en que (haber) .... otras muchas salidas, te has concentrado exclusivamente en tu idea.

> ¿Me lo estás reprochando? ¿Has notado que (tener) .... todo el pelo lleno de canas de tanto trabajar? ¿Acaso has visto que (no dormir) .... apenas por las noches?

< Claro que lo he notado; por cierto, no tienes el pelo lleno de canas. ¿Sabes lo que pienso en realidad? ¿Sabes lo que siento aquí dentro? Siento que (olvidar, tú) .... todo lo que realmente importa y que (comportarse, tú) .... de forma egoísta.

> ¿Pero si todo lo he hecho por nosotros y por los niños, para que tengamos una vida mejor?

< ¿De verdad? Lo siento, pero yo no noto que (prestar) .... tanta atención a nuestras necesidades, pienso que todo esto lo (hacer) .... por ti, no por nosotros; si piensas en nosotros, abandona ya esa actitud negativa, por favor... He pensado que (tomarse, nosotros) .... unas vacaciones y que (irse) .... a un lugar tranquilo nosotros solos. ¿No crees que los dos (merecérselo) ....?

> Sí, a lo mejor llevas razón.

MIS CONCLUSIONES

7 Fíjese en la siguiente oración y responda a las preguntas.

Tampoco yo pensé que tuviera que decírtelo.

1. ¿Por qué el verbo *tener* está en subjuntivo?
....
2. ¿Por qué está en imperfecto de subjuntivo y no en presente de subjuntivo?
....
3. ¿Cómo sería la frase con el verbo *pensar* en presente de indicativo?
....
4. ¿Y cómo sería sin el adverbio *tampoco*?
....

28. Me dijo que me quedara
ESTILO INDIRECTO

¡FÍJESE!

- Oye, perdona, ¿cómo te llamabas?
- Yo no te he dicho cómo me llamaba.

Ya sabe

(→ Unidad 30, nivel Medio)

- Al transmitir las palabras o pensamientos de otras personas o nuestros, podemos cambiar de situación espacial y temporal, por lo que se pueden producir cambios en el mensaje original que afectan a:
  - La persona verbal.
  - Los pronombres.
  - Las expresiones de tiempo o espacio: *ayer > el día anterior; mañana > al día siguiente*.
  - Verbos: *venir > ir, traer > llevar*.
  - Deícticos: *esta, este, esto > esa / aquella, ese / aquel, eso / aquello*.
  - Los tiempos verbales.

- Los cambios en los tiempos verbales se producen normalmente cuando el verbo que introduce el mensaje va en **indefinido** y en **imperfecto**, y generalmente no hay cambios cuando ese verbo va en **presente** o en **pretérito perfecto**.

- En las preguntas, cuando hay un interrogativo reproducimos la pregunta con ese interrogativo.

  ¿**Qué** has comido? → Me preguntó **qué** había comido.

  Usamos **si** cuando en la pregunta original no hay un interrogativo.

  ¿Has comido ya? → Me preguntó **si** había comido.

- Verbos que sirven para introducir el estilo indirecto: *decir, contar, afirmar, preguntar, contestar, soñar, asegurar, pensar, creer…*

UNIDAD 28

Además

- Otros cambios en los tiempos verbales.

LUNES 13	JUEVES 16
Lo que se dice	**Lo que se transmite**
CONDICIONAL SIMPLE *Yo lo haría.*	CONDICIONAL SIMPLE *Lo haría.*
CONDICIONAL COMPUESTO *Nosotros lo habríamos hecho.*	CONDICIONAL COMPUESTO *Lo habrían hecho.*
FUTURO PERFECTO *Elena se habrá retrasado.*	CONDICIONAL COMPUESTO *Elena se habría retrasado.*
IMPERATIVO *Hazlo, por favor.*	IMPERFECTO DE SUBJUNTIVO *Lo hiciese.*
PRESENTE DE SUBJUNTIVO *Lo haré cuando pueda.*	IMPERFECTO DE SUBJUNTIVO *Lo haría cuando pudiera.*
IMPERFECTO DE SUBJUNTIVO *Si estuviéramos allí, lo haríamos.*	IMPERFECTO DE SUBJUNTIVO *Si estuvieran allí, lo harían.*
PERFECTO DE SUBJUNTIVO *Me alegro de que haya venido a casa.*	PLUSCUAMPERFECTO DE SUBJUNTIVO *Se alegraba de que hubiera venido a casa.*
PLUSCUAMPERFECTO DE SUBJUNTIVO *Nosotros lo hubiéramos hecho.*	PLUSCUAMPERFECTO DE SUBJUNTIVO *Ellos lo hubieran hecho.*

Dijo que…
Decía que…

¡Atención!

Si el verbo que introduce la información transmitida es un futuro, expresa futuro y probabilidad.

Me **dirá** que no es difícil. → Seguro que / seguramente me **va a decir** que no es difícil.

- **La influencia de la situación o del contexto**

  – En el estilo indirecto lo normal es que se produzcan cambios en el mensaje transmitido, atendiendo a la **concordancia gramatical de los tiempos,** como se ve en el cuadro. Pero si se mantienen el tiempo y el espacio del momento en que se emitió el mensaje, los cambios temporales no son necesarios **(concordancia por el sentido).** Esta concordancia por el sentido solo es posible si las acciones expresadas en la subordinada siguen vigentes.

  Situación En una clase (espacio) a las once (tiempo) de la mañana.
  Un estudiante, Charles, dice: «***Tengo** hambre*».

Unidad 28

Una hora más tarde, después de comer algo en el descanso, alguien puede decir: *Charles **ha dicho** esta mañana en clase que **tenía** hambre.* (Han cambiado el tiempo y el espacio). No sería posible decir:

Charles **ha dicho esta mañana en clase que **tiene** hambre,* porque no se mantiene la situación inicial: después de comer Charles ya no tiene hambre.

Situación El lunes una estudiante, Katy, dice: «*El viernes **voy** a Roma*».

Si se transmite esta información el miércoles, se podría hacer de dos formas:

PRIMERA. *El lunes Katy **dijo** que el viernes **iba** a Roma.* (Así se tiene en cuenta la concordancia temporal).

SEGUNDA. *El lunes Katy **dijo** que el viernes **va** a Roma.* (Se mantiene la idea de futuro expresada por el presente: el hecho aún no se ha producido. Hay una concordancia del sentido).
> ¿Y la parte que tenía que hacer Julián? ¿Está ya hecha?
< No. Ayer hablé con él y me dijo que la haría cuando pudiera (concordancia temporal).

< No. Ayer hablé con él y me dijo que la hará cuando pueda (el hecho aún no se ha producido. Concordancia por el sentido).

- **El estilo indirecto y las perífrasis**

Cuando en la frase hay una perífrasis, esta se puede transmitir de dos maneras diferentes:
– Teniendo en cuenta **el tiempo verbal en el que está la perífrasis** y haciendo los cambios correspondientes.

«***Voy a salir** esta noche*».

*Ha dicho que **va a salir** esta noche.* (El presente no cambia).	**Ha dicho que irá a salir esta noche.* (No se puede usar una perífrasis con valor de futuro y, además, emplear el futuro simple porque sería redundante).
*Dijo que **iba a salir** esa noche.* (El presente se convierte en imperfecto).	**Dijo que iría a salir esa noche.* (No se puede usar una perífrasis para indicar el futuro dentro del pasado y, además, emplear el condicional porque sería redundante).

«***Tienes que estudiar** más*».

*Ha dicho que **tengo que estudiar**.* (El presente no cambia).	**Ha dicho que tenga que estudiar.* *Dijo que tuviera que estudiar más. (En ambos casos, no se puede usar una perífrasis de obligación para expresar influencia o mandato y, además, usar un subjuntivo regido por un verbo de influencia porque sería redundante).
*Dijo que **tenía que estudiar** más.* (El presente se convierte en imperfecto).	

– Teniendo en cuenta **el valor temporal o modal de la perífrasis** y haciendo el cambio correspondiente, sustituyéndola por el tiempo y el modo con los que se exprese lo mismo.

«***Voy a salir** esta noche*»: perífrasis con significado de futuro.

*Ha dicho que **saldrá** esta noche.* (Se sustituye por el futuro). *Dijo que **saldría** esa noche.* (Se sustituye por el condicional = futuro del pasado).	**Ha dicho que irá a salir esta noche.* **Dijo que iría a salir esa noche.* (Ver explicación anterior).

«***Tienes que estudiar** más*»: perífrasis que expresa mandato u obligación.

*Ha dicho que **estudie**.* (Se sustituye por el subjuntivo de influencia). *Dijo que **estudiara** más.* (Se sustituye por el subjuntivo de influencia).	**Ha dicho que tenga que estudiar.* **Dijo que tuviera que estudiar más.* (Ver explicación anterior).

- **El estilo indirecto implícito** (→ Unidad 9)

    A veces se sobreentiende el verbo introductor, pero se mantiene igual el mensaje que se transmite. Recuerde que los verbos introductores pueden ser, entre otros, verbos de lengua *(decir, preguntar...)* y verbos de pensamiento o de percepción mental *(pensar, creer, soñar...).*

    *Perdona, ¿cómo te **llamabas**?* → *Perdona, ¿cómo (dijiste que) te llamabas?*
    *Ustedes **tenían** una casa en Chile, ¿no?* → *(Creía que) Ustedes tenían una casa en Chile.*
    *Oye, ¿cuánto te **había costado**?* → *Oye, ¿cuánto (dijiste que) te había costado?*

    \> *Anda, ¿pero Álvaro no era tu novio?* → *Anda, yo **creía / pensaba que** Álvaro era tu novio.*
    < *¡Huy, qué va!, Álvaro es un amigo de la infancia.*

    – Normalmente, suprimimos el verbo de pensamiento cuando no recordamos la información, cuando sospechamos que nuestra idea puede estar equivocada o cuando queremos verificarla. Sucede, sobre todo, en preguntas o en afirmaciones seguidas de una expresión para confirmar *(¿no?, ¿verdad?...)*; también es frecuente que aparezca antes la conjunción *pero* para mostrar extrañeza o sorpresa.

    \> *Esta es mi profesora de español.*
    < *¿De español? ¿(Pero) Tú **no estabas estudiando** francés?* = ***Creía que** estabas estudiando francés.*
    \> *Me voy a pasar las vacaciones a mi casa de Valencia.*
    < *Pero tú **tenías** una casa en Asturias, ¿verdad?* = ***Creía que** tenías una casa en Asturias.*
    \> *No, la casa de Asturias es de mis tíos.*

    En estos casos, ***no** pierde su significado de negación.*

Unidad 28

EJERCICIOS

1 Cuente lo que le ha dicho uno de sus compañeros de clase. Siga el ejemplo.

1. «¿Te puedo consultar una duda?».
   Me ha dicho / me ha preguntado *si me puede consultar una duda.*
   Me dijo / me preguntó *si me podía consultar una duda.*

2. «Todavía no he comprado ningún regalo y me voy la semana que viene».
   Me ha dicho que ....
   Me dijo que ....

3. «Después de los exámenes haré una fiesta en mi casa».
   Me ha dicho que ....
   Me dijo que ....

4. «¿Quedamos para estudiar juntos?».
   Me ha preguntado ....
   Me preguntó ....

5. «¿Cuándo vuelves a tu país?».
   Me ha preguntado ....
   Me preguntó ....

2 Subraye la forma adecuada (a veces pueden ser las dos).

1. «Haz los deberes antes de que yo llegue a casa».
   Me dijo que *hiciera* / *haya hecho* los deberes antes de que él *llega* / *llegase*.

2. «Cuando llegues a casa, calienta la comida; está en la nevera».
   Me dijo que cuando *llegará* / *llegara* a casa, *caliente* / *calentase* la comida.

3. «Tenéis que ordenar la habitación».
   Nos dijo que *ordenáramos* / *tuviésemos que ordenar* nuestra habitación.

4. «Hoy tengo una comida de trabajo».
   (Por la noche). Esta mañana me ha dicho que *tiene* / *tenía* una comida de trabajo.

5. «No vamos a salir el sábado por la noche».
   Dijo que no *iban a salir* / *irían* a salir el sábado por la noche.

6. «El domingo comeremos en casa de los abuelos».
   Dijo que el domingo *comeremos* / *comeríamos* en casa de los abuelos.

UNIDAD 28

3 Complete estas oraciones. Considere los cambios necesarios de las formas verbales, las personas y las coordenadas espacio-temporales. Escuche y compruebe.

1. «Compra el pan antes de subir a casa, ¿vale?».
   Mi hermano me acaba de pedir que .....*compre*..... el pan antes de subir a casa.
   Ayer mi hermano me .... que .... el pan antes de subir a casa, pero ya estaba cerrada la tienda.

2. «¡Qué bonito es ese abrigo! Me lo compraría si tuviera dinero».
   Me ha comentado que .... lo .... si .... dinero.
   Me comentó que .... lo .... si .... dinero.

3. «Pruébate el pantalón, es tu estilo y seguro que te queda muy bien».
   La dependienta me ha aconsejado que .... el pantalón. A ver cómo me queda.
   La dependienta me aconsejó que .... el pantalón, pero a mí no me convenció.

4. «¿Qué habrías hecho tú en mi lugar?».
   Me ha preguntado qué .... en .... lugar.
   Me preguntó qué .... en .... lugar.

5. «Lo haré cuando me digas».
   Me ha dicho que lo .... cuando .... Ya veremos si es así.
   Me dijo que lo .... cuando ...., pero no creo que lo haga.

6. «Cuando lleguen, ya habremos terminado, no se preocupen».
   Me ha dicho que cuando ...., ya ...., que no ....
   Me dijo que cuando ...., ya .... , que no ....

4 Cuente lo que les dice un niño de diez años a sus padres. Utilice la concordancia temporal de los tiempos verbales.

> dejarme ir a la excursión / comprarme un cómic
> ponerme un ordenador en mi habitación / llevarme a casa de los abuelos
> ayudarme con los deberes

	El niño dice...	Les ha dicho que...	Les dijo que...
1	*Dejadme ir a la excursión.*	*Lo dejen ir a la excursión.*	*Lo dejaran ir a la excursión.*
2			
3			
4			
5			

UNIDAD 28

5 Escriba las opiniones que unos vecinos le transmitieron al alcalde cuando visitó su barrio. Use los verbos *decir, preguntar, pedir, sugerir, opinar* y *rogar*.

1. «Tienen que pasar los autobuses con más frecuencia».
   Una señora dijo que *tenían que pasar los autobuses con más frecuencia.*
   Una señora dijo que *pasen los autobuses con más frecuencia.*

2. «¿Van a ampliar la red de metro?».
   Una chica ....
   Una chica ....

3. «Tienen que poner más aparcamientos públicos y gratuitos a la entrada de la ciudad».
   Una señora ....
   Una señora ....

4. «Debe haber más instalaciones deportivas».
   Un chico ....
   Un chico ....

5. «Hay que bajar el precio de las piscinas municipales».
   Una chica ....
   Una chica ....

6. «Deben construir más centros para la tercera edad, por favor».
   Un señor ....
   Un señor ....

6 Lea los mensajes que dejaron el domingo en el contestador para su compañero de piso.

1. ¡Hola! Te llamo para que cuentes conmigo el miércoles. ¡Ah! Y si vas al cine esta tarde, avísame, ¿vale? Soy Luis. Adiós.

2. ¡Oye! Que me alegro muchísimo de que hayas aprobado todos los exámenes. Soy Ana.

3. ¡Hola! Soy yo, Marta, ya le he comprado el regalo a Pedro, pero no a Pablo. Es que yo le compraría un jersey, pero como es tan raro… Bueno, ya te llamaré.

4. ¡Hola! Soy Pepe, ya he encontrado el libro que querías y lo habría comprado si hubiera llevado dinero o alguna tarjeta, así que volveré a la tienda para comprarlo. Adiós.

5. ¡Hola! ¿Has hablado ya con María? ¿Qué te ha dicho? ¿Viene al final? Bueno, llámame y dime lo que sea. Hasta luego. Soy Paco.

UNIDAD 28

■ Hoy es miércoles. Su compañero de piso ha llegado esta mañana de viaje. Cuéntele los mensajes que había en el contestador.

	Concordancia gramatical	Concordancia por el sentido
1. Luis decía que	*te lamaba para que contaras con él…*	
2. Ana decía que		
3. Marta decía que		
4. Pepe decía que		
5. Paco decía que		

(84)

7 Complete los diálogos con esta información con el verbo en la forma adecuada. Escuche y compruebe.

| (nosotros) quedar el viernes para cenar | ahogarse | poder ir al cine |

| tener un accidente y caerme por un barranco |

| venir el autobús | no venir |

1. > ¿Qué hacemos esta tarde? ¿Qué te apetece?
   < Yo había pensado que *podíamos ir al cine.*
2. > Me dijiste que tuviste una pesadilla, pero no me contaste lo que soñaste.
   < Pues soñé que ....
3. > Lo siento, sé que llego muy tarde, pero lo de siempre: el tráfico y los atascos.
   < Menos mal que has llegado. Creíamos que ya ....
4. > He quedado con mis compañeros el viernes por la noche.
   < ¿Ah, sí? Pensaba que ....
5. > ¿Qué le pasó a Cristina en el metro el otro día? Me han dicho que se puso mala.
   < Pues sí, es que había mucha gente y sintió que ....
6. > ¿Por qué echasteis a correr de repente? ¡Os fuisteis sin despediros!
   < Pues porque vimos que ....

Unidad 28

8 Transforme los siguientes enunciados de estilo indirecto implícito a estilo indirecto explícito con un verbo introductor.

1. > ¿Sabes que mi abuela se ha apuntado a clases de aeróbic?

   < ¡Oye! Pero... ¿cuántos años tenía tu abuela?

   ¿Cuántos años dijiste / has dicho que tenía?

2. > Tengo un problema enorme con los nuevos proveedores. Oye, ¿me estás haciendo caso?

   < Sí, perdona, ¿qué problema tenías?

   ....

3. > Me voy corriendo, que se me escapa el autobús y si lo pierdo no sé a qué hora llegaré a casa.

   < ¿Pero no te habías comprado un coche nuevo último modelo?

   ....

4. > Date prisa que son ya las ocho y hasta La Moraleja tardamos más de una hora. Vamos a ser los últimos en llegar a casa de Nicola.

   < ¿La Moraleja? ¿Nicola no vivía por el centro?

   ....

5. > ¡¡Taxi!! Hola, buenas noches, voy a la calle Jabirú.

   < Buenas noches, señor, perdone, ¿dónde iba?

   ....

9 Cuente lo que ha leído en los titulares de diferentes periódicos o lo que han dicho algunos famosos.

1. Belén Rueda (actriz española): «Espero que las luces me impidan ver al público».
   Diario *El País*.

   Belén Rueda dijo / decía que esperaba que las luces le impidieran ver al público.

2. El Círculo de Empresarios pide un único órgano nacional que gestione la inmigración.
   Diario *ABC*.

   ....

3. Jesús Vázquez (presentador de televisión): «Es necesario que la gente conozca el drama que viven los refugiados», en la revista *Pronto*.

   ....

4. María Félix (actriz mexicana, 1914 - 2002): «Una mujer original no es aquella que no imita a nadie, sino aquella a la que nadie puede imitar».

   ....

5. J. K. Rowling (escritora británica, 1965): «Es importante recordar que todos tenemos magia dentro de nosotros».

   ....

6. Carolina Herrera (diseñadora de moda venezolana, 1939): «La educación es el principal vestido para la fiesta de la vida».

   ....

MIS CONCLUSIONES

10 Complete su propia ficha.

> 1. Normalmente, al transmitir una información, se producen cambios, aunque puede no haberlos si se mantiene ....
> 2. Si el mensaje original está en imperativo, al transmitirlo con un verbo en indefinido se convierte en ....
> 3. La concordancia puede ser .... o por .... si la información se mantiene en el momento de transmitirla.
> 4. Cuando se transmite una información en la que hay una perífrasis, se puede hacer de dos maneras. Transformando .... o bien .... por su valor equivalente.
> 5. No es posible usar dos recursos para decir lo mismo: o usamos una perífrasis de obligación o .... al reproducir las palabras de otros.
> 6. En algunas ocasiones puede no aparecer el verbo .... Esto es frecuente en las preguntas cuando queremos ....

29. Ante todo mantengamos la calma
LAS PREPOSICIONES

¡FÍJESE!

— ¿Qué te pasa que pareces tan agobiado?
— Que no soporto trabajar **bajo presión**.

Ya sabe

(→ Unidad 13, nivel Elemental y Unidad 11, nivel Medio)

- Las preposiciones pueden ir seguidas de sustantivos, infinitivos, pronombres y adjetivos.
- Las preposiciones pueden seguir a los sustantivos, los adjetivos, los adverbios y los verbos.

Además

OTRAS PREPOSICIONES

- **Ante**
  - Sirve para situar en el espacio con el sentido de 'delante de; frente a'. Equivale a 'en presencia de' con referencia a personas o situaciones.

    *Yo, para tener ideas, tengo que sentarme **ante** el ordenador.*
    *Tiene mucha sangre fría, mantiene la calma **ante** cualquier situación.*

  - No obstante, cuando se refiere a hechos o situaciones, también toma el sentido de 'considerando', 'teniendo en cuenta'.

    *No reaccionaron bien **ante** la subida de los intereses hipotecarios.*

  - **Ante todo** constituye una frase hecha, que se usa para destacar lo que el hablante considera más importante de un conjunto o para iniciar un discurso.

    *La quería mucho pese a sus defectos pues **ante todo** era mi madre.*
    ***Ante todo** queremos aclarar que no nos oponemos a las reformas.*

- **Bajo**
  - Equivale a 'debajo de'. *Ahí están tus padres, mete todo **bajo** la cama, que no lo vean.*

— Introduce ideas de dependencia, autoridad.

*No te preocupes, no le pasa nada grave, es que está **bajo** los efectos de los calmantes* (su estado depende, está controlado por los calmantes).

***Bajo** la II República se legalizó el divorcio en España.*

— En frases fijas. ***Bajo cero**: para hablar de temperaturas atmosféricas; **bajo presión**: para hablar de la forma de trabajo o del estado en que se encuentra alguien.

*En esta zona del país nunca se alcanzan temperaturas **bajo cero**.*

*Se rinde menos cuando nos obligan a trabajar **bajo presión**.*

- **Contra**

— Señala el obstáculo que se opone a la realización de algo. Indica también el choque o el contacto físico.

> ¿Y ese cardenal que tienes en la frente?

*< Es que ayer me di un golpe **contra** una farola.*

*Hemos luchado **contra** sus prejuicios.*

— De esta idea de choque deriva la idea de transgresión.

*Si actúas **contra** las normas, caerá sobre ti todo el peso de la ley.*

- **Hacia**

— Indica el objetivo espacial o temporal al que se dirige la acción, sin indicar si este se ha alcanzado o no. Por eso, seguida de horas significa 'aproximadamente'.

*> Vamos **hacia** la plaza a dar un paseo; ¿te apuntas?*

*< Terminaré **hacia** las ocho, ¿me esperáis hasta entonces?*

— De este sentido derivan los usos que expresan tendencias, sentimientos, etc.

*No vamos **hacia** el cambio climático, ya estamos en él.*

*No puedo explicar lo que siento **hacia** ellos, es algo muy complejo.*

- **Según**

— Indica, en general, la idea de seguimiento. De ahí derivan sus usos, especialmente en los casos en que equivale a 'de acuerdo con' o 'desde el punto de vista'.

*Yo lo hice todo **según** las instrucciones que nos dieron.*

***Según** mi profesora, esa explicación es poco pedagógica.*

— Con sentido modal equivale a 'depende' y a 'como'.

> Todo ha salido muy bien, ¿no crees?

*< **Según**. Si eres muy exigente, no tanto, la verdad.*

*> Haz todo **según** (= como) te parezca y ya está, ¿para qué discutir?*

< Pero, por favor, no te enfades, vamos a hablarlo.

Unidad 29

- Se puede sustituir por *a medida que* en sentido espacial y temporal.

    Según *te metes en la autopista aumenta el tráfico.*
    La vida cambia **según** *pasan los años.*

- Frase fija: **según se mire.** Su uso es muy similar al de 'depende'. Es la respuesta a algo dicho por nuestro interlocutor.

    \> *A mí me parece buena idea aceptar su oferta.*
    < **Según se mire.** *Ese dinero nos viene bien ahora, pero tampoco es mucho.*

¡Atención!

A diferencia de otras preposiciones, **según** puede:

- acompañar a los pronombres *yo* y *tú* sin que cambien a *mí / ti*.

    *Según mí, según ti → **según yo / según tú.**

- aparecer sola con el sentido de 'depende':

    \> *Todo ha salido muy bien, ¿no crees?*
    < **Según.**

- acompañar a los verbos: **Según pasan** *los años ganamos experiencia.*

Muchos gramáticos no la consideran preposición.

• Tras

Sirve para situar en el espacio con el sentido de 'detrás de' y para situar en el tiempo con el sentido de 'después de'. Se usa más en registros menos coloquiales.

   Tras *esas construcciones hay un bosque maravilloso.*
   Ahora vienes a buscarnos **tras** *todos estos años de silencio…*

Otros usos de *para* y *por*

• Para

Indica comparación y un contraste derivado de ella. Equivaldría a 'teniendo en cuenta'.

   Para *no haber estado nunca aquí, ¡hay que ver cómo conoces esta ciudad!*
   Llevas poco dinero **para** *un viaje tan largo.*

• Por

- Refuerza la idea de duración en construcciones tales como *por un momento, por unos minutos, por un tiempo.*

    Por un instante *te he confundido con tu madre al verte andar.*

- Indica periodicidad:

    Luca va al psicólogo una o dos veces **por** *semana.*

– Equivale a 'a cambio de'. Hablando de precios, suele tener el matiz de que este no es adecuado porque resulta excesivo o escaso.

> *Llévense dos **por** (el precio de) uno.*
>
> *No puedo creer que hayas pagado 500 euros **por** ese traje.*

– En las oraciones pasivas (→ Unidad 18) introduce el complemento agente.

> *La noticia fue filtrada a la prensa **por** algún empleado descontento.*

VERBOS + PREPOSICIÓN

- **Verbos que llevan la preposición A**

  – Los que significan movimiento o dirección hacia adelante: *acercar(se), aproximar(se), bajar(se), dirigir(se), ir(se), llevar, subir, venir, viajar...*

  > ***Nos dirigimos al** centro para retransmitir el partido.*
  >
  > *Esta mala gestión nos **llevará a** la ruina.*

  – Los que expresan un movimiento hacia delante en sentido figurado. Van seguidos de infinitivos: *animar(se), atreverse, ayudar, decidirse, enseñar, obligar, invitar* –este último verbo también puede construirse con sustantivos–.

  > *Mi jefe me **ha invitado a** una cena de negocios y me **obliga a ir**, pero no me apetece.*

  – Las perífrasis de infinitivo que expresan el principio de la acción: *comenzar, empezar, echar(se), ponerse, romper...*

  > *He **empezado a** trabajar hace poco; por eso estoy algo perdido todavía.*

- **Verbos que llevan la preposición CON**

  – Los que significan compañía, encuentro, relación entre varios elementos: *convivir, coincidir, comparar, competir, casarse, compartir, colaborar, comunicarse, enfadarse, entenderse, entrevistarse, relacionarse, soñar, trabajar...*

  > *Anoche **soñé contigo** y **con** tus padres.*
  >
  > *¿Podemos **comparar** el vino **con** la cerveza?*

  – Los que necesitan un complemento de medio e instrumento: *adornar, amenazar, atar, convencer, colaborar, cortar(se), cubrir, escribir, tapar...*

  > *He **colaborado** siempre o **con** dinero o **con** ideas.*
  >
  > *Nos **amenazó con** echarnos del trabajo y ahora es él quien está en la calle.*

  – Los que necesitan un complemento con la idea de causa (a veces alterna con *de* y *por*): *disfrutar, entusiasmarse, entretenerse, molestar, preocuparse, reírse...*

  > ***Hemos disfrutado** mucho **con** su compañía.*
  >
  > *Perdonen si los **he molestado con** mis opiniones, pero tenía que decir lo que pensaba.*

Unidad 29

- **Verbos que llevan la preposición DE**

  - Los que necesitan un complemento con la idea de causa: *alegrarse, arrepentirse, cansarse, depender, disfrutar, hartarse (estar harto/a), llorar, gritar, morirse (de hambre, de risa, de sueño...), quejarse, lamentarse, preocuparse, presumir, protestar, reírse, sorprenderse...*

    Ayer **nos hartamos de** comer y hoy **nos lamentamos de** haber comido tanto.

  - Los que expresan distanciamiento o procedencia: *alejarse, apartar(se), bajar(se), caer(se), deducir, despedir(se), divorciarse, escapar(se), excluir, llegar, llevarse, librarse, marcharse, proceder, retirar(se), salir(se), salvar(se), separar(se), venir(se)...*

    Me voy de aquí para **salvarme de** lo que va a pasar dentro de poco.
    Se separó de su mujer y **se llevó de** la casa todo lo que pudo.

  - Los que expresan el final de la acción. Van seguidos de infinitivo: *acabar, dejar, terminar...*

    Si quieres **dejar de** fumar, tienes que proponértelo de verdad.
    Acaban de abrir un nuevo centro comercial aquí al lado.

  - Otros verbos que se construyen con **de**: *acordarse, cambiar(se), darse cuenta, desconfiar, parar, enamorarse, enterarse...*

    O no **se acuerda** o no **se entera de** nada.

- **Verbos que llevan la preposición EN**

  - Los que expresan la idea de interiorización o penetración: *entrar, encerrar(se), hundir(se), integrar(se), insertar(se), penetrar, recluirse...*

    Cuando **entra en** su habitación **se encierra en** su mundo y no hay quien **penetre en** él.

  - Los que expresan la idea de 'sobre': *apoyar(se), colocar(se), recostarse...*

    Me apoyé en la mesa y se rompió.

  - Los que expresan la idea de resultado final: *convertir(se), deshacerse, partir(se), quedar(se), transformar(se), romperse...*

    Tomó el vaso y **se rompió en** dos partes. Solo al tocarlo.

  - Otros verbos que se construyen con **en**: *creer, fijarse, confiar, concentrarse, meterse, pensar, sobresalir, coincidir, consistir, empeñarse, insistir, tardar...*

    Ya sé que **coincidimos en** muy pocas cosas, pero **insisto en** tratar de llegar a un acuerdo.
    Confío en ti y sé que vas a **sobresalir en** todo lo que hagas.

¡Atención!

Hay verbos que pueden construirse con varias preposiciones dependiendo de las ideas con las que se complementen.

*Colaborar **con** alguien **en** un proyecto.*
*Venir **a** casa **del** trabajo.*

UNIDAD 29

EJERCICIOS

1 Forme oraciones usando elementos de cada columna.

1. Cuando estaba bajando	en	casa de la vecina,	me caí.
2. Me di un golpe	para	la cantidad de sangre	que salía.
3. Busqué un antiséptico	por	el botiquín,	pero no había.
4. Fui	a	las escaleras	los primeros auxilios.
5. Me asusté	según	la pared y	pero no estaba.
6. Intenté parar la hemorragia	ante	pensarlo mucho,	me hice una herida.
7. No conseguí nada y,	contra	las normas de	descubrieron que estaba embarazada.
8. Allí me examinaron bien	tras	descartar infecciones y…	me fui al hospital.

2 Complete los diálogos con *por* o *para*.

1. \> En los viajes lo más importante es el alojamiento.
   \< Pues …*para*… mí no; lo importante es el lugar de destino.

2. \> Oye, ¿te ha costado mucho ese ordenador?
   \< He pagado ………… él una miseria: 600 euros.

3. \> ¡Ah, eres tú! ¡Vaya susto! ………… un momento he creído que había entrado un ladrón.
   \< Pues no sé si echarme a reír o a llorar. Mira que confundirme con un ladrón…

4. \> Escucha esta noticia: «Los explosivos fueron robados ………… agentes de policía».
   \< Sí, ya la he oído. Es portada en todos los periódicos.

5. \> No me encuentro muy bien. Creo que estoy enfermo.
   \< Pues ………… estar enfermo, tienes un aspecto estupendo.

6. \> ¿Has visto las fotos que te envié? Fueron hechas ………… el anuario de la Universidad Complutense.
   \< Sí, las vi ayer. Estás muy elegante y se te ve feliz. ¡Enhorabuena!

(86)

3 Complete con las preposiciones adecuadas. Escuche y compruebe.

1. Para evitar que sigan construyendo así, hay que votar ……*contra*…… su plan de urbanismo.
2. Para verse mejor, hay que ponerse ……………… un espejo grande.
3. Para no ser visto, uno debe esconderse ……………… algo grande.
4. Para no equivocarnos, debemos actuar ……………… las normas.

Unidad 29

5. Para orientarnos en un bosque, debemos caminar .... el norte.

6. Para no ser criticados, es mejor no ir .... la mayoría.

4 Fíjese en los verbos y complete con la preposición adecuada. Escuche y compruebe.

(87)

1. Siempre coincido ...*con*... mis amigos .... los lugares más insospechados. ¿Será porque estamos hartos .... los sitios de siempre?

2. Tu padre y yo confiamos .... ti y sabemos muy bien que nunca nos arrepentiremos .... haberlo hecho. Pero tienes que entender que nos resulta difícil ver que te encierras .... tu mundo y no nos dejas entrar .... él.

3. Se ríe .... todo el mundo, se queja .... su suerte, presume .... lo que no tiene y luego se sorprende .... caerle mal a la gente.

4. ¿No te animas .... venir con nosotros? No sabes lo que te pierdes. Anda, ven, deja .... trabajar un rato y no te preocupes tanto .... si las cosas están hechas o no.

5. Nos amenazaron .... pistolas y nos obligaron .... salir .... casa. Nos llevaron .... un lugar en medio del campo, ... el que no podíamos escapar. Nos taparon los ojos .... pañuelos negros, así que no pudimos ver el camino por el que íbamos. Empezábamos .... desesperarnos cuando oímos las sirenas de la policía, que venía ya .... sacarnos .... allí.

5 Sustituya la parte subrayada por una preposición equivalente. Elija entre las siguientes preposiciones.

> tras (2 veces)   según   sobre   entre   por (2 veces)   para   hasta   *hacia* (2 veces)   desde

1. Llegamos a casa <u>a eso de</u> → *hacia*...... las once de la noche sin llegar a ponernos de acuerdo <u>en lo referente a</u> .... nuestro futuro. Habíamos estado caminando <u>a lo largo de</u> .... la playa <u>con el fin de</u> .... poder hablar sin que nadie nos interrumpiera. <u>Después de</u> .... muchas horas de conversación y aunque los dos lo intentamos, no logramos encontrar razones para seguir juntos. Y <u>siguiendo</u> .... lo que habíamos acordado al principio de nuestra relación, nos separamos civilizadamente.

2. Viajar <u>a través del</u> .... mundo es una aventura. Verse <u>en medio de</u> .... una multitud de personas desconocidas puede provocar emociones muy diversas: <u>empezando por</u> .... el pánico <u>y terminando por</u> .... la sensación de libertad absoluta. Yo he experimentado ese vértigo en muchas ocasiones y, ahora, <u>después de</u> .... todos esos viajes, me siento feliz cuando emprendo el camino de regreso <u>en dirección a</u> .... mi casa, cálida y acogedora. Pero no renuncio a nada de lo vivido.

UNIDAD 29

6 Lea este texto y clasifique después las preposiciones y expresiones en negrita.

Enero **de** 1999. Un profesional redacta **en** su ordenador un informe **sobre** equipos **de** alta fidelidad. **Por** un momento duda si **en** castellano se puede decir *hifi* y se lo pregunta **al** diccionario **del** programa: «término admitido», le contestó este. Sigue escribiendo y, **sin** darse cuenta, repite demasiadas veces la palabra «indicio». Aparece un mensaje **en** la pantalla: «Pruebe **con** *seña, conjetura, pista*» (...). **Al llegar a** las conclusiones comienza una frase: «Estoy seguro que cada uno **de** los usuarios piensan»... Suena un pitido, y el programa le propone estas correcciones: «Estoy seguro **de** que cada uno **de** los usuarios piensa(n)». Dado que cualquier procesador **de** textos dispondrá **de** diccionarios incorporados, ¿quién, **ante** una duda, va **a** levantarse **del** teclado **para** coger el pesado tomo **del** *Diccionario* **de** *la Real Academia* y buscar **hasta** ver si puede localizar una determinada palabra? ¿**Para** qué, si **por** un precio ridículo, o posiblemente gratis, el programa le ofrecerá esta misma información? ¿**Por** qué, si además el procesador va **a** darle diferentes indicaciones **sobre** construcciones sintácticas, sinónimos y antónimos, y una terminología muy profesional muy puesta al día?

«El dinero de la lengua», de José Antonio Millán. *El País*

Localización espacial (real o figurada) *en su ordenador*	Procedencia ....
Dirección	Expresión de tiempo ....
Especificación de un sustantivo	Tema ....
Perífrasis	Objeto indirecto ....
Preposición exigida por un verbo	Negación de lo que sigue ....
Finalidad	Causa o intercambio ....

MIS CONCLUSIONES

7 Complete su propia ficha.

1. La preposición **según** puede acompañar a .... y a .... También puede usarse como ....

2. En la frase *No pagues tanto dinero **por** ese coche*, **por** significa .... y expresa que ....

3. Las equivalencias de **ante** y **bajo** son ....

4. En la frase *No hace mucho frío para esta época*, **para** expresa ....

5. Los verbos que exigen una .... detrás están generalmente relacionados con los significados de estas.

Test de autoevaluación

TEST DE AUTOEVALUACIÓN

1. > ¿Puedes decirme si ……… aula 401 está ya limpia?
   < Sí, sí ya está limpia, acabo de limpiarla.
   a. la   **b.** el   **c.** un

2. > Mi abuela decía que en ……… tiempos la mujer estaba sometida al marido.
   < Mi abuela decía lo mismo.
   a. estos   **b.** aquellos   **c.** aquel

3. > ¿Qué ha dicho Ada?
   < Que …… …… ha ocurrido una idea genial.
   a. se lo   **b.** se le   **c.** Ø

4. > ¡Anda! Por ahí viene Ander, creía que …………… en Bucarest.
   < A mí me llamó el otro día para decirme que ya …………… aquí.
   a. estabas … estaba   **b.** estaba … estabas   **c.** estaba … estaba

5. > Perdona, ¿Qué me ………………?
   < Que si tenías un diccionario de español - inglés.
   a. preguntas   **b.** preguntabas   **c.** preguntaras

6. > ¿Qué te parece si le regalo ese libro a Leonor?
   < No sé, es un poco antiguo, ¿no crees que ya lo ………………?
   a. habrá leído   **b.** leerá   **c.** habría leído

7. > ¿Vas a descansar un poco en casa antes de la cena?
   < No, porque cuando llegue, ya ……………… los niños.
   a. llegarán   **b.** llegan   **c.** habrán llegado

8. > No sé si utilizar *tú* o *usted* para dirigirme al nuevo director.
   < Yo le ……………… de *usted*, por lo menos la primera vez.
   a. hablaré   **b.** habría hablado   **c.** hablaría

9. > Estoy preocupada porque ayer estuvieron todos muy callados en clase.
   < ……………… cansados; vamos, digo yo.
   a. estarían   **b.** estuvieron   **c.** habrían estado

10. > ¡Qué rabia que no ……………… a tiempo!, ha sido interesantísimo.
   < Ya me imagino, pero ha sido imposible salir antes de la reunión.
   a. hayáis llegado   **b.** habéis llegado   **c.** habréis llegado

11. > Es importante que ……………… todo por fin.
   < Sí, parece mentira, pero por fin todo se ha aclarado.
   a. se haya aclarado   **b.** se aclare   **c.** se aclara

12. > Ayer me llamó para que ………………
   < ¿Y por qué no quedasteis al final?
   a. saliéramos   **b.** salíamos   **c.** salimos

13. > ¿Te vas a comprar el piso este año?
   < ¡Ojalá ………………!
   a. puedo   **b.** podré   **c.** pudiera

Test de autoevaluación

14. > Si .... en el momento adecuado, ya lo habríamos sabido.
< Sí, pero ya no se puede hacer nada.
   a. hubiéramos llamado   **b.** habíamos llamado   **c.** habríamos llamado

15. > ¡Ojalá .... la asignatura!
< Sí, pero ahora nos toca seguir estudiando.
   a. hubiéramos aprobado   **b.** habíamos aprobado   **c.** habríamos aprobado

16. > ¿Cómo se encuentra tu cuñada?
< Mejor, ya se va .... de su operación.
   a. recuperar   **b.** recuperada   **c.** recuperando

17. > .... más de cien artículos y no vemos nada interesante.
< Sí, esto es interminable.
   a. tenemos leído   **b.** vienen leídos   **c.** llevamos leídos

18. > No sé qué ingredientes lleva esta tarta, pero ¡qué buena ....!
< Sí, en esta pastelería los productos .... muy buenos.
   a. es … está   **b.** está … son   **c.** es … están

19. > Mira lo que dice aquí: «Una caja con cien mil € .... descubierta por unos niños».
< ¡Vaya!
   a. está   **b.** es   **c.** sea

20. > Tiene .... ideas .... su abuela.
< Sí, es verdad.
   a. las mismas … que   **b.** las iguales … que   **c.** las mismas … como

21. > Lola no viene porque está de viaje, ¿no?
< No, no ha venido porque .... de viaje sino porque .... una reunión.
   a. esté … tiene   **b.** está … tiene   **c.** está … tenga

22. > ¿Fuiste al concierto?
< No, lo suspendieron porque el solista estaba .... afónico .... no podía ni hablar.
   a. tal … que   **b.** tan … como   **c.** tan … que

23. > ¿Sabe dónde hay una papelería?
< Sí, siga todo recto y en la primera esquina nada más ...., hay una.
   a. torcer   **b.** tuerce   **c.** tuerza

24. > ¿Por qué no le dejas el vestido rojo?
< Se lo dejaría en caso de que no lo .... yo.
   a. necesito   **b.** necesitara   **c.** necesitaré

25. > Estudiaremos la propuesta .... nos digan lo contrario.
< Pues empezamos cuando quieras.
   a. en caso de que   **b.** a no ser que   **c.** a condición de que

26. > Van a vender la empresa .... toda la plantilla está en contra.
< Como siempre.
   a. aunque   **b.** a pesar de   **c.** y eso

SOLUCIONES

SOLUCIONES

UNIDAD 1

1. 2. Reyes. 3. lince. 4. saco de dormir. 5. lince. 6. víveres. 7. pantalones. 8. sed / hambre. 9. sed / hambre. 10. pánico. 11. hienas. 12. castaño. 13. castañas. 14. guardas forestales. 15. leyes.

2. 2. Realidad – realidad – afirmación. 3. Desesperación – estupidez. 4. Directrices – mansedumbre. 5. Verdad – propuesta – solidez – pasión – decisión. 6. Costumbre – rivalidades – discreción.

3. 1. *virus* – gastritis. 2. sinusitis. 3. noes – síes. 4. maniquís / maniquíes. 5. mamitis. 6. esquís / esquíes – emús / emúes. 7. marajás. 8. marroquís / marroquíes – bengalís / bengalíes – bengalí.

4. 2. los intestinos. 3. la / una escalera. 4. la tripa. 5. seso.

5. 2. Los zapatos de tacón de las mujeres… 3. … un estudio con buenas vistas al mar. 4. Para mí, una tarta de queso con mermelada de fresa. 5. Detesto los collares de metal para perros.

6. **Posibles respuestas**
   2. Señor Rector y señores del tribunal de evaluación, les agradezco su asistencia a esta presentación y su colaboración. 3. No puedo aceptar, caballeros, que la causa de este desastre sea un simple error de comunicación.

7. la – la – un.
   1. atención; ciudad; normalidad; vanidad. Todos son femeninos.
   2. yo; virus. 3. Ida.

8. -ez, -tud, -sión, -dad, -umbre, -triz. Femenino.

9. a. Porque la *i* no es la vocal acentuada. b. 2. c. Vendemos faldas de cuero para mujeres. d. Porque *miembro* es un nombre invariable.

UNIDAD 2

1. 2. lo. 3. los. 4. la. 5. los - los.

2. 2. Cosmopolitas. 3. Hipócrita; terrible. 5. Socialista; joven; mayor. 6. Selenita. 7. Impresionista; renacentista; impactante. 8. Hermafrodita.

3. Valorativo: *egoísta,* malpensado. Gradativo: ligero, gran. Dimensional: alto, grande.

4. Relacional: médico, químico, filosófico, clásica. Procedente de verbo: *cansado,* arreglada, desesperada, rota, convencido. Aproximativo: rojizo, amarillentas, verdosas.

5. 2. Ultrarradical. 3. Superbién / requetebién. 4. Extrafino. 5. Hiperelegante / superelegante / requeteelegante. 6. Archipopulares / superpopulares / requetepopulares.

6. 1. *Es tonto, tonto* / supertonto / tonto, tontísimo / tonto de verdad / completamente tonto. 2. Está enfadado de verdad / enfadado, enfadado / enfadado, enfadadísimo / superenfadado. 3. Es pesado, pesadísimo / pesado, pesado / superpesado / insoportablemente pesado. 4. Es superalucinante / alucinante, alucinante / alucinante de verdad. 5. Es increíblemente triste / supertriste / triste, tristísimo / triste de verdad / triste, triste.

7. 2. gran oportunidad - oportunidad única. 3. Mujer pobre – mujer buena. 4. Mal mensaje. 5. Pobre perro. 6. Única respuesta.

8. 2. Concentrado en hacer. 3. Convencido de que ellos tengan. 4. Interesados en comprar. 5. Preocupados por hacer. 6. Incapaz de hacer. 7. Preparados para realizar. 8. Seguro de que te devolverán.

9. a. En la posición: siempre van detrás del nombre.

10. a y b.

SOLUCIONES

UNIDAD 3

1. 2. una – el / un. 3. la – la. 4. lo. 5. un – un. 6. lo – los – la.

2. **A**. Quedarse o salir: (1) una – (2) la – (3) un – (4) la – (5) un – (6) un – (7) una – (8) un – (9) una – (10) un – (11) una – (12) las.
   B. Correo electrónico: (1) el – (2) la – (3) al – (4) un – (5) la – (6) unos – (7) al – (8) la – (9) el – (10) el – (11) los / unos – (12) la – (13) unos – (14) la – (15) una – (16) el – (17) la – (18) un.

3. 1. *Se refiere a un diccionario concreto – Se refiere al sustantivo como categoría – Equivale a 'un verdadero diccionario', se generaliza*. 2. Se refiere a un hotel concreto – Se generaliza. 3. Se refiere a un móvil concreto – Se refiere a la categoría. 4. Se generaliza, transforma el sustantivo en categoría – Se refiere a piñas concretas. 5. Se refiere a una mesa específica – Transforma el sustantivo en categoría, se generaliza.

4. 2. son unos tacaños. 3. correcto. 4. las películas. 5. los que vinieron – correcto. 6. correcto. 7. correcto. 8. no tenemos tele. 9. lo importante. 10. correcto.

5. 1. Ø – el – el – Ø – Ø – La – Ø – el – Ø. 2. el – el – unas – una. 3. Ø – Ø – los – el – un. 4. el – Ø – un – las. 5. los – una – la – los. 6. Ø – Ø – los – Ø – los.

6. 1. a. Sustantivos: *la infancia,* las pellejerías, el Perú, el infortunio, el dinero, la felicidad, la vida.
   b. Adverbios: el mañana.
   c. Adjetivos: los pobres, lo dura y fría.
   d. Infinitivos: el tener que defenderse.
   2. La infancia, el Perú, el infortunio, el dinero, la vida, la felicidad. 3. a. 4. b. 5. a.

7. 1. a. 2. a. 3. b. 4. a. 5. a.

UNIDAD 4

1. 1. *este* – ese. 2. aquella. 3. este. 4. esto. 5. aquel.

2. 1. *esas* – esta – esas – aquellas – esta.
   2. esto – aquella / esa – eso – estas – esta – ese / este – esto. 3. eso – ese. 4. esta (si la está tocando) / esa (si se refiere a ella como la de su interlocutor) – eso – aquella. 5. este – esas (se quiere mostrar que los dos interlocutores comparten el recuerdo) / aquellas (se hace referencia a lo que queda fuera del diálogo) – esa. 6. eso – este – eso – ese / aquel – ese.

3. 2. <u>Esto</u> anticipa lo que se va a decir. Está en el campo referencial del *yo*. 3. <u>Este</u> fin de semana: se refiere al fin de semana próximo (futuro). <u>Esta</u> noche: se refiere al presente. 4. ¡Qué chico <u>este</u>!: la posposición tiene valor enfático. <u>Esta</u> vez: se refiere al presente. 5. <u>Aquello</u> salió mal: se refiere al pasado. 6. <u>Aquel</u> fin de semana: se refiere al pasado. <u>Esa</u> fiesta: se refiere a la fiesta mencionada por el interlocutor; está en el campo referencial del *tú*. 7. <u>Eso</u> ya nos lo ha dicho antes: se refiere a una frase o idea mencionada por el interlocutor (el profesor); está en el campo referencial del *tú*. El trabajito <u>ese</u>: tiene valor despectivo.

4. 2. El artículo este no hay quien lo lea. 3. Aquellas cosas hacían la vida más agradable. 4. ¡Qué bobada esa de venir a trabajar el fin de semana! 5. Esto no tiene nada que ver con las lenguas. 6. La noticia esa nos dejó a todos sin habla. 7. ¡Yo no he dicho eso, de verdad!

5. 2. Me voy de esta casa. 3. coherente. 4. En aquel tiempo no había… 5. coherente. 6. coherente. 7. aquella me dio la razón, este no dijo nada.

SOLUCIONES

6. (1) esa (si quiere distanciarse) / esta (si se refiere a la que está contestando) – (2) aquellas (si solo pretende referirse al tiempo pasado) / esas (si incluye a sus lectores en el recuerdo) – (3) esa / esta – (4) eso – (5) eso.

7. 1. *esto y lo otro* – eso de – un día de estos. 2. A eso de – eso sí que no. 3. ¿Y eso? – esto y lo otro – por eso – eso sí.

8. 1. a. Ambos localizan en el tiempo. b. A *estas* alturas… se refiere al presente de la narradora; se podría sustituir por «Ahora, después del tiempo que ha pasado…». *Aquella* tarde hace referencia al pasado.

2. a. *Por eso* se refiere al hecho de haber abusado de la palabra, señala la causa e introduce la consecuencia. b. *Esta* se refiere a algo que acaba de mencionar el escritor; es decir, hablar a todo el mundo y a nadie.

UNIDAD 5

1. 2. c. 3. todas son correctas. 4. a y c.

2. 2. Correcta (porque no lleva el pronombre de objeto indirecto). 3. Mi (no suele usarse a no ser para enfatizar). Todavía no me he puesto **el** abrigo. 4. Su. Se ha lesionado **la** rodilla izquierda. 5. Mi. Me he cortado **el** pelo de otra manera. 6. Correcta. 7. Mis / mi. Me depilo **las** piernas y me arreglo **el** vestido para la boda.

3. 5. Me he cortado el pelo de otra manera. 7. Me depilo las piernas y me arreglo el vestido para la boda.

4. 2. Mi amigo – una amiga mía. 3. Unos papeles tuyos. 4. Mi paraguas. 5. Su gato.

5. Posibles respuestas

2. Después de nuestros cinco encuentros en aquella vieja cafetería… (única opción).
3. Tras sus tres primeros intentos sin éxito…
4. Nuestras dos únicas ilusiones…
5. Sus cinco últimas palabras fueron…
6. Tus dos primeras exposiciones…
7. Vuestras tres primeras objeciones…

6. 2. Mis dos únicas preocupaciones. 3. Sus dos últimas campañas. 4. Tu poco entusiasmo. 5. Sus muchas crisis existenciales.

7. 2. Fotografías suyas. 3. Unos / los álbumes tuyos. 4. ¡Madre mía! 5. Quejas vuestras. 6. Unos guantes tuyos. 7. Asunto vuestro / suyo.

8. 2. Las actuaciones suyas en el teatro Apolo. 3. Los comentarios vuestros de hace unos días. 4. Las teorías suyas recientes. 5. Los calcetines tuyos que estaban tendidos al lado.

9. 1. Sus primeras obras; sus dos últimas obras; sus 76 años. 2. También trata de sus otras obsesiones. 3. Sí. 4. a: se refiere al concepto en general. b: se refiere a todo/a(s), a cualquiera, no importa cuál.

10. 1. Muy señor mío. 2. ¡Dios mío! / ¡Madre mía! 3. No es asunto tuyo / suyo.

UNIDAD 6

1. 2. He bebido **demasiado** esta noche… 3. En este grupo **cada uno piensa una cosa.** 4. Pues no tengo **muchos** artículos sobre ese tema… 5. No me voy a poner el negro, mejor me pondré **el otro**. 6. Me duele **mucho** el estómago… 7. Sírvele más lentejas que esas **son pocas** para él. 8. Pero he visto exposiciones suyas, **bastantes** para valorarlas.

2. 2. Al final **no** he comprado **nada**. 3. **No** me queda **ninguno**. 4. La verdad es que **un** poco. 5. **Nadie** puede imaginar por lo que estoy pasando. 6. Últimamente duermo **poco**. 7. **Alguien** me la contó. 8. ¿Es **todo** lo que se te ocurre decir? ¿Podrías pensar en **otra** solución?

3. *una* – un – cualquiera. 2. alguna – cualquier – una – cualquiera. 3. alguna – alguna – una – cualquiera – una. 4. cualquiera – cierta / alguna – ciertas / algunas – cualquier – alguna – alguna – una.

4. 2. Bueno, sí, **algo**. 3. **Incluso** a Fernando, que es muy crítico… 4. **Algo** pronto / temprano.

5. 2. tercera parte. 3. el doble. 4. un cuarto. 5. quinto.

6. 2. un tercio. 3. dos veces más. 4. una cuarta parte. 5. esa quinta parte.

SOLUCIONES

7. Posibles respuestas
2. Daniel hablará el triple que Roberto. / Daniel hablará tres veces más que Roberto. 3. En este barrio hay cuatro veces más centros comerciales que en el mío. 4. Yo he estudiado el doble que tú. / Yo he estudiado dos veces más que tú. 5. Yo me he leído el doble de capítulos que tú. / Yo he leído dos veces más que tú.

8. 2. 25 de cada 100 alumnos escolarizados… 3. 8 de cada diez españoles sufre estrés. La causa principal en 66 de cada 100 españoles son los problemas laborales y en 64 de cada 100, los gastos económicos. 4. 3 de cada 8 socios del listado… 5. En el pueblo uno de cada 10 habitantes es mujer.

9. 1. medio trabajo. 2. una pregunta / cierta pregunta. 3. un quinto / cinco veces.

UNIDAD 7

1. 1. *Se quieren* - se entienden. 2. Se vende - se vende - se alquila. 3. Se admiten. 4. Nos toleramos - nos aplaudimos - reconciliarnos - se puede - se viven / se han vivido - escucharnos.

2. 1. *Devolvérselos* - se los devuelvo / se los devolveré. 2. Me lo encontré. 3. Se nos perdió. 4. Se la hemos dado. 5. Te lo he preparado.

3. 2. No te me quedes mirando. 3. Se nos presentó en casa. 4. Se me ha roto la cremallera del pantalón / la cremallera del pantalón se me ha roto. 5. No se nos ha perdido nada.

4. 2. Te. 3. Ø. 4. Te. 5. Me. 6. saltar**me**. 7. Ø. 8. Ø - Ø - Ø.

5. 1. Te quedas… 2. Hazte… 3. Se ha vuelto… 4. Nos vamos… 5. Ø. 6. Ø.
2. d. 3. a. 4. c. 5. f. 6. b.

6. 2. Se queda igual. 3. La última bombilla se fundió. 4. Se queda igual. 5. Se queda igual. 6. Se ha manchado. 7. Se desordenarán / se descolocarán / se volarán los papeles.

7. 2. Se me han perdido. 3. Se me cayó / ha caído - se me mojó / ha mojado. 4. Se me ha resbalado - se me ha roto.

8. 1. b. 2. c. 3. b. 4. c.

9. a. *Irse* significa dejar un sitio para ir a otro.
b. Espontánea e involuntaria.
c. Voz media - pronombre de objeto indirecto.

UNIDAD 8

1. 2. alrededor de. 3. casi. 4. un poco. 5. bueno. 6. claro.

2. 1. *Te habíamos avisado, yo concretamente…* / Te avisé yo concretamente. 2. especialmente / particularmente los viernes. 3. particularmente / concretamente yo. 4. concretamente ese pañuelo.

3. 2. Naturalmente, pienso contarle sin miedo toda la verdad ahora mismo. 3. Ha tenido que ser, forzosamente, un cambio de maleta en el aeropuerto. / Forzosamente, ha tenido que ser un cambio de maletas en el aeropuerto. 4. Acertadamente, pensaste que un incidente pequeño puede llevar a algo peor, no te preocupes. / Pensaste, acertadamente, que un incidente pequeño puede llevar a algo peor, no te preocupes. 5. Inteligentemente, la policía no se precipitó y esperó a tener pruebas contundentes. / La policía no se precipitó e, inteligentemente, esperó a tener pruebas contundentes. 6. Es que, inevitablemente, tengo que entregar estos diseños el lunes a primera hora de la mañana.

4. 2. b. 3. f. 4. e. 5. c. 6. d.

5. (1) realmente / en realidad. (2) en resumen / en realidad / realmente. (3) a propósito.

6. 1. levemente. 2. sumamente. 3. excesivamente. 4. ligeramente.

7. 2. Mi padre trabaja precisamente aquí.
3. Ha actuado justamente, como yo ya imaginaba. 4. A propósito, lo que te dije, te lo repito ahora. 5. Verdaderamente, es un trabajo importante.

8. 1 d. 2 b. 3 c. 4 a.

9. Los adverbios focalizadores afectan a **una parte** de la oración. Los adverbios que afectan a toda la frase se refieren a **la información** completa que hay en ella, pero los adverbios que afectan al dis-

SOLUCIONES

curso tienen en cuenta no solo la información que hay en la oración, sino **la conversación**.

UNIDAD 9

1. 2. corría hacia mí. 3. te esperaba. 4. volvíamos. 5. estabas chateando.

2. *cortesía* - interrupción. 2. estilo indirecto - estilo indirecto. 3. cortesía - estilo indirecto. 4. cortesía - cortesía - estilo indirecto - estilo indirecto con matiz de cortesía - interrupción.

3. **Posibles respuestas**

   2. No sabía que hablabas turco. 3. Estaba segura de que no venías hasta la semana que viene. 4. Pensaba que no querías quedarte por nuestra discusión del viernes.

4. 2. ¿En qué punto estábamos? 3. ¿Qué me decías? 4. Es que hacía…

5. Acción en desarrollo: 2. Estar en el punto X. 3. Decir algo. 4. Hacer frío. Lo que interrumpe: 2. La entrada del compañero con los cafés. 3. Que el interlocutor empieza a pensar en sus problemas y no presta atención. 4. Que bajan el aire acondicionado.

6. 2. ¿Pero tú no detestabas las aglomeraciones y las rebajas? 3. Oye, ¿tú no tocabas muy bien el piano y ya habías tocado antes en público? 4. ¿No ibais a Francia todos los años en Navidad para esquiar? 5. El señor Rossi trabajaba en la Asociación Italiana para la Cultura.

7. 2. ¿No tenías miedo a los perros? 3. ¿No quería ella un trabajo sin demasiadas responsabilidades? 4. ¿No estaba destinado en Ginebra? 5. ¡Pero si tú no soportabas a la gente que iba por la calle hablando por el móvil de sus asuntos personales!

8. 2. ¿No decías que tenías miedo a los perros? / Yo creía / pensaba que tenías miedo a los perros. 3. ¿No afirmabas que preferías un trabajo sin demasiadas responsabilidades? / Yo creía / pensaba que preferías un trabajo sin demasiadas responsabilidades. 4. ¿No dijiste que estabas destinado en Ginebra? / Yo creía / pensaba que estabas destinado en Ginebra. 5. ¿No decías que no soportabas a la gente que iba por la calle hablando por el móvil de sus asuntos personales? / Yo creía que…

9. 1. b. 2. c. 3. b. 4. b.

10. En las acciones en desarrollo: Lo que interrumpe puede ser algo que se ha dicho antes. Lo que interrumpe puede ser algo que no se ha dicho pero que está en el contexto.

    En el estilo indirecto: Puede no aparecer el verbo introductor, sino el imperfecto solo. En preguntas como: *¿No tenías tres hermanos?*, el adverbio *no* pierde su significado de negación.

UNIDAD 10

1. 2. no solucionarán los problemas. 3. no adelgazará. 4. estará de baja. 5. no llegará a cenar a tiempo. 6. no saldremos este fin de semana. 7. las notas saldrán este fin de semana. 8. no habrá clase. 9. ¿Vendréis la semana que viene para visitar…? 10. haré los ejercicios a partir de ahora.

2. 2. habrá vuelto. 3. habrán abierto. 4. habré puesto. 5. habréis compuesto. 6. habrás escrito. 7. habremos llegado. 8. habrás hecho. 9. habrás venido. 10. habremos rehecho.

3. 2. Observa tus palabras, se convertirán en tus acciones. 3. Observa tus acciones, se convertirán en tus hábitos. 4. Observa tus hábitos, se convertirán en tu carácter. 5. Observa tu carácter, se convertirá en tu destino.

4. 2. se reunirá con la coordinadora. 3. firmará unas cartas. 4. tendrá una comida de trabajo. 5. leerá y contestará el correo electrónico.

5. 2. las profesoras habrán terminado su jornada laboral. 3. la coordinadora habrá dejado los horarios en su mesa. 4. los estudiantes se habrán apuntado a las actividades. 5. la secretaria habrá matriculado a los estudiantes para el próximo curso.

6. 2. Ya habrá comido – No tendrá hambre. 3. Estará enferma – No habrá sonado el despertador. 4. Habrá detectado un virus – Habrá

Soluciones

muchos programas abiertos. 5. Habrá olvidado el paraguas – No tendrá paraguas. 6. Habrá suspendido el examen – Tendrá problemas con la familia con la que vive.

7. 1 d. 2 f. 3 b. 4 e. 5 a. 6 c.

8. 1. *estará* – estará. 2. habré metido. 3. haré. 4. habremos acabado. 5. buscaré. 6. volverá – hará. 7. llamará. 8. habrá llegado – habrá salido – habrá ido – estará – andará. 9. tomaremos. 10. habrán pensado.

9. 2. se irá. 3. habré conseguido. 4. habrá conocido. 5. habrá sido. 6. estará enamorado. 7. llamará. 8. subirán. 9. seguiré.

   <u>Acción futura y pronósticos</u>: se casará, se irá, subirán, contaré. <u>Acción futura anterior a otra futura</u>: habré conseguido, habré empezado. <u>Probabilidad en presente</u>: estará enamorada. <u>Probabilidad en pasado</u>: habrá conocido, habrá sido. <u>Futuro impreciso</u>: ya me llamará. <u>Se refiere al presente</u>: estará enamorada. <u>Se refiere al pasado</u>: habrá conocido, habrá sido. <u>Se refiere al futuro</u>: se casará, se irá, subirán, contaré, llamará, habré conseguido, habré empezado.

10. Probabilidad en el pasado. 2. Con el futuro del verbo *haber* + participio. 3. *Lo hará cuando llegue yo* significa que lo hará después de que yo llegue. *Lo habrá hecho cuando llegue yo* significa que lo hará antes de que yo llegue. 4. Es que ya ha visto la película.

11. 1. simple – perfecto. 2. perfecto – simple.

UNIDAD 11

1. 2. haría – habría hecho. 3. saldrías – habrías salido. 4. haríais – habríais hecho. 5. querrían – habrían querido. 6. sabrías – habrías sabido. 7. vendría – habría venido. 8. podría – habría podido. 9. tendríamos – habríamos tenido. 10. iría – habría ido.

2. **Posibles respuestas**
   2. Yo no me pondría ropa vaquera / pues yo no me la pondría / yo me pondría otra cosa. 3. Yo, en tu lugar, no le diría nada / pues yo no le diría nada. 4. Yo, que tú, no hablaría de ese tema / yo no les preguntaría por el trabajo. 5 Yo les llevaría bombones / yo, que tú, llevaría bombones. 6. Yo, en tu lugar, sería natural / pues yo sería natural. 7. Yo las respondería, ¿por qué no? / yo, que tú, las respondería / yo, en tu lugar, las respondería. 8. Yo, en tu lugar, esperaría un poco / yo esperaría un poco. 9. Yo, que tú, los besaría / yo, en tu lugar, les daría dos besos.

3. **Posibles respuestas**
   2. Yo se lo habría dicho, es más amable. 3. Yo, en tu lugar, lo habría dicho, sobre todo si era verdad. 4. Yo, que tú, sí que lo habría hecho / sí les habría agradecido la invitación / les habría dado las gracias. 5. Yo los habría mirado tranquilamente. 6. Yo, en tu lugar, le habría escuchado / habría estado pendiente de lo que decía. 7. Yo, en tu lugar, habría dicho algo amable. 8. Yo no habría ido a la cocina. Yo también habría ido a la cocina y habría ayudado a fregar. 9. Pues yo me habría despedido con un beso. Yo tampoco les habría dado un beso.

4. 2. ya habría visto la obra. 3. estaría enfadada – querría. 4. tendría que preparar. 5. dormirían – se pasaría. 6. habría terminado de corregir – querría.

5. 2. Yo se lo daría / preguntaría / me lo quedaría. 3. Yo, en su lugar, habría pedido perdón / habría actuado de la misma manera / le habría llamado la atención. 4. Yo iría / me acercaría a ver qué oigo / seguiría mi camino. 5. Yo, en su lugar, lo habría devuelto / me lo habría quedado también / lo habría tirado. 6. Yo se lo habría dicho / habría pensado que era un payaso / lo habría seguido para ver adónde iba. 7. Pediría la hoja de reclamaciones / pagaría / protestaría. 8. Iría a verlo / le mandaría o hablaría / esperaría – lo invitaría. 9. Me acercaría y lo (la) saludaría / esperaría a ver cómo reacciona para hacer lo mismo / fingiría que no lo (la) he visto.

6. 2. irías. 3. llamaría. 4. habría puesto. 5. podría. 6. daría. 7. habríamos ido. 8. me encantaría. 9. habría.

7. atendería – habría – sería – sería – llegaría – habría actuado – podría – pasaría / habría pasado – aconsejaría – dejaría – haría / habría hecho. 1. <u>Se refieren al presente</u>: podría – haría. <u>Se refieren al pasado</u>:

SOLUCIONES

habría – atendería – habría – sería – sería – llegaría – habría actuado – habría pasado – habría hecho. <u>Se refieren al futuro</u> aconsejaría – dejaría.

2. <u>Acción hipotética</u>: habría actuado – podría volver – le pasaría / le habría pasado lo mismo – ¿qué haría usted? – ¿qué habría hecho usted? <u>Probabilidad</u>: habría unas veinte personas – ¿por qué sería el único? – ¿sería el cambio de turno? <u>Consejos</u>: yo le aconsejaría – yo, que usted, no dejaría. <u>Transmisión de mensajes</u>: me dijo que me atendería – me dijo que llegaría al día siguiente.

8. 1. *Ella iría* es condicional simple y puede expresar hipótesis en presente y en futuro, consejos y probabilidad en el pasado. *Ella habría ido* es condicional compuesto y se refiere al pasado. Puede significar probabilidad o acciones hipotéticas no realizadas. 2. b. 3. Al presente = Tengo que estudiar ahora y por eso no puedo ir.
4. Acción hipotética en presente.

UNIDAD 12

1. 2. hayamos dormido. 3. haya roto. 4. haya estado. 5. haya podido. 6. hayás puesto. 7. hayáis visto. 8. hayan vuelto. 9. hayan tenido. 10. haya ido.

2. 2. Me molesta que no me hayan avisado. 3. Quizás hayan llegado ya. 4. Me alegro mucho de que hayas aprobado. 5. Es probable que haya olvidado que hoy teníamos clase. 6. No creo que hayamos recibido ya el informe. 7. ¡Ojalá (que) hayan acordado ya las condiciones! 8. Es increíble que hayáis arreglado la máquina. 9. Me preocupa que hayan telefoneado del Ministerio. 10. ¡Qué bien que nos hayan invitado al cóctel de la embajada!

3. 2. haya reservado. 3. hayáis llegado. 4. hayan tocado. 5. hayamos alcanzado.

4. 2. hayan demostrado / demuestren que se necesita más personal. 3. hayamos leído y estudiado / lean y estudien los informes. 4. nos haya dado / nos dé las licencias necesarias. 5. nos hayan informado / informen sobre exportaciones.

5. 2. encontremos. 3. lea / haya leído. 4. terminemos / hayamos terminado. 5. pregunten – tengan.

6. 1. hayan salido más veces. 2. solo sean compañeros de trabajo y hayan ido a tomar algo. 3. le guste. 4. siempre esté pendiente de mí. 5. haya ordenado mis cosas.

7. a. presente de subjuntivo – haber. b. antes.
c. imagino que / a lo mejor / dice que *me ha llamado* – es importante que / puede que / ojalá *me haya llamado*.

UNIDAD 13

1. 2. pudieron; 3. dijeron; 4. fueron; 5. rieron; 6. pusieron; 7. supieron; 8. dieron; 9. trajeron; 10. hicieron.

2. 2. contáramos o contásemos; 3. deshicieras o deshicieses; 4. muriera o muriese; 5. corrigiera o corrigiese; 6. salieras o salieses; 7. repitierais o repitieseis; 8. dijeran o dijesen; 9. pusiéramos o pusiésemos; 10. trajera o trajese.

3. 2. quedara / quedase; 3. asistiera / asistiese; 4. estuviera / estuviese; 5. parara / parase.

4. 2. pudieran o pudiesen venir a verme; 3. fuera o fuese ella; 4. me dieran o diesen el alta pronto. 5. ¡Ojalá no hubiera tantos programas de cotilleo! / ¡Ojalá hubiera menos programas de cotilleo!

5. 2. no tiene tiempo – tenga tiempo; 3. ha comido poco – haya comido poco; 4. no tenía hambre – no tuviera o tuviese hambre; 5. se fue enseguida – se fuera o se fuese enseguida.

6. 2. haya llegado; 3. contrataran o contratasen; 4. tenías; 5. avisara o avisase; 6. pudiera o pudiese; 7. fuera o fuese; 8. tuviera o tuviese; 9. ha enviado; 10. terminara o terminase (es poco probable).

7. 1. fuera o fuese – entrara o entrase – diera o diese – vio – estaba – estaba;
2. golpearía o golpeó – cayó o caería – estaba – tuviera o tuviese – se rompiera o se rompiese – tenía.

SOLUCIONES

A. matara o matase; B. asesinara o asesinase – se traía – quería – supieran o supiesen; C. tenía – estaba; D. fue o sería – se fuera o se fuese.

- SE SABE:
No estaba asustada y estaba / está sonriendo. Cayó de lado. El rodillo estaba junto al cadáver. La tata tenía sangre en las manos. Ciertos asuntos que se traía entre manos y que no quería… Por eso estaba tan feliz.

NO SE SABE:
Puede que el asesino fuera / sea… y entrara… A lo mejor no vio que… El asesino golpearía… Puede que la tata tuviera una fuente de cristal… y se rompiera. Es posible que la matara el señor… Puede que la asesinara el hijo de… A lo mejor la tata tenía un amor secreto. ¿O sería la señora…?

- NO SE SABE:
<u>Indicativo</u> → *A lo mejor no vio que…*
A lo mejor la tata tenía un amor secreto.
<u>Subjuntivo</u> → *Puede que el asesino fuera / sea… y entrara… Puede que la tata tuviera una fuente de cristal… y se rompiera. Es posible que la matara el señor… Puede que la asesinara el hijo de…*
<u>Sin verbo o expresión</u> → *El asesino golpearía… ¿O sería la señora…?*

8. a. -ra, -ras, -ra, -ramos, -rais, -ran – -se, -ses, -se, -semos, -seis, -sen. b. pasado – presente – futuro. c. Puede que **dijera**… – No **podría** llegar – Lo mismo lo **sabía** – Es probable que lo **supiera**.

UNIDAD 14

1. 2. hubierais o hubieseis venido. 3. hubiera o hubiese llovido. 4. hubiera o hubiese ganado. 5. hubiera o hubiese aceptado.

2. Sentí que se hubieran o hubiesen ido ya cuando llegamos. 3. Fue una pena que ya nos hubiéramos o hubiésemos ido cuando salió a saludar. 4. Nos extrañó que no os hubierais o hubieseis apuntado a la cena de fin de curso. 5. Se alegraron de que los exámenes se hubieran o hubiesen retrasado una semana. 6. No les importó que nos hubiéramos o hubiésemos retrasado en entregar las fotos.

3. 2. No había salido en toda la tarde – Es posible que no hubiera o hubiese salido en toda la tarde. 3. No había terminado el trabajo que tenía que entregar – Es probable que no hubiera o hubiese terminado el trabajo que tenía que entregar. 4. Había tomado mucho café – Quizás hubiera o hubiese tomado mucho café. 5. No había dormido bien – Probablemente no hubiera o hubiese dormido bien. 6. Se disgustó con Ester – Posiblemente se hubiera o hubiese disgustado con Ester.

4. 2. No llamaron. 3. No fueron al Museo del Prado. 4. Fueron al estreno. 5. El Real Madrid no ganó. 6. No lo / la invitaron.

5. 2. Claro, ya me extrañaba que no hubiera avisado. 3. ¡Ojalá hubiera aprobado! Lo necesita porque vive en un pueblo pequeño. 4. ¡Quién lo hubiera conocido de joven!

6. hubiera sido diferente = habría sido diferente; me hubiera dado ánimos = me habría dado ánimos; me hubiera tranquilizado = me habría tranquilizado; no me hubiera dejado convencer = no me habría dejado convencer.

7. Expresa hipótesis: 2. NO expresa hipótesis: *1*, 3, 4, 5 y 6. 2: En la frase 2 se plantea la hipótesis de que hubieran abierto antes, algo que no ocurrió.

8. a. imperfecto – haber. b. hechos – hipótesis.

UNIDAD 15

1. 2. Ø; 3. salir; 4. estando / Ø; 5. resuelto; 6. a – que; 7. haciendo – en; 8. de – Ø; 9. manifestándose. 10. Ø.

2. 2. teniendo; 3. trabajando; 4. preocupado; 5. revisadas; 6. analizar. 7. destrozado. 8. habernos ayudado – pedirlo.

3. Causal: 7, 9. Condicional: *1*, 4, 6, 10. Concesivo: 8. Modal: 3, 6. Temporal: 2, 5.

4. 2. Perdida toda esperanza de conseguir sus deseos…; 3. De llegar a tiempo…; 4. Aun limpiando durante una semana…; 5. Al empezar a llover…; 6. Estudiando en la biblioteca…

SOLUCIONES

5. 2. acabó comprendiendo. 3. va – voy. 4. a. 5. de. 6. están.

6. 2. Tengo hechos ya todos los ejercicios. 3. Ya tengo compradas las entradas. 4. Ya llevo escritas dos páginas del informe. / Ya tengo escritas dos páginas del informe. 5. Ya llevo hechos dos postres. / Ya tengo hechos dos postres. 6. Tengo ya hecha la comida.

7. vigilándolo – atender – tener – dirigiéndose – doblarlo – acostumbrados – preocupado – decirse – acompañar – reducido – señalando – palpitando.

8. 1. orden; 2. condicional / modal; 3. modal; 4. causal; 5. concesivo.

9. causal – condicional – condicional

UNIDAD 16

1. 2. Estás. 3. Es. 4. Soy – estoy. 5. Estamos. 6. Estamos – estamos.

2. 2. Lo – está. 3. Lo soy. 4. Lo – es. 5. Lo estamos.

3. Cualidades: 4. antipáticos. 5. vago. Estados: 1. vacío. 2. guapa. 3. nervioso. 6. insoportable.

4. 2. Estás. 3. Estoy. 4. Son. 5. Ser. 6. Estoy.

5. a) *Es verde,* es pequeña, es de metal, es cómoda, es cilíndrica, es práctica, está llena. b) Es verde, es pequeña, es de metal, está sucia, está rota, está abollada, está vacía.

6. 2. Bueno está. 3. Está buena. 4. Estoy lista. 5. Está listo. 6. Está verde. 7. Es muy atento. 8. Es muy lista – está atenta.

7. 1. Me *parece demasiado llamativo;* me parece precioso; me parece horrible; me parece desfasado; me parece original. 2. Parece que está cansado; parece que está dormido; parece que está aburrido; parece que está enfermo; parece que está atontado. 3. Parece fuerte; parece sano; no parece simpático; no parece agradable; parece algo antipático; parece serio; no parece divertido. 4. Parece tener prisa; parece tener problemas; no parece ser muy normal; parece estar escondiéndose de alguien; parece estar agobiado.

8. Adjetivos que solo van con *ser.* Adjetivos que solo van con e*star:* vacío, **lleno, roto...** Adjetivos que pueden ir con *ser* y con *estar:* **guapo, alto, nervioso, simpático, antipático, agradable, pesado...** Adjetivos que pueden ir con *ser* y con *estar* pero que cambian de significado: listo, **bueno, malo, vivo, cansado, verde, negro, atento.**

UNIDAD 17

1. 3. Desconfiada. 4. Reservada, negativa. 5. Agobiante. 6. Cariñoso, alegre.

2. Me quedé *bloqueado,* perplejo, pálido, triste. 2. Se ha hecho voluntario, imprescindible, anarquista, popular. 3. Se puso muy pálido, triste. 4. Te has vuelto demasiado tímido, imprescindible, triste.

3. 2. Se ha vuelto más prudente. 3. Se ha vuelto hogareño. 4. Se puso nervioso. 5. Se puso rojo / colorado. 6. Se quedó mudo / sin palabras / sin habla. 7. Se quedó maravillado. 8. Se quedó impresionado.

4. 2. Me he hecho millonaria. 3. Se ha vuelto muy egoísta y codicioso. 4. Poniendo un poco pálido. 5. Se quedó de piedra. 6. Hacerme socio. 7. Me he quedado muy impresionado – Me he puesto malísimo.

5. 2. **Se** ha hecho - S̶e̶ ha vuelto a casa. 3. T̶e̶ has puesto - No **te** pongas nervioso. 4. Ø. 5. **Me** he vuelto un enamorado.

6. 1 b. 2 a. 3 b. 4 a. 5 b.

7. 1 a y 2 b son las incorrectas.

8. 1. No. 2. Sí. 3. No. 4. Sí. 5. Sí. 6. No.

UNIDAD 18

1. 2. la ciudad → La ciudad fue bombardeada (por los aviones enemigos). 3. cinco estudiantes de Derecho → Cinco estudiantes de derecho han

SOLUCIONES

sido atacados (por una banda de jóvenes radicales).
4. este extraño caso de la genética → Este extraño caso de la genética será estudiado (por los científicos) con absoluta prioridad.
5. el diamante más grande del mundo → El diamante más grande del mundo va ser exhibido (por el Museo de la Corona).
6. la Dama de Elche → Al final la Dama de Elche fue trasladada al Museo Arqueológico de Madrid.

2. 2. Su protesta ya ha sido denegada antes. 3. Los cambios serán comunicados (por la escuela). 4. Sus obras fueron / han sido traducidas a más de 15 idiomas (por diversos traductores).

3. 2. Restos de un hombre primitivo han sido encontrados en Burgos. 3. Peligroso asesino en serie es detenido en la frontera con Luxemburgo. 4. Bebé de tres meses ha sido encontrado con vida en un bosque cercano. 5. Los ciudadanos serán convocados para votar el próximo 12 de enero.

4. 2. fue descubierto un importante alijo de droga por los / nuestros perros policía. 3. los restos de un hombre primitivo han sido encontrados en Burgos. 4. un bebé de tres meses ha sido encontrado con vida en un bosque cercano. 5. un peligroso asesino en serie fue detenido en la frontera con Luxemburgo.

5. 2. Fue. 3. Estaban / estarán. 4. Está. 5. Serán / son.

6. 2. El cable del teléfono estaba cortado. 3. Carlos estaría retenido contra su voluntad en aquel país lejano. 4. ¿Estará detenido ya? 5. La venta de alcohol estaba prohibida.

7. 2. Las luces se apagan y se encienden. 3. Se ha roto un cristal de la ventana. 4. He quemado / estoy quemando / he estado quemando algunas cartas viejas. 5. Se está quemando el almacén.

8. 2. Se te – la. 3. Se me – las. 4. Se – el. 5. Se te – el. 6. Se nos – la.

9. **Texto 1:** *Elliot Welles fue deportado* (voz pasiva); fue seleccionada y ejecutada (voz pasiva); le fue devuelta su ropa (voz pasiva); fue enviado al campo de concentración… (voz pasiva); el cual fue detenido y condenado (voz pasiva).

Texto 2: Un autobús escolar se salió del camino (voz media); tuvieron que ser rescatados por los bomberos (voz pasiva); el autobús no se volcara (voz media); ya había empezado a complicarse (voz media); tras salirse de la vía (voz media); los colegiales fueron evacuados (voz pasiva).

10. 2. A su madre la seleccionaron y ejecutaron en unos bosques cercanos a Riga. / Seleccionaron y ejecutaron a su madre en unos bosques cercanos a Riga. 3. Dos días después la ropa se la devolvieron. / Dos días después le devolvieron la ropa. 4. Del gueto de Riga lo enviaron al campo de concentración polaco de Stutthof. / Del gueto de Riga enviaron a Elliot al campo de concentración polaco de Stutthof. 5. Al cual lo detuvieron y condenaron. 6. (A ellos) los tuvieron que rescatar los bomberos. 7. A los colegiales los evacuaron. / Evacuaron a los colegiales.

11. 3. Porque no hay un agente claro que realice la acción; esta se presenta como espontánea.

12. 1. b. 2. b.

UNIDAD 19

1. 2. poquísimo; 3. el más alto; 4. inteligentísimo; 5. simpatiquísimas; 6. es el menos caprichoso; 7. el más egoísta; 8. riquísimo; 9. el menos comilón; 10. buenísimo.

2. 2. Lo mismo come paella que *pizza* / igual come paella que *pizza*; 3. Tiene el mismo genio que / de su abuela; 4. Tiene la misma sensibilidad que / de su padre; 5. Tiene las mismas ideas que / de su tía; 6. Igual arregla un enchufe que hace un jersey / lo mismo arregla un enchufe que hace un jersey; 7. Ana tiene las mismas vacaciones que Raúl.

3. 2. lo mismo / lo mismo que tú; 3. lo mismo que / igual que; 4. los mismos que / del; 5. lo mismo que / igual que; 6. las mismas que; 7. el mismo.

4. 2. igualita – el mismo; 3. idéntica / clavadita; 4. igualita que / como; 5. a; 6. igualita que / igualita de cabezota que; 7. lo mismo / igualita.

Soluciones

5. (2) la misma; (3) los mismos; (4) la misma; (5) la misma; (6) las mismas; (7) los mismos; (8) igual que; (9) idéntico / clavadito / clavado / igualito / igual; (10) clavadito / idéntico / igualito / igual; (11) el mismo; (12) el mismo; (13) distinto / diferente; (14) distinta / diferente; (15) distintos / diferentes.

6. 2. el triple de; 3. la mitad; 4. Cuatro veces menos; 5. el doble de; 6. la cuarta parte; 7. Tres veces menos.

7. 1. a; 2. a; 3. b.

UNIDAD 20

1. 2. como. 3. por. 4. porque. 5. por qué. 6. porque. 7. por.

2. 2. gracias a que. 3. lo que pasa es que. 4. debido a. 5. que. 6. ya que. 7. que.

3. 2 c. 3 b. 4 d. 5 f. 6 e.

4. 1. *como* – gracias a. 2. es que. 3. por. 4. por culpa de / a causa de / debido a / por. 5. ya que / puesto que. 6. por / debido al / a causa del / por culpa del. 7. en vista de que / puesto que / dado que / como. 8. gracias a.

5. Posibles respuestas
2. Perdí el trabajo por culpa de una discusión… 3. Habíamos quedado para ir al cine, saqué las entradas y en vista de que no llegaba… 4. Puesto que usted está siendo sincero conmigo, yo… 5. A causa de la gran demanda de clases de español, en Brasil… 6. Ya que hoy estamos todos, ¿hacemos la reunión? 7. Hanna no ha podido venir hoy, es que tenía que…

6. Posibles respuestas
2. Lo que pasa es que es muy reservada. 3. Sí, gracias a que nos ha llamado una compañera, porque nosotros no habíamos mirado el tablón de anuncios. 4. Es que no he dormido porque mi hijo ha estado vomitando toda la noche. 5. Sí, debido a que el año pasado hubo muy pocas ventas. 6. En vista de que su dedicación a la empresa ha sido absoluta, le subiremos el sueldo. 7. Que está buenísimo.

7. Posibles respuestas
2. No come marisco porque no le guste, sino porque tiene alergia. / No es que a Mark no le guste el marisco, es que tiene alergia. 3. Victoria no se compra un piso porque prefiera alquilarlo, sino porque el banco no le da el crédito suficiente. 4. Jonathan no viaja a otros países porque quiera conocer bien el suyo, sino porque no tiene dinero ni tiempo para viajar a otros. / No es que Jonathan quiera conocer bien su país, es que no tiene dinero ni tiempo para viajar a otros países. 5. Pelayo está inaguantable no porque haya perdido su equipo de fútbol, sino porque no ha podido ver el partido. 6. No le gusta la película porque le vaya el cine comprometido, sino porque en ella sale su actor favorito. / No es que le vaya el cine comprometido, sino que en la película sale su actor favorito.

8. Deducción: 1, 3 y 4.

Explicación: 2 y 5.

9. Posibles respuestas
1. He ido a algunas gracias a que una amiga me lo dijo a última hora. / Ha habido unas conferencias muy interesantes, pero como nadie me había avisado / avisó, me enteré muy tarde y he podido ir algunas gracias a que una amiga me lo dijo a última hora.
2. Se produjeron cortes en la carretera debido a que el temporal llegó a la provincia / debido a la llegada del temporal a la provincia. Mucha gente no pudo ir a trabajar y los niños tampoco pudieron acudir al colegio, ya que muchos pueblos habían quedado aislados.

10. 2. dado que. 3. a causa de / debido a. 4. ya que. 5. debido a que.

11. Indicativo – subjuntivo – infinitivo.

UNIDAD 21

1. 2. así que / por eso. 3. por eso. 4. así que / por eso / o sea que. 5. o sea que. 6. o sea que.

SOLUCIONES

2. 2. Habla con Luis, de esta manera conocerás la noticia de primera mano. 3. ¿Nadie lo ha avisado?, entonces no viene. 4. La vivienda cuesta un 30 % más de su valor real, por consiguiente no existe una buena relación calidad – precio. 5. Ha tenido un problema con sus compañeros y por ello se ha ido de la empresa. 6. Cada vez tenían más clientes, de ahí que subieran el sueldo a los empleados.

3. 2. podamos asistir a la recepción de la embajada. 3. estaremos seguros de que no faltará. 4. vamos a quedar para estudiar. 5. contrataremos a más empleados. 6. será más fácil arreglar los problemas del país.

4. 2 e. Envía un correo electrónico a todo el departamento, así todo el mundo se enterará de la noticia. 3 a. No fueron ayer a clase ni llamaron a ningún compañero, de ahí que no supieran cuáles eran los deberes de clase. 4 f. Para este año no tengo ningún trabajo extra, así que voy a dedicarme a la tesis. 5 c. No iban nunca a clase, no hacían los deberes, no hablaban en español; por todo ello suspendieron el curso. 6 d. ¿No habéis ido al auditorio? O sea, que no habéis conseguido las entradas para el concierto.

5. 2. estaba tan alegre / tenía, sentía una alegría tal que… 3. Tenía tantos problemas / tenía unos problemas tales (poco frecuente) que… 4. Llevaba tanto peso en las maletas / llevaba un peso tal … que. 5. Tiene muchas pesadillas / tiene unas pesadillas tales (poco frecuente) que. 6. La paella tenía tanta sal que… (No se puede usar *una sal tal* porque no se puede intensificar la 'sal'. Aquí solo se habla de cantidad).

6. 3 y 5. tanta planta / tanta foto (se usa el sustantivo sin artículo y en singular porque se hace referencia al concepto). 4. tanto dinero (es incontable en cualquier caso).

7. 2. consecuencia. 3. comparación. 4. comparación. 5. consecuencia. 6. consecuencia.

8. **Posibles respuestas**
2. Han anunciado los cursos muy tarde y la gente no se ha enterado, de modo que se han apuntado muy pocas personas.
3. Las dos empresas estaban en negociaciones secretas, pero / y la prensa lo publicó; en consecuencia, se rompieron las negociaciones.
4. En esa tienda compraba mucha gente, pero los precios subieron de repente una barbaridad y los dependientes dejaron de ser amables con los clientes; por consiguiente, los clientes ya no compran allí. 5. La próxima semana vienen mis padres y la casa está muy sucia, de ahí que tengamos que limpiar (la casa) el fin de semana sin falta.

9. 2. por consiguiente / por lo tanto. 3. por consiguiente / por lo tanto – de ahí que. 4. en consecuencia.

10. a. falso. b. falso. c. verdadero.

11. indicativo – de ahí que – tal… que – sustantivo – no funciona – se refiere – formales.

UNIDAD 22

1. 1. Mientras los demás trabajan. 2. Llamame (vos) en cuanto llegués – dormiré – hasta que sepa. 3. Siempre que les pregunto – sigue preguntando hasta que te den. 4. En cuanto encontró – cuando mejora. 5. Antes de que hablemos – retrasa – hasta que yo vuelva.

2. 2. Me aconsejó que respirase profundamente cuando estuviera nervioso. 3. Me recomendó que hiciera ejercicios de relajación siempre que me doliese la espalda. 4. El médico creía que yo no podría volver al trabajo mientras tuviera *esa* tos (si ya no toso) / *esta* tos (si todavía toso). 5. Me dijo que lo mejor era que me quedara en casa hasta que desapareciese la fiebre.

3. 2. cuando / después de que / una vez que. 3. apenas / tan pronto como / en cuanto / cuando. 4. una vez. 5. nada más / al. 6. entretanto / mientras tanto. 7. cuando / en cuanto / tan pronto como / apenas. 8. mientras / al mismo tiempo que – cuando. 9. En lo que / mientras / al mismo tiempo que. 10. después de que / una vez que. 11. hasta que / mientras no.

4. 1. en cuanto / apenas retire / *nada más retirar*. 2. apenas salimos / en cuanto salimos. 3. tan

Soluciones

pronto como / apenas hayamos empaquetado. 4. mientras tanto. 5. al mismo tiempo que / cuando.

5. 2. empezar yo – me oyó. 3. que tú llegues – terminar (yo) / que termine la clase. 4. empiezas. 5. hablar / haber hablado / que hable – hable / haya hablado. 6. discutimos.

6. 2. haya encontrado / encuentre → B. Los avisé de que apenas hubiera encontrado / encontrara un vuelo barato los llamaría para que fuesen a buscarme. 3. hayas cobrado / cobres → C. Me advirtió de que me prestaría (hay idea de futuro) el dinero hasta que cobrara. 4. hayas entendido / entiendas → D. Me aclararon que una vez que hubiera entendido / entendiera el sistema, ya no me resultaría tan complicado. 5. hayas vivido → E: Mi abuela siempre decía que cuando hubiera vivido / viviera tanto como ella vería que había que dar importancia a las cosas que realmente la tienen (siguen teniéndolas) / tenían (toda la frase concordada en pasado).

7. 1. *quería* – aceptó – se puso. 2. pudieran. 3. acabase. 4. llegó – se acerque (si aún no se ha producido) / se acercase (concordancia en pasado) – vaya.

8. 1. aceptara la plaza de cooperante. 2. encontraran a alguien para sustituirle. 3. ella dé a luz.

9. 1. *Al mismo tiempo que, en lo que*. 2. Que van entre comas: *entretanto* y *mientras tanto*. Tampoco los necesitan *nada más* + infinitivo y *una vez* + participio. 3. entre comas y después de la acción principal. 4. *Mientras, entretanto, al mismo tiempo que, mientras tanto, en lo que*. 5. Delante o detrás.

UNIDAD 23

1. 1. que – que. 2. como – que. 3. que – adonde / a donde. 4. adonde / a donde – donde – como. 5. que / quienes.

2. 1. *lo que* – lo que – lo que. 2. los que / quienes. 3. como. 4. el que / quien. 5. que. 6. lo que. 7. lo que – lo que.

3. 2. de – lo que; 3. los que – los que; 4. Ø – a – las que; 5. lo que – a – los que – Ø.

4. 2. El chico con el que te has peleado es primo de la directora. 3. Está buscando al vendedor que le dio un aparato defectuoso. 4. Carlos, que está enfermo, sigue trabajando desde su casa. 5. Esas de ahí son las autoras con las que / quienes estoy escribiendo un manual de primeros auxilios.

5. 2. confiar. 3. quiero. 4. tengo. 5. sentirse.

6. (1) el que – (2) lo que – (3) como / en la que – (4) del que – (5) que – (6) que – (7) donde / en la que – (8) lo que.

7. 1. *acaba* – tiene – quiere – pueda – permitan – prefieren – llega (aquí tiene carácter generalizador). 2. sea – tenga – se puedan – haga – recuerden – constituya – pudieron – pueden – ofrecen – oscila.

8. 1. un antecedente. 2. las necesita el verbo de la oración de la que forman parte. 3. *al que / a los que / a la que / a las que / a quien / a quienes*. 4. *lo que*. 5. no conocido. 6. indicativo.

UNIDAD 24

1. 2. lee la última entrega del Capitán Alatriste. 3. voy / iré a la presentación de la novela / llamaré / llamo. 4. la oposición no lo apoyará / no va a apoyarlo. 5. llamad / id a la presentación de la novela. 6. subirán otra vez los transportes.

2. 2. si lo termino / he terminado. 3. no salen muy caros los billetes y el alojamiento. 4. tengo tiempo y tomates. 5. lo terminamos hoy / lo hemos terminado.

3. 2. Si las empresas subieran el sueldo de los empleados un 10 %, estos tendrían menos problemas económicos. 3. Si todos ahorráramos un poco de energía cada día, disminuiría el consumo energético de una manera considerable. 4. Si comparásemos una noticia en diferentes periódicos, podríamos comprobar la manipulación a la que estamos sometidos. 5. Si no

SOLUCIONES

cerráramos el viaje hoy, nos saldría mucho más caro. 6. Si anduvieras una hora al día, te bajaría el colesterol.

4. 2. Si pudiera/-se matricularme todavía, lo haría / lo hacía. 3. Si me concedieran /-sen alguna beca, me iría / me iba a estudiar fuera… 4. Si hubiera/-se ido al teatro, habría / hubiera visto una versión excepcional…

5. 2. lo ingresará hoy. 3. la contrataría. 4. tendría que estar más gordo. 5. habrían suspendido / hubieran suspendido el partido. 6. no es / no será un secreto.

6. 2. si mis amigos se alegraran de mis éxitos. 3. si no asististe a la recepción en la embajada. 4. si no (nos) hubieran insistido ustedes.

7. 2. Si hubiera ido al bar. 3. Si no tuviera tantos hermanos. 4. Si hubiera nacido mi nieto. 6. Si hubiera trabajado en Alemania.

8. (2) interesara – (3) quisiese – (4) quería – (5) llamábamos – (6) hacíamos – (7) quisiera – (8) estaría – (9) ha enterado – (10) llegase (11) nos enteraríamos – (12) hubiera llegado – (13) estaría – (14) estaría.

9. 1. 1 a, 2 a / b, 3 c; 2. 1 a / b / c, 2 a.
<u>La condición se refiere al pasado</u>: Si ha comido… Si comía… <u>La condición se refiere al presente</u>: Si come… <u>La condición se refiere al presente o futuro hipotético</u>: Si comiera… <u>La condición se refiere al pasado hipotético</u>: Si hubiera comido… <u>El resultado de la condición se refiere al presente o futuro</u>: Llamará por teléfono. Llama por teléfono. Llamaría. <u>El resultado de la condición se refiere al pasado hipotético</u>: Habría llamado. Hubiera llamado.

UNIDAD 25

1. 2. siempre y cuando. 3. por si acaso. 4. en caso de que. 5. salvo si. 6. cambiando.

2. 2. en caso de que no esté / estuviera (poco probable) satisfecho, le devolvemos el dinero. 3. siempre que me asegurasen la felicidad. 4. habría visto / hubiera visto su número en «llamadas perdidas». 5. a veces encuentras maravillas. 6. por si (acaso) lo necesitas / lo necesitaras (menos probable) para el trabajo de lengua. 7. a menos que surja / surgiera (menos probable) un imprevisto.

3. 1. *ofrecieran* – fuera (menos probable) / sea – propones / propusieras (menos probable).
2. causen – tengo / tuviera (menos probable).
3. la haya visto. 4. estés – acabemos. 5. muestres / mostraras (menos probable) – pierda / perdiera (menos probable) – haber sabido. 6. digan.

4. 2. de amenazarme. 3. de no publicar. 4. de haber invertido. 5. viéndolo / de verlo otra vez. 6. fijándote bien.

5. 2. en caso de que – por si. 3. saliendo ahora. 4. de vivir – salvo que / a no ser que. 5. a condición de que – teniendo.

6. 1. a menos que / a no ser que / salvo que tomen medidas / salvo si / excepto si toman medidas (es la única posibilidad de que la amenaza anunciada no se cumpla). 2. en caso de que se acaten (la autora no confía mucho en esa posibilidad). 3. a menos que / salvo que / a no ser que las políticas de medioambiente del Primer Mundo empiecen a gestionar (es la única posibilidad de que la amenaza anunciada no se cumpla). 4. siempre que / siempre y cuando seamos conscientes… (se presenta una condición imprescindible para llevar a cabo la propuesta presentada).

7. 1. La protagonista antes podía ducharse a no ser que / salvo que alguien abriera el grifo. 2. Antes no podía depilarse si alguien quería entrar al baño a lavarse los dientes. 3. Tendría que ponerse su viejo albornoz en caso de que alguien llamara a la puerta. 4. Se compraría un albornoz nuevo de utilizarlo más a menudo. 5. Le encantaría encender velas siempre y cuando las tuviera, no fuera de día y no hubiera que limpiar la cera que se queda pegada.

8. 1. Julia a estas horas ya habrá llegado a Alicante, a menos que / a no ser que se haya retrasado

Soluciones

en salir / salvo si se ha retrasado en salir. 2. Julia llegará dentro de poco a Alicante a menos que / a no ser que encuentre un atasco cuando llegue al centro / salvo si encuentra un atasco cuando llegue al centro. 3. En cuanto llegue a casa baño / bañaré a los niños a menos que / a no ser que ya lo hayas hecho tú / salvo si ya lo has hecho tú.

9. a. falso.
   b. verdadero.
   c. falso.
   d. verdadero.

10. 1. a. 2. b. 3. a.

UNIDAD 26

1. 2. estoy. 3. sea. 4. no os gustan / no os gusten. 5. tenga. 6. me lo pidiera. 7. me pagasen – ingresaran.

2. 2. creíamos. 3. intentaras. 4. sabes – necesito. 5. me dan – me la dan // me dieran – me la dieran (se presenta como menos probable si se usa el imperfecto de subjuntivo). 6. había – tuviese. 7. usé – tuviste.

3. 2. aun habiendo. 3. incluso si. 4. por poco que. 5. tanto si. 6. a pesar de. 7. y eso que.

4. **Posibles respuestas**

   2. por muchas ilustraciones que nos queden, tendremos que entregarlas a tiempo // por mucho trabajo que nos quede, tendremos que terminar antes del 31. 3. por poco que trabaje, siempre parece que está ocupado. 4. a pesar de los problemas – aunque estés preocupada.

5. **Posibles respuestas**

   1. Te he seguido queriendo aunque me has / hayas engañado. Pero ahora se acabó: me he librado de ti y voy a ser feliz y no te haré caso tanto si me pides que volvamos a empezar como si no (me lo pides). 2. Este libro le será útil tanto si usted ya tiene distintas variedades de vinagre como si está empezando a interesarse por el vinagre. 3. Noelia es una fumadora empedernida, pero ha decidido dejar de fumar aunque le ofrezcan un cigarrillo todos los días, por más difícil que sea hacerlo a la hora del café. Incluso si engorda, está decidida. 4. Me gustaría irme a vivir a un pueblo pequeño de montaña tanto si no hay posibilidad de ir al cine o al teatro como si la gente es curiosa y se «interesa» por la vida de los vecinos. Aun existiendo el peligro de quedarme aislado en invierno.

6. (2) aunque – (3) aun sabiendo – (4) por más que – (5) a pesar de que – (6) y eso que.

7. **Posibles respuestas**

   2. por más agudo que sea el dolor del amor despechado, los espectadores sonríen con conmiseración. 3. tus amigos no se toman en serio tu sufrimiento incluso si para ti es muy profundo. 4. tanto si la pasión amorosa es un invento como si es irreal, el dolor nos abrasa.

8. 1. por mucho / por más / por poco que. 2. y eso que. 3. tanto si… como si. 4. incluso si.

9. el sujeto de las dos oraciones es el mismo – va precedido de *aun* – ni los futuros (simple y compuesto), ni los condicionales (simple y compuesto), ni el presente de subjuntivo.

UNIDAD 27

1. 2. No creo que durante este puente nos vaya a hacer mal tiempo. 3. No consideramos que su perfil sea el adecuado para esta empresa. 4. Ellos no opinan que esto no suponga un problema. 5. No pienso que esa sea la mejor manera de llegar a un acuerdo. 6. ¡Vaya! No veo que me apoyes cuando te necesito.

2. 4. se convoquen. 6. haya.

3. 2. pudiese. 3. estuviera escuchando. 4. fuera. 5. fuese – mejoró. 6. tengas.

4. 2. no pienso que sea – tampoco creo que tengamos. 3. no creo que… ayude – pienso que sí mejorará / mejoraría. 4. no soy – nadie piensa

SOLUCIONES

que seas. 5. no valemos – es – no creo que ustedes no valgan – ni que su aportación sea. 6. no debes – nunca has creído que yo te fuera.

5. 2. Yo creo que sí deben limitar su información. / Yo no creo que deban limitar su información.
3. Yo considero que los políticos tienen que tener más contacto con el pueblo. / Yo no considero que los políticos tengan que tener más contacto con el pueblo. 4. Yo veo que al final todo se soluciona mediante la fuerza. / Yo no veo que al final todo se solucione mediante la fuerza. 5. Yo noto que la gramática del español es muy difícil de aprender. / Yo no noto que la gramática del español sea muy difícil de aprender. 6. Yo opino que hoy en día fiarse de alguien es demasiado arriesgado. / Yo no opino que hoy en día sea demasiado arriesgado fiarse de alguien.

6. debas – supone – hayan salido – se acaba / se acabará – hubiera – tengo – no duermo – has olvidado – te comportas – prestes – haces – nos tomemos – nos vayamos – nos lo merecemos.

7. 1. Porque lleva delante una negación: *tampoco*.
2. Porque *pensar* está en pasado (indefinido).
3. *Tampoco pienso que tenga que decírtelo.*
4. *Pensé que tenía que decírtelo.*

UNIDAD 28

1. 2. Me ha dicho que todavía no ha comprado ningún regalo y que se va la semana que viene. // Me dijo que todavía no había comprado / compró ningún regalo y que se iba la semana que viene.
3. Me ha dicho que después de los exámenes hará una fiesta en su casa. // Me dijo que después de los exámenes haría una fiesta en su casa. 4. Me ha preguntado si quedamos para estudiar juntos. // Me preguntó si quedábamos para estudiar juntos.
5. Me ha preguntado cuándo vuelvo a mi país. / Me preguntó cuándo volvía a mi país.

2. 2. llegara – calentase. 3. ordenáramos. 4. tenía. 5. iban a salir; 6. comeremos (si el hecho aún no se ha producido) / comeríamos.

3. 1. *compre* // pidió – comprara. 2. se – compraría – tuviera // se – compraría – tuviera. 3. me pruebe // me probase. 4. habría hecho yo – su // habría hecho yo – su. 5. hará – le diga // haría – le dijese o hará / le diga. 6. lleguemos – habrán terminado – nos preocupemos // llegáramos – habrían terminado – nos preocupásemos.

4. 2. Compradme un cómic – le compren un cómic – le compraran… 3. Ponedme un ordenador en mi habitación – le pongan un ordenador en su habitación – le pusieran un ordenador en su habitación. 4. Llevadme a casa de los abuelos – lo lleven a casa de los abuelos – lo llevasen… 5. Ayudadme con los deberes – lo ayuden con los deberes – lo ayudasen…

5. 2. Una chica preguntó (que) si iban a ampliar la red de metro – Una chica preguntó (que) si ampliarían la red de metro. 3. Una señora dijo / sugirió / pidió que tenían que poner más aparcamientos públicos y gratuitos a la entrada de la ciudad – Una señora dijo / sugirió / pidió que pusieran más aparcamientos públicos y gratuitos a la entrada de la ciudad. 4. Un chico dijo / sugirió / opinó que debía haber más instalaciones deportivas – Un chico dijo / sugirió / pidió que hubiera más instalaciones deportivas. 5. Una chica dijo / sugirió / opinó que había que bajar el precio de las piscinas municipales – Una chica dijo / sugirió / pidió que bajasen el precio de las piscinas municipales. 6. Un señor pidió / rogó que debían construir más centros para la tercera edad – Un señor pidió / rogó que construyeran más centros para la tercera edad. En la segunda opción se elimina la perífrasis en el estilo indirecto.

6. **Luis decía que**
Concordancia gramatical: te llamaba para que contaras con él…
Concordancia por el sentido: te llamaba para que cuentes con él y que si vas hoy al cine que lo avises.

Ana decía que
Concordancia gramatical: se alegraba muchísimo de que hubieras aprobado todos los exámenes.
Concordancia por el sentido: se alegra / alegraba muchísimo de que hayas aprobado todos los exámenes.

Soluciones

Marta decía que
Concordancia gramatical: ya le había comprado el regalo a Pedro, pero que a Pablo no, pero que como es / era tan raro, no se atrevía, y que ya te llamaría.
Concordancia por el sentido: ya le ha comprado el regalo a Pedro pero a Pablo no, que ella le compraría un jersey pero como es tan raro... y que te llamará.

Pepe decía que
Concordancia gramatical: ya había encontrado el libro que querías y que lo habría comprado si hubiera llevado dinero o alguna tarjeta, que volvería a la tienda para comprarlo.
Concordancia por el sentido: ya ha encontrado el libro que querías, y que lo habría comprado si hubiera llevado dinero o alguna tarjeta, así que volverá a la tienda para comprarlo.

Paco decía que
Concordancia gramatical: Si habías hablado ya con María, que qué te había dicho, que si venía al final, que le llamaras y le dijeras lo que sea / fuera.
Concordancia por el sentido: si has hablado ya con María y que qué te ha dicho, si al final va a ir. Decía que lo llames y le digas lo que sea.

7. 2. tenía un accidente y me caía por un barranco. 3. no venías. 4. habíamos quedado el viernes para cenar. 5. se ahogaba. 6. venía el autobús.

8. 2. ¿Qué problema has dicho / decías que tenías? 3. ¿Pero no dijiste / habías dicho que te habías comprado un coche nuevo último modelo? 4. ¿Que vive en La Moraleja? ¿Pero no nos contó / había contado que vivía por el centro? 5. Perdone ¿dónde ha dicho que iba?

9. 2. El diario *ABC* decía que el Círculo de Empresarios pedía un único órgano nacional que gestionara la inmigración. 3. En la revista *Pronto* Jesús Vázquez decía que era necesario que la gente conociese el drama que viven los refugiados. 4. María Félix afirmó / afirmaba que una mujer original no era aquella que no imitaba / imita a nadie, sino aquella a la que nadie podía / puede imitar. 5. J. K. Rowling afirma / dice que es importante recordar que todos tenemos magia dentro de nosotros. 6. Carolina Herrera afirma / dice que la educación es el principal vestido para la fiesta de la vida.

10. 1. la situación espacial o temporal. 2. imperfecto de subjuntivo. 3. gramatical o por el sentido. 4. los tiempos de forma adecuada – sustituyendo la perífrasis. 5. un verbo de influencia. 6. que introduce el estilo indirecto – verificar nuestra idea previa, que creemos puede estar equivocada.

UNIDAD 29

1. 2. Me di un golpe contra la pared y me hice una herida. 3. Busqué un antiséptico en el botiquín, pero no había. 4. Fui a casa de la vecina, pero no estaba. 5. Me asusté ante la cantidad de sangre que salía. 6. Intenté parar la hemorragia según las normas de los primeros auxilios. 7. No conseguí nada y, tras pensarlo mucho, me fui al hospital. 8. Allí me examinaron bien para descartar infecciones y... descubrieron que estaba embarazada.

2. 2. por. 3. por. 4. por. 5. para. 6. para.

3. 2. ante. 3. tras. 4. según. 5. hacia. 6. contra.

4. 1. *con* – en – de. 2. en – de – en – en. 3. de – de – de – de. 4. a – de – de / por. 5. con – a – de – a – del – con – a – a – de.

5. 1. *hacia* – sobre – por – para – tras – según. 2. por (el) – entre – desde – hasta – tras – hacia.

6. Localización espacial (real o figurada): **en** su ordenador, **en** castellano, **en** la pantalla, **ante** una duda. Procedencia: levantarse **del** teclado. Dirección: llegar **a** las conclusiones. (Aquí la dirección se entiende en sentido figurado). Expresión de tiempo: enero **de** 1999, **por** un momento, **al** llegar, **hasta** ver si puede localizar. Especificación de un sustantivo: equipos **de** alta fidelidad, diccionario **del** programa, cada uno **de** los usuarios, procesador **de** textos, el pesado tomo **del** Diccionario **de** la Real Academia. Tema: un informe **sobre** equipos, indicaciones **sobre** construcciones. Perífrasis: va **a** levantarse, va **a** darle diferentes indicaciones. Objeto indirecto: se lo pregunta **al** diccionario. Preposición exigida

Soluciones

por un verbo: pruebe **con,** estoy seguro **de** que, dispondrá **de** diccionarios. Negación de lo que sigue: **sin** darse cuenta. Finalidad: **para** coger el pesado tomo, **para** qué. Causa o intercambio: **por** un precio ridículo, **por** qué.

7. 1. pronombres y verbos. Respuesta. 2. 'a cambio de' — el precio es excesivo (puesto que se aconseja no pagarlo). 3. 'delante de' y 'debajo de'. 4. un contraste. 5. preposición.

SOLUCIONES

SOLUCIONES TEST DE AUTOEVALUACIÓN

1. b	**5.** b	**9.** a	**13.** c	**17.** c	**21.** a	**25.** b
2. b	**6.** a	**10.** a	**14.** a	**18.** b	**22.** c	**26.** a
3. b	**7.** c	**11.** a	**15.** a	**19.** b	**23.** a	
4. c	**8.** c	**12.** a	**16.** c	**20.** a	**24.** b	